ANLEITUNG ZUM GLÜCK

Wie Dein Leben Dich zu einem besseren Menschen macht

von Claudia Ulrike Schimkowski

Claudia Schimkowski
Anleitung zum Glück
Wie Dein Leben Dich zu einem besseren Menschen macht
1. Auflage 2021

TRIGA – Der Verlag

1. Auflage 2021
© **Copyright 2021 Claudia Schimkowski**
Vertrieb: TRIGA – Der Verlag Leipziger Straße 2, 63571 Gelnhausen-Roth
www.triga-der-verlag.de

Coverfoto: Claudia Schimkowski
Foto der Autorin: Sonia Emilia Rainbow
Coverdesign: Orga-Concept e.K. Michaela Labusova
Design: Orga-Concept e.K. Michaela Labusova
ISBN 978-3-95828-268-1 Softcover

Bibliografische Information der Deutschen Nationalbibliothek:
Die Deutsche Nationalbibliothek verzeichnet diese Publikation in der Deutschen Nationalbibliografie; detaillierte bibliografische Daten sind im Internet über http://dnb.d-nb.de abrufbar.

Für Dich
und mich.

Inhaltsverzeichnis

INHALTSVERZEICHNIS

INHALTSVERZEICHNIS

Vorwort von Sonia Emilia Rainbow

Die letzten Wochen und Monate lehrten mich wieder einmal, wie wichtig es ist, sich dem Leben demutsvoll hinzugeben. In dieser bewegten Zeit der tiefsten Transformation, gilt es jeden Tag so bewusst wie möglich zu leben – verbunden mit Klarheit und der gleichzeitigen Herausforderung, sich immer wieder jenseits der Ebenen von Urteilen, Bewertungen und Vergleichen zu begeben. Nachdem wir jahrzehntelang darauf getrimmt waren, Sicherheitskonzepte zu gewinnen (man denke nur an all die möglichen Versicherungen, die entstanden) und uns in einer Sicherheitsoase zu bewegen, die uns ein sehr komfortables Leben ermöglichte, auf Kosten von anderen Menschen und der Natur, aber wer will da schon wirklich genau hinsehen – stehen wir nun da, wo wir sind. Nämlich im Ungewissen. Da waren wir eigentlich sowieso schon immer – aber wir haben uns eine künstliche Realität erschaffen, um nicht hinschauen zu müssen.

Nun ist diese Realität dabei zusammenzubrechen. In all den alten Prophezeiungen wird von dieser Zeit nun berichtet und wie gut wir dann daran tun, alte ungesunde Konditionierungen, Überzeugungen und Glaubenssätze in uns zu überprüfen und zu erlösen. Die Arbeit sehe ich nicht darin, auf andere zu zeigen oder sich in Theorien zu verlieren, die mit der Angst arbeiten. Hier wäre manchmal wirklich der ganz normale gesunde Hausverstand sehr willkommen.

Die Arbeit – das was jetzt gebraucht wird – das Allerwichtigste ist, bei sich selbst zu beginnen und auf sich selbst zu schauen: in das eigene Innere und das Wirken der eigenen Seelenkräfte. Den eigenen verletzten Anteilen, die zu 90% in der Kindheitsseele liegen, auf die Spur zu kommen. Um dann nicht mehr aus dem Kindheits-Ich zu reagieren und die Opfer-, Täter- oder Retterrolle einnehmen zu müssen, wie es schon seit Generationen unreflektiert in den Familiensystemen geschieht. Sondern sich selbst auf die Schliche zu kommen und gleichzeitig auch das vermeintlich Unmögliche im Leben zu erwarten. Das nämlich, was passiert, wenn es aus dem eigenen Herzen entspringt. Und damit allem und allen die Chance der Heilung und Transformation zuzugestehen.

Der Weg der Heilung

Die Angebundenheit an die Natur, an deinen Seelenplan können schamanische Zeremonien und Arbeiten vollbringen, aber auch die tiefe Reflektion der Geschehnisse des eigenen Lebens. In den nächsten Jahren wird so noch Einiges auf uns einwirken, das einen persönlichen Weg der Heilung und Kraft unumgänglich macht. Und die, die jetzt schon ihre eigene Transformation in aller Tiefe sehen und begehen, werden aus ihrer Erfahrung heraus die BegleiterInnen für diejenigen sein, die diesen Weg dann begehen werden, wenn das Leben ihnen die Chance dazu bietet. Somit freue ich mich, in dieser „Anleitung zum Glück" und der Betrachtung des eigenen Lebens der Autorin Claudia Schimkowski eine Möglichkeit in der Hand zu halten, die genau das bietet: Eine Anleitung für den eigenen Weg der Heilung.

In dem Claudia ihre eigene Lebensgeschichte erzählt und ehrlich und tief reflektiert, gelingt es ihr, die wiederholenden und krankmachenden Muster dahinter zu erkennen und für sich selbst in die Heilung zu bringen. Gleichzeitig gelingt es ihr, den Leser mitzunehmen und anzuregen, das eigene Leben zu beschauen und zu erkennen und zu transformieren. Denn gerade das alte traditionelle schamanische Wissen, aber auch neuere Methoden haben nichts an ihrer Wirksamkeit verloren und werden dringender denn je gebraucht. Was für ein Segen, dass wir die letzten Jahrzehnte so viele Zugänge und Quellen zu spirituellem Wachstum erhalten haben und bereits viele Seelen auf dem Weg sind, dies in die breite Masse zu tragen. Und dass deren Heilungsweg und -samen bereits erste Früchte der Sichtbarkeit tragen, so wie dieses Buch, um damit auf vielen unterschiedlichen Wegen und Kanälen die Menschen zu erreichen und zu berühren. Und ich bin stolz darauf, dass viele von ihnen in meine Kreise und zu mir als Lehrerin fanden und immer noch finden, so wie auch Claudia.

Claudia Schimkowski hat mich besonders durch ihr authentisches Sein, ihr offenes Herz für alle Menschen und deren Nöte, Sorgen und Kümmernisse berührt. Sie sieht die Menschen jenseits von Bewertungen und Urteilen, sie handelt und spricht aus Mitgefühl und Verständnis. Diese Haltung ist fast nur jenen Menschen gegeben, die sich selbst aus tiefsten Krisen befreien konnten. Claudia hat die dunklen Welten der menschlichen Seele als eigene Erfahrung kennengelernt und Wege ins Licht gefunden. Dabei scheut sie sich nicht, über ihre eigenen Schwächen zu sprechen und zeigt motivierende Stärke für andere, die nach Antworten suchen. Ihre charismatische Persönlichkeit und ihre klare Sprache, verbunden mit Erfahrungen und Kenntnissen ist in meinen Augen eine sehr wertvolle Medizin, die gerade jetzt in dieser Zeit der großen Veränderungen und Umwälzungen ein großartiges Geschenk für all diejenigen ist, die nach Antworten, Rat, Hilfe, Unterstützung suchen.

Mögen wir noch viele gemeinsame Kreise durchführen dürfen. Just auf der letzten Visionssuche auf Lanzarote, die ich für meine Träumergruppe durchführte, erhielt Claudia die Botschaft der Spirits, dieses Buch zu schreiben, und so ist es mir eine Selbstverständlichkeit und besondere Ehre, dieses Vorwort dazu beizutragen. Ich sehe das Potential, aber auch die Lernaufgaben, die Claudia in dieses Leben auch als Lehrerin, als Heilerin und weise Frau für ihren Weg mitbringt und unterstütze sie deshalb sehr gerne.
Manchmal werde ich gefragt „Was ist das Wichtigste für mich zu lernen, wenn ich den Weg meiner eigenen Bestimmung gehen möchte?"
Das Wichtigste – liebes mutiges Wesen – ist es dich selbst kennenzulernen. Deine Dunkelheit ebenso wie dein Licht. Die emotionalen Schmerzen deiner Vergangenheit und deiner Vorfahren zu kennen. Denn sie sind auch deine Blockaden, die dich in deine Stärke führen. Dann folgt die Geduld. Forderungen in jeglicher Hinsicht werden dich letztendlich in die Demut führen. Das „ICH will" – wird zum „ICH diene".

Und zwar genau in der Art und Weise wie es die „Spirits" vorgesehen haben und wie sich auch dein Seelenplan entfaltet. Das Ego hat dadurch die Chance, zu lernen kleiner und demütiger zu werden. All dies wird getragen vom Weg des Herzens. Hier sind wir angebunden an den Herzschlag von Mutter Erde und des Kosmos. Hier sind wir dankbar der Schöpfung gegenüber. Dankbar für all die Geschenke, die wir in unserem Leben haben. Und wir begegnen dem Leben mit einem Lächeln auf den Lippen. Herausforderungen inszenieren wir nicht mehr zum superwichtigsten Dramaspiel, sondern erkennen sie als unendliche Gnade des großen Geistes für unser Seelen-wachstum. Und dann sind wir bereit, die Lehren und die Weisheit unseres eigenen Lebens und des Lebens an sich in aller Tiefe zu verstehen und anzunehmen. Darum sage ich Euch, die ihr diesen Weg der Heilung geht:

Liebe/R Heiler/In,
in dieser gnadenvollen Zeit auf Erden erwachst du in deine Kraft. Die Macht, die damit verbunden ist, ängstigt dich. Zu tief sind die jahrhundertelangen Verletzungen der weiblichen und männlichen Kraft. Du wurdest verraten, verleugnet, bekämpft, verfolgt und verbrannt.

Oft waren es die, die dir nahestanden. Der Ruf deines Herzens führte dich einst auf den Medizinweg. Dafür hast du dein Leben in die Hände der spi-rituellen Kräfte gelegt. Dein Leben war nicht mehr länger das deinige. Du hast in den Wäldern und Bergen gelebt, dich am Meer und in den Flüssen gewaschen. Du hast gelernt mit den Pflanzen und Tieren zu sprechen. Du hast die Steine und die Sterne um Rat gefragt. Die Sonne und das Feuer spendete dir das Licht. Die Dunkelheit und Höhlen schenkten dir Visionen und Träume.

Die Natur lehrte dich die Feinfühligkeit. Energien, das Netz der Kraft, wel-ches uns umgibt – ein unendliches Mysterium offenbarte sich Schritt für Schritt, Feld für Feld.

Menschliche Emotionen und Gedanken nahmst du in all ihrer Ganzheit auf. Du musstest dein Herz weit öffnen, um all die Gaben zu empfangen, die nicht die deinigen sind. Sondern das Geschenk, um die Balance zwischen Mensch, Natur und Kosmos wiederherzustellen. Stärke und Kraft sind in dir und werden jetzt gebraucht. Allzu oft übersehen die Menschen, dass auch du besonders verletzlich bist. Du bist die nährende Ader, der feste Baum, an dem sich andere anhalten, bis der ärgste Sturm vorüber ist. Manchmal schwankst du, es nimmt dir den Atem. Und da ist niemand der dich hält. Männer/Frauen, die du beginnst zu lieben, treten in dein Leben. Und du weißt nicht, bist es du als Frau/Mann oder ist es das, was du mitbringst. Und du weißt es dennoch und willst es nicht wissen. Um dann zu erfahren, dass es die sind, die uns am meisten lehren. Über uns selbst. Über unsere Schwächen und Stärken. Über die Fähigkeit zu lieben. Über die Bedürftigkeit. All das ist ein Teil dessen, was dich ausmacht. Verrate deinen Weg nicht, bleib all diesen wunderbaren und guten Kräften in den diesseitigen und jenseitigen Welten treu. Spüre den Schmerz, den Menschen hinterlassen, wenn sie dich benutzen, missbrauchen, verleugnen, verletzen – und lass ihn wieder los. Es ist ein Teil unserer Inkarnationserfahrung – oft weit in andere Leben zurückreichend. Begib dich nicht in Kämpfe der Macht oder des Rechthabens. Der Weg ins Licht, ist der Weg ins Licht unseres Herzens. Ins Licht wandern und den Samen, der in der Dunkelheit zum Leben erwacht, träumen. Neue Visionen, die bald geboren werden, weben Hoffnung, Mut und Lebendigkeit. Und erinnern uns an unseren heiligen Traum in unseren Herzen – der Grund, weswegen wir geboren sind und warum wir in diesen Zeiten auf der Erde weilen.

Das Leben ist so kurz
Deine Gefährten sind Wasser, Wind, Feuer und Erde.

Und eines Tages dann, hab Geduld, wirst du die Früchte deiner Arbeit an dir ernten.

Eine Magie wird sich entfalten, die so unglaublich ist. Du hast deine Lebensaufgaben angenommen, vieles erlöst und geheilt. Nun sind die Wege frei. Herausforderungen werden bleiben – aber liebevoll surfst du darüber hinweg.

Danke. Aus der Tiefe meines Herzens für deinen Weg.
Für all das, was du gibst.
All das, was du erfährst.
All die Schmerzen.
All die Freude, die du bringst.

Liebe/R Heiler/In, in dieser Zeit nun, in der die weibliche Kraft wiedererwacht – da erwachen Männer und Frauen gleichwohl. Bewusste Menschen, die gelernt haben in ihrer Mitte zu ruhen – und dich respektvoll wirken lassen, ohne den Drang dich zu manipulieren, kontrollieren oder gar zu brechen. Die dir die Hand reichen um gemeinsam zu weben und zu wirken. Für eine lebenswerte Zukunft, für jene, die nach uns kommen.

Möge dir, liebe Leserin und lieber Leser dieses Buch ein wertvolles Werkzeug werden. Mögen die Worte und Übungen von Claudia Schimkowski dir neue Sichtweisen auf funktionierende Kommunikation schenken. Dieses Buch beinhaltet konkrete positive Ansätze um aus Stagnation und Stillstand herauszukommen. Es unterstützt in der Entwicklung von Lösungskompetenzen für Herausforderungen, auch in partnerschaftlicher Hinsicht. Gerade Claudias Informationen über Gefühle sowie Spielchen, gewachsen auf jahrzehntelanger Konditionierung, die wir von unserer Kultur, der Gesellschaft und unseren Mitmenschen übernommen haben und die somit Fallen für unsere Weiterentwicklung sein können, sind spannend und absolut lesenswert.

Für ein menschliches und respektvolles Miteinander.
Für ein glückliches Leben, ganz gleich wie es im Außen aussieht.

Deine Sonia Emilia Rainbow
Schamanin, Autorin, Lehrerin, Speakerin & Unternehmerin

Vorwort von Manuela Engel-Dahan

Ich habe die Ehre, für dieses wunderbare Buch, das uns viele kleine Stories erzählt, die die Lebensreise einer wunderbaren Frau beschreiben, ein Vorwort zu verfassen.

Mit offenem Herzen und freigelegter Seele spricht Claudia von sich, ihren Emotionen, den Ängsten, den Schmerzen, den Vorfreuden und den Glücksgefühlen sowie von ihren Erwartungen an das Leben. Sie schreibt sich von der Seele, was sie fühlt und befreit sich, um anderen eine Hand zu reichen und ihre Rezepte für ein glückliches, gelingendes Leben zu offenbaren.

Sie legt uns alles zu Füßen: Die wahre Liebe zu ihrem Mann, ihren Söhnen, ihren treuen Hunden, zu den Menschen und Tieren, die ihr nah sind, und vor allem zur Schöpfung. Es ist ihr tiefster Wunsch, ihren Mitmenschen dabei zu helfen, ebenso Freude und Erfolg zu finden und zu halten. Sie selbst hat viele Hürden bewältigt, und es ist ihr sehnlichster Wunsch, dass auch andere diese Energie spüren mögen, wenn Glücksgefühle die Seele schwingen lassen.

Ich habe auch eine Erfahrung mit Claudia, die mir Lebensglück schenkte: Ich bin Unternehmerin und habe Claudia Ulrike Schimkowski auf einer Gartenveranstaltung im Bundeswirtschaftsministerium persönlich kennengelernt. Es war brütend heiß und ich hatte wegen eines gebrochenen Knöchels meine Last mit den Krücken. Wir haben uns vom ersten Moment an verstanden und sofort Gemeinsamkeiten entdeckt.

Wir waren damals beide in Männerdomänen tätig, malten in der Freizeit, hatten Hunde und verbrachten demzufolge auch viel Zeit in der Natur. Und was dann kaum mehr verblüffte, weil es so verrückt ist, wir hatten beide eine schamanische Ausbildung genossen. Wir waren und sind gleichgesinnte Unternehmerinnen. Am nächsten Morgen trafen wir uns beim Frühstück und versprachen uns engeren Kontakt. Doch wie das Leben so spielt – die Arbeit holte uns ein, und erst ein Jahr später haben wir uns wiedergesehen.

Zur Eröffnung meines „1. Hessischen MUT-mach-SALON – Schafft die Angst ab!" kam Claudia mit vier weiteren lieben Vorbild-Unternehmerinnen nach Bad Orb. Es war ein außergewöhnlicher Tag und wir haben unsere Erfahrungen mit rund 200 interessierten Menschen geteilt. Am Nachmittag kam mir ein spontaner Gedanke. Auf dem MUT-mach-PARCOURS gab es die Station der Visionen. Ich hatte kurzerhand die Idee entwickelt, am Ende des Tages, wenn die Dunkelheit hereinbrechen würde, als Krönung des Abends, in einer schamanischen Zeremonie, diese Box, die die Ideen und Wünsche und Visionen der Gäste enthielt, mit einem Feuer feierlich der nichtalltäglichen Welt zu überreichen. Claudia war zunächst überrascht, da sie bislang die Unternehmerin und die Schamanin strikt getrennt hatte. Sie hat dann auf wundervolle Art die Zeremonie geleitet. Alle Anwesenden wurden Zeugen, was dabei geschah: Claudia und ich bekamen davon nichts mit, es spielte sich hinter unseren Rücken ab. Man sagte uns, der Himmel habe nahezu gebebt und vielfach geleuchtet, es seien magische Momente gewesen und das Publikum habe die Luft angehalten. Am Ende lagen sich alle in den Armen und jemand sagte spontan, „Ihr habt heute ein Tor der Liebe geöffnet". Das waren wahre Worte, wie ich jetzt, zweieinhalb Jahre später, bestätigen kann.

Claudia hat eine außergewöhnlich sanfte, mitfühlende Seele und ich spüre sie auf Distanz und ohne physischen Kontakt. Sie atmet die Schöpfung, empfindet die feinstofflichen Bereiche, liebt die Menschen und sie kann sich in andere hineinversetzen, ohne Wertung. Das ist ihr Geheimnis, sie liebt einfach alles, was sie tut.

Jetzt floss es mir einfach so aus den Fingern und dabei wollte ich etwas ganz anderes schreiben. Heute Mittag hatte ich es mir vorgenommen und führte ein Selbstgespräch: „Du schreibst ein schönes Vorwort, ja, es muss sehr gut werden, denn es ist für Claudia. Über das Glück. Gut. Ich fange an … Nein, ich gehe raus und lass mich erst einmal inspirieren …"

Und so ging ich hinaus auf die Straßen von Berlin, Mitte November 2020, bitterkalt, der Wind peitschte mir um die Ohren. Und da sah ich wieder einen dieser jungen Menschen auf der Straße sitzen und ich dachte mir, ich bringe ihm einen Kaffee mit, denn ich war auf dem Weg zu einem Bäcker. Es war Lockdown und gab keine Möglichkeit, sich irgendwo nett hineinzusetzen. In der Bäckerei waren diese riesigen Elisenlebkuchen aufgebaut. Da erinnerte ich mich: Die hatte doch ein Zuckerbäcker für seine kranke Tochter Elisabeth erfunden. Sie war todkrank und die Lebkuchen haben sie gestärkt und sie hat durch wunderbare Weise überlebt, so heißt es. „Elisabeth-Leb-Kuchen", ein nahrhaftes, duftendes Weihnachtsgebäck. Das ließ ich einpacken und noch ein Baguette dazu. Ich ging hinaus zu dem jungen Mann. Ich gab ihm den Kaffee und da kam fast gleichzeitig ein Mann mittleren Alters mit seinem Sohn und sagte „Ich denke, diese Jacke können Sie jetzt gut gebrauchen, die möchte ich Ihnen schenken!" Der junge Obdachlose stand mit dem Kaffee in der Hand vor uns und dieses Gesicht werde ich wohl so schnell nicht mehr vergessen. Er war so glücklich, es wärmte die ganze Straße.

Ist es nicht das größte Glück, wenn wir in der Lage sind, anderen Glück zu schenken? Wir sollten uns wieder mehr in die Augen schauen. Das geht auch auf Distanz. Wir sollten uns wieder so annehmen, wie wir sind, ohne zu urteilen. Das geht besonders gut auf Distanz. Und wir sollten einander helfen, denn wir sind alle Erdenbürger, und gemeinsam können wir viel erreichen. Mit Liebe zu uns selbst, unseren Mitmenschen und unseren gemeinsamen Aufgaben in dieser wunderbaren Welt. Denn wir sind alle Wunder. Wir sind alle bunt.

Viel Freude mit diesem Buch, viel Glück und viele Vorfreuden, denn das sind die schönsten Freuden!

Mit Herzensgrüßen
Ihre Manuela Engel-Dahan
Unternehmerin aus Leidenschaft & mehr und Lebenskünstlerin
Erfinderin, Autorin, ausgezeichnete Vorbildunternehmerin & TOP 100 Innovator

Einleitung

Auf der Visionssuche auf Lanzarote im Jahr 2019 bekam ich ganz klare Anweisungen von meinen Spirits, wann und wie ich beginnen sollte zu schreiben. Und zwar diese Geschichte hier, die Du jetzt in Deinen Händen hältst. Ja, ich hatte zwar schon verschiedene Erfahrungen als Autorin gemacht, aber bislang eher in meinem eigentlichen Tätigkeitsfeld Werbung und Marketing. Während meiner Visionssuche auf Lanzarote konnte ich also sehen, wie ich den Anfang dieses Buches erschuf und dann meine Lebensgeschichte in Episoden erzählte und ineinander verschachtelte. Jede Episode griff dabei in die Geschichte davor, durchwirkt von den vielen Lektionen und Erfahrungen, die ich in meinem Leben gelernt hatte.

Den Rahmen sollte die Partnerschaftsgeschichte meines Mannes und mir bilden: Wie wir uns damals kennengelernt und dann in zwanzig Jahren Ehe erst auseinandergelebt hatten, um uns fast zu trennen, komplett loszulassen und uns schließlich wieder neu zu verlieben. In diese Lebensgeschichten sollten dann die unterschiedlichen Lernaspekte eingebettet werden, ohne die wir es nicht geschafft hätten, wieder zusammen zu finden. Um schließlich diese schwierige Phase in unserer Ehe zu durchleben und daran zu wachsen. Gleichzeitig öffne ich mein privates Medizinbuch und zeige auf 74 Coachingkarten 74 Gemälde aus meiner persönlichen Entwicklung und Geschichte.

Ich habe mich für dieses Buch an die Anweisungen aus der hohen geistigen Welt gehalten und bin beim Schreiben meiner Führung gefolgt. Mit vielen Beispielen aus meinem Leben und konkreten Situationen und Zeitsprüngen hüpfe ich dazu vorwärts und rückwärts durch meine Lerninhalte. Mir wurden Titel und Untertitel genannt und oft hatte ich beim Schreiben das Gefühl, mir flüstere jemand ein, was gerade zu schreiben war. Allzu flüssig liefen mir die Buchstaben von der Hand. Von früheren Channelling-Erfahrungen weiß ich, wie es sich anfühlt, wenn man in Wort und Schrift geführt wird, und so entdeckte ich auch in den vielen Stunden meiner Schreiberei des Öfteren jene Anzeichen des kristallinen Schreibens der neuen Zeit.

Dabei ist eine ganz einfache Erklärung für Channeln die, dass der menschliche Körper Worte ausspricht, welche er von der Anderswelt geistig empfangen hat. Man macht sich sozusagen zum Kanal (Channel), durch welchen sich die geistige Welt ausdrücken kann.

Das Ergebnis hast Du jetzt in Deiner Hand. Mein Leben, mit meinen Lehren, mit Höhen und Tiefen. Ganz entgegen dem allgemeinen Trend, dass jeder sich trennt, hat sich hier ein Paar auf einer neuen Ebene gefunden. Denn, so beobachte ich das als zweiten Trend, es gibt Paare, die einfach zusammengehören – auch oder gerade in diesen Zeiten. Und wir, in unserem Fall, sind in der Konfrontation mit den eigenen Verletzungen, den unerfüllten Wünschen und den Projektionen auf den Partner, heute auf ein neues Level gelangt. Gemeinsam haben wir diesen Prozess durchlebt und wurden damit reich beschenkt.

> *„Man muss nicht immer einen Grund haben,*
> *um glücklich zu sein. Man kann es auch einfach so sein."*
> **(Christina von Dreien)**

Ich bin wahrlich kein Beziehungsexperte, wie Du in diesem Buch herausfinden wirst. Ich musste einige Frösche küssen und sie mich. Und auch sonst musste ich ziemlich viel falsch machen, lieber sage ich trainieren, um heute dort zu sein, wo ich bin. Und für meine vermeintlichen Prinzen war ich wohl auch nicht die Prinzessin, die sie sich gewünscht hätten. Aber woher sollten wir denn auch wissen, wie man eine erfüllte Partnerschaft lebt oder wie gesunde Rollenbilder aussehen? Wir haben keine funktionierenden Beispiele vor Augen. Wir stammen aus Familien, die mehr schlecht als recht funktionieren. In denen weder der Vater noch die Mutter sich ihrer eigentlichen Natur entsprechend frei entfalten konnten und können. Man hat sich arrangiert auf Kosten der eigenen Bedürfnisse oder sich untergeordnet, dem Partner, den Kindern, dem Job, der Gesellschaft, dem Lebensstandard, ... Weit verbreitet sind außerdem ein unbewusster und unverantwortlicher Umgang bei Kommunikation und allerlei Zwischenmenschlichem.

Aber jetzt ist es Zeit für neue Formen und Modelle von Partnerschaft, welche wir allerdings aus besagten Gründen erst neu entdecken und entwickeln müssen. So sind wir alle Pioniere in dieser Zeit für neu gelebtes Miteinander, für Ideen und erfüllende Partnerschaften, in denen wir uns auf Augenhöhe begegnen und darüber hinaus. Für die Entdeckung alter Werte wie Respekt, Authentizität und Offenheit. Für Partnerschaften, in deren Geborgenheit wir ganz Paar sind und gleichzeitig alle Freiheiten finden, unsere jeweils eigene Individualität auszuleben. Wir entscheiden uns im vollen Bewusstsein, jetzt Dinge anders zu tun, als wir sie gelernt haben.

Diese neuen Wege gilt es nun beim Gehen zu entdecken und damit die Menschheit auf das nächste Level zu hieven. Als Menschen mit offenen Herzen. Denn nur wer Liebe gibt, kann auch Liebe empfangen. Finden wir Frieden in unseren Herzen, finden wir Frieden in Partnerschaften und Familien und werden wir schließlich Frieden auf Erden finden.

Herausgekommen ist bei diesem Schreibprozess ein Ratgeber aus meinem Leben, mit all dem, was für mich funktioniert hat. Angereichert mit meinem Herzenswunsch für eine glückliche und friedvolle, neue Welt. Die beschriebenen Methoden oder Ansichten stellen meinen persönlichen Weg dar und damit eine von vielen Möglichkeiten. Sie geben ausdrücklich keinerlei Heilversprechen. Sie sollen Dich als Leser lediglich ermutigen und inspirieren, Dich auf Deinen eigenen Weg zu Dir selbst und Deiner glücklichen  Partnerschaft und Deinem Glück zu machen. Am besten Du besorgst Dir direkt ein schönes Heft oder Büchlein, in das Du die vielen Übungen, deine Erkenntnisse oder Anregungen schreiben kannst. Damit Du alles selbst für Dich anzuwenden lernst. Denn Theorie ist gut, aber praktisch lernen wir am nachhaltigsten und erreichen die größten und dauerhaftesten Veränderungen. Denn wie gesagt, mein Leben hat mich heute hierhergeführt und ich möchte Dir gerne etwas abgeben von meinen Erfahrungen, die mein Leben mich lehrte: Diese Anleitung zum Glück.

Mir noch sehr wichtig zu sagen: Keinen Menschen, der in diesem Buch vorkommt, sei es als Statist oder Nebenfigur oder Hauptperson in meinem Leben, verurteile ich. Ich achte und respektiere jeden einzelnen davon und bedanke mich ausdrücklich für die wertvollen Lektionen in meinem Leben. So erlaube ich mir hier und ausdrücklich mit künstlerischer Freiheit meine Sicht der Dinge zu beschreiben. Weitgehend habe ich die äußeren Faktoren so angepasst, dass zwar die Energie und die Tatsachen noch stimmig sind, jedoch Persönlichkeitsrechte gewahrt wurden. Die Ereignisse beschreibe ich zunächst noch aus der unreflektierten und ungeheilten Perspektive des verletzten Kindes oder der Person, die ich eben zu jenem Zeitpunkt noch war. So kann es deshalb auch vorkommen, dass noch ungeklärte Energien und unverantwortliche Gefühle mitschwingen.

In den Kapiteln mit den „Anleitungen zum Glück" und den Methoden, reflektiere ich diese dann jeweils und zeige meinen Weg, wie und was ich aus den Ereignissen gelernt habe. Selbstverständlich sind einige der Prozesse auch nicht abgeschlossen, da ich bekanntermaßen noch mitten in meinem Leben stehe. Und ich bin wahrlich weit davon entfernt, allwissend oder erleuchtet zu sein. So dass dieses Buch nur eine Momentaufnahme darstellt und sich in einiger Zeit die Erlebnisse möglicherweise nochmals anders darstellen können oder sich aktuelle Erkenntnisse verfeinert haben werden. Ich bitte ausdrücklich um Entschuldigung, wenn ich eine andere Wahrheit vertrete als Du, den ich in meinem Leben getroffen habe und dem ich eine so wertvolle Lernerfahrung verdanke. Ich möchte Dir bereits an dieser Stelle mit einem für mich wichtigen Satz aus dem Ho´oponopono zeigen, den ich im Buch noch näher beschreiben werde, wie wichtig Du mir bist und wie sehr ich Dich schätze: „Es tut mir leid. Bitte verzeihe mir. Ich liebe Dich. Danke!"

Coachingkarte 1:
Glück zu zweit.
Wie lebst Du
Beziehung zu
Dir und anderen?

Und es ist mir sehr wohl bewusst, dass ich in diesem Buch sehr viel von mir persönlich preisgebe. Das tue ich sehr bewusst, denn es ist ein Teil meines eigenen Heilungsweges. In dieser besonderen Zeit brauchen wir Menschen, die ohne Maske und mit ihrem Beispiel ehrlich und authentisch vorangehen. Ich bin mir sicher, dass viele Menschen das so sehen und ihrerseits mit meinen Geschichten oder Episoden in Resonanz gehen, um vielleicht Lösungen oder Anregungen für sich selbst zu finden sowie ein Stück ganzer zu werden und zu heilen. Aber es mag auch sein, dass Du Dich konfrontiert oder getriggert fühlst von meinen Ansätzen und Gedanken. Es kann sein, dass Du damit dann in meinen Erlebnissen Deinen unerlösten Schmerz, Deine Wut, Deine eigene Trauer oder möglicherweise auch unverantwortliche Freude findest. Es kann sein, dass Du etwas unmöglich findest, Du getroffen bist oder Du etwas als peinlich oder anmaßend siehst – das darf alles sein! In diesem Fall diene ich Dir gerne als Spiegel für Dein eigenes Thema, das sich durch dieses Buch bemerkbar macht und um Erlösung bittet.

Sei Dir bewusst, dass das dann nichts mit mir zu tun hat und ich Dir lediglich mit diesem Buch das Geschenk mache, dass Du Deine eigene Verletzung möglicherweise endlich sehen kannst! Methoden, damit dann für Dich umzugehen, findest Du auf den Seiten dieses Werkes genug. Nimm einfach das aus diesem Buch, was für Dich passt. Passe es an, wie es für Dich stimmig ist. Arbeite damit, geh in Prozesse, konfrontiere und reflektiere Dich oder lass einfach los und gib Dich hin, ohne Urteil – denn es ist ja kein Zufall, dass Du dieses Buch jetzt in Deinen Händen hältst! Etwas hat Dich gerufen, das auf den folgenden Seiten steht und was Du in oder zwischen meinen Zeilen finden wirst. Darum wünsche ich Dir jetzt von Herzen eine gute Reise zu Dir selbst und auf dem Weg dazu, „wie Dein Leben Dich zu einem besseren Menschen macht".

Heute ist ein besonderer Tag

Genüsslich räkle ich mich im Bett und ziehe die Bettdecke noch ein bisschen höher. Ach, ist das gemütlich und kuschelig. Von ferne höre ich leise

Geschirr klappern und der Wasserkocher sprudelt. Das ist mein Mann, der mir gerade das Frühstück zubereitet. Von unten aus der Küche zieht der Geruch von frischgebackenen Brötchen zu mir ins Schlafzimmer im ersten Stock. Hmmm, irgendwo summt ein Wecker, gleich müssen auch unsere beiden Jungs los. Tiefe Dankbarkeit breitet sich in meinem Herzen aus und von dort über meinen ganzen Körper. Heute ist mein Geburtstag. So ein schöner Tag, ich fühle mich erfüllt und zufrieden. Ich werde 50 Jahre alt! Wow! Das ist mal eine magische Zahl. Ach, was habe ich Glück! Doch das war nicht immer so! Und ich beginne zu träumen ...

Coachingkarte 2:
Dein Traum.
Wo hast Du Dich und Deinen Traum
aus den Augen verloren?

War es erst dieses Jahr im April gewesen, dass mein Leben komplett aus den Fugen geraten war? Alles hat sich seither geändert! Denn schon lange fühlte ich mich in meiner Ehe unglücklich und unzufrieden. Viele Versuche meinerseits, sicherlich auch seinerseits, hatten nichts verändert. Seit etwa zwei Jahren trug ich sogar meinen Ehering nicht mehr, der nach einem Unfall mit unserem mittleren Hund auf traumatische Weise von meinem rechten Ringfinger geschnitten werden musste.

Unsere Hündin ist sehr speziell, man könnte auch sagen irgendwie autistisch – nur eben als Hund. Sie war mir beim Morgenspaziergang mit einem so heftigen Ruck in die Leine gerannt, dass ich sofort wusste, jetzt ist was kaputt! Die Leine hatte ich für guten und sicheren Halt immer fest, mehrmals um meine rechte Hand gewickelt. Ich versuchte sofort vom rechten Ringfinger meinen Ehering abzuziehen, aber da war der Finger bereits so dick und blau, dass das nicht mehr möglich war. Zuerst dachte ich „Ich halte das aus und warte ab, bis er wieder dünner wird!", aber dann begannen die Schmerzen. Also nix mit Aushalten, ich musste zum Arzt! Da war ich noch ziemlich relaxed. Dann geh ich eben zum Unfallarzt, wir haben ja zum Glück einen guten am Ort.

Beim Arzt angekommen, breitete sich schon eine gewisse Unruhe in mir aus. Der Finger pochte und wurde immer noch dicker und verfärbte sich sogar schon blau – doof! Nach der ärztlichen Untersuchung war klar: Der Ring muss runter und zwar schnell. Also kramte der Arzt ein Ringschneidegerät aus der Schublade und wollte beginnen, den Ring zu entfernen, doch es sollte anders kommen: Unter höllischen Schmerzen fädelte er das Gerät an den Ring an meinem Finger an die passende Stelle und begann die Schneidevorrichtung zu drehen ... und das Gerät zerbrach. Jetzt begann sich langsam Panik in mir auszubreiten! Der Arzt war ganz offensichtlich ratlos. Die Arzthelferinnen rannten aufgeregt hin und her, so etwas war noch nie vorgekommen. Mein Ring aus Platin hatte das Gerät zerstört. Der Arzt wurde immer genervter und ungeduldiger, meine Schmerzen immer stärker. Und jetzt?

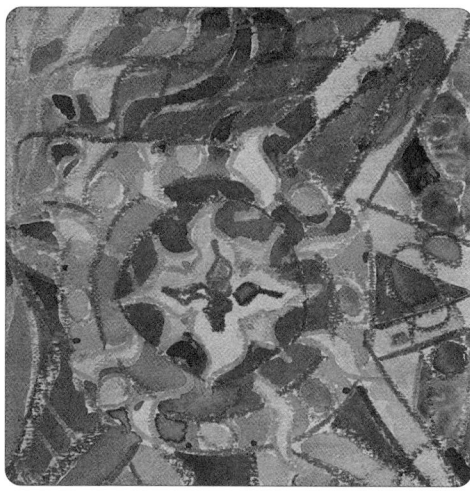

Coachingkarte 3:
Neuausrichtung.
Dein Herz ist Dein Kompass.

Zum Glück haben wir auch einen Juwelier am Ort. Hat der schon geöffnet? Die netten Damen aus der Praxis entschuldigten sich vielmals, aber ich sollte jetzt zum Juwelier. Der hat bestimmt auch so ein Gerät. Ich lief die wenigen Meter vom Arzt über die Fußgängerzone zum örtlichen Juweliergeschäft. Oh, noch geschlossen, also musste ich kurz warten. Die Hand mit dem verletzten Finger nach oben haltend und mit Kühlakku versehen stand ich vor dem kleinen Inhabergeführten Ladengeschäft. Endlich sah ich die Besitzerin. Sie öffnete mir schon vor der Zeit. Nein, Ihr Mann sei heute nicht da, sie habe den Ringschneider noch nie selbst bedient. Ich solle lieber zum anderen Juwelier gehen vorne an der Hauptstraße. Falls der nicht da sei, solle ich wiederkommen, dann würde sie es trotzdem versuchen und mir helfen. „Ok. Mach ich!" Also lief ich abermals los und einige Meter weiter zum nächsten Geschäft. Immer freitags geschlossen – da packte mich die Panik vollends. Meine Beine wurden weich und mein Kopf leer. „Was soll ich jetzt machen?"

Meine einzige Möglichkeit war nun die Frau des Juweliers, die das noch nie gemacht hatte, aber immerhin hatte sie so ein Gerät. Also lief ich wieder zurück in ihren Laden in der Fußgängerzone. Die Frau des Juweliers entschuldigte sich tausendmal, was meine Panik nicht unbedingt beruhigte. Umständlich versuchte sie, das Gerät einzufädeln. So ging das nicht! Die Schmerzen waren fast nicht auszuhalten. Ich musste das selbst machen. Also führte ich die Schneidevorrichtung an die passende Position am Finger und die Frau begann zu drehen. Ich begann zu schwitzen. Die kleine Diamantscheibe fraß sich gefühlt im Mikrometerfortschritt durch das Platin meines Eheringes. Nur mit enormem Kraftaufwand drehte sich die Scheibe. Ich weinte still vor mich hin. Das war Schwerstarbeit. Die Frau des Juweliers und ich wechselten uns alle paar Minuten ab. Uns wurden die Arme lahm. Mir liefen die Tränen übers Gesicht, fast lag ich unter dem Tisch, um die Schmerzen irgendwie ertragen zu können. Jede Drehung tat so höllisch weh. Ich verfluchte den Tag, an dem wir damals vor rund 15 Jahren kurz vor unserer Hochzeit diesen blöden Ring ausgesucht hatten. Etwas ganz Besonderes sollte es sein, massiv und besonders hochwertig und wertvoll! Jetzt rächte sich unser teurer Geschmack. Denn nicht ein Ring reichte uns damals. Ich wollte sogar noch einen zweiten tragen, mit einem Diamanten. Mir schwante bereits, dass auch der zweite Ring eine Tortur werden würde. Die Frau des Juweliers und ich arbeiteten konzentriert mit vollem Einsatz unserer körperlichen Möglichkeiten. Erst sie, dann ich. Dann wieder sie und ich, immer so lange, bis die eine nicht mehr konnte und die andere übernahm. Höllische Schmerzen begleiteten jeden Handgriff. Jetzt endlich, der erste Ring war nach schweren etwa zwanzig Minuten durchschnitten, gefühlt waren das Stunden gewesen. Ich jubelte und dachte, ich könnte jetzt den Ring einfach aufbiegen und mich befreien. Doch nein, was war das? Das stabile Platin ließ sich trotz meiner Mühen nicht einen Millimeter bewegen. Das bedeutete also, dass ich sogar viermal diese Qualen an meinem Finger würde aushalten müssen. Aber es führte ja kein Weg vorbei, die Ringe mussten ab. Ich fokussierte mich und versuchte alle anderen Gedanken auszublenden, eine Eigenschaft und Fähigkeit, die mir in meinem Leben immer wieder wertvolle Dienste leistete. Wir arbeiteten weiter, immer im Rhythmus, erst sie dann ich, unter Schmerzen und Tränen. Ich schwitzte Blut und Wasser, im wahrsten Sinne des Wortes, bis wir nach rund eineinhalb Stunden beide Ringe endlich, endlich durchschnitten hatten. Ich bedankte mich schnell, packte die vier Hälften meiner Ringe und lief wieder zum Arzt. Hier war ich schnell versorgt: Ein kleiner Verband, Salbe und Kühlung, das war alles. Dann lief ich über den Markt und besorgte zwei Blumensträuße. Kosten sollte diese Schneidearbeit nichts beim Juwelier und auch das Gerät beim Arzt sollte ich nicht ersetzen. Ich überreichte also meine Dankeschön-Sträuße und machte mich auf den Heimweg – fix und fertig.

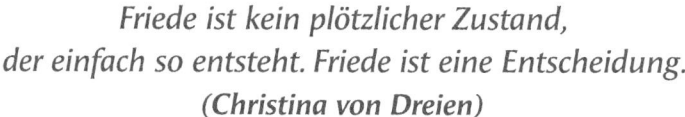

Friede ist kein plötzlicher Zustand,
der einfach so entsteht. Friede ist eine Entscheidung.
(Christina von Dreien)

Der Finger heilte relativ schnell. Die vier Überbleibsel meines Eherings nahm ich mit zur nächsten großen Zeremonie im Rahmen meiner schamanischen Ausbildung und parkte sie dann auf einem großen Amethysten. Nach einem guten Jahr hatte ich den Impuls, die Ringe reparieren zu lassen, für viel Geld, da das Material ja Platin war. Aber seit diesem Unfall konnte ich keinerlei Ringe mehr an meinen Händen und Fingern ertragen, folglich trug ich auch meine beiden Eheringe nicht mehr. Und das erschien mir auch irgendwie richtig zu sein. Wie gesagt, es lief ja nicht sonderlich gut zwischen meinem Mann und mir. Das zurückliegende Erlebnis erschien mir sinnbildlich dafür zu stehen, wie schwer ich mich aus den Fesseln meiner gefühlt unglücklichen und einsamen Ehe lösen konnte. Ein tiefes Trauma hatte sich durch dieses Erlebnis in Kombination mit meinem Gefühlschaos und meinen Projektionen der eigenen inneren Themen auf die Ehe und meinen Mann an meinen rechten Ringfinger und damit an alle Finger gesetzt. Erst viel später würde ich dieses Trauma wieder aus meinem Körper herauslösen können.

Es knirscht gewaltig

Aber zurück zum April in diesem Jahr: Mein Mann hatte sich eine schwere Erkältung eingefangen und schlug vor, wohl besser im Gästezimmer zu schlafen. Ok. Das war noch nicht weiter ungewöhnlich und ja eigentlich eher sehr rücksichtsvoll. Aber aus einigen Tagen wurden Wochen und aus Wochen Monate. Ich hatte plötzlich das Gefühl, dass er froh war, einen Vorwand zu haben, nicht im gemeinsamen Schlafzimmer zu nächtigen und das Ehebett mit mir teilen zu müssen.

Dazu kam, dass ich im Internet seit kurzem mit einem netten Mann chattete, was in dieser Zeit immer mehr an Bedeutung und Wichtigkeit gewann. Ich bemerkte, auch ich war froh, dass mein Mann im anderen Zimmer blieb, und ich begann nächtelang zu chatten. Ich lebte irgendwann nur noch von Chat zu Chat. Alles andere rückte immer mehr in den Hintergrund und wurde mir unwichtig. Hier fand ich Aufmerksamkeit, jemanden, der mir zuhörte, der charmant war... Und ich begann mich in diesen fremden Mann, den ich wohlgemerkt nur online kannte, zu verlieben. Wie krass! Hätte man mir erzählt, dass so etwas geht, hätte ich denjenigen für verrückt erklärt. Mir passierte das, was ich an anderen Frauen immer als völlig blauäugig wahrgenommen hatte. Ich fiel auf einen professionellen Liebesbetrüger herein und das, weil ich so ausgehungert nach Liebe, Anerkennung und Aufmerksamkeit war. Der Effekt jedoch war, dass ich mich plötzlich wieder als Frau zu fühlen begann: Attraktiv, begehrenswert, schön. Mein Körper erwachte wie aus einem langen Dornröschenschlaf. Monatelang hatte ich keine Motivation mehr gehabt, mich schön zu kleiden. Jetzt hatte ich wieder Lust, Kleider zu tragen und mir gefiel, was ich im Spiegel sah. Mein Teint wurde rosig, ich nahm ab. Ich entdeckte, dass meine wiederentdeckte sexuelle Energie eine enorme Schaffenskraft freisetzte. Nachdem der Funke körperlicher Anziehung zwischen meinem Mann und mir in den letzten Jahren zwischen Familie, Beruf und Alltag irgendwo völlig verloren gegangen war, hatte mein Körper sich irgendwann einfach ausgeschaltet. Dumpf, um den Schmerz dessen zu ertragen, was nicht mehr war. Jetzt war mein Körper mit 49 Jahren also wiedererwacht. Etwas, was ich nicht für möglich gehalten hatte. Denn ich hatte mich mit meiner Situation einfach abgefunden. Aber plötzlich ging das nicht mehr. Die Vorstellung so bis ans Ende meiner Tage vor mich hin zu vegetieren, steigerte sich gefühlt bis hin zur vollzogenen Höchststrafe. Und so reifte in mir der Gedanke, dass ich mich trennen müsste. Ich verfasste einen Brief:

„Mein lieber Mann,
ich bin ein Feigling, weil ich es einfach nicht schaffe, mit Dir über dieses Thema zu sprechen und doch brennt es mir schon so lange auf der Seele. Seit Monaten bewege ich die Worte in mir hin und her und finde nie den richtigen Moment für ein Gespräch.

Ich habe das Gefühl, dass wir in unserer Ehe und Partnerschaft an einem Punkt angekommen sind, an dem wir wirklich und ehrlich die Tatsachen betrachten müssen. Auch wenn wir uns über die 20 Jahre so eingegroovt haben und wir uns soweit ganz gut verstehen und das Leben ok ist, ist doch das Interesse aneinander eher eingeschlafen. Eine körperliche Anziehung zwischen uns gibt es nicht mehr. Und auch wenn Sex nicht der Hauptinhalt einer Partnerschaft sein muss, so gehört er doch irgendwie dazu. Ich kann mich nicht mehr erinnern, wann wir uns das letzte Mal zärtlich berührt hätten, von einem Kuss ganz zu schweigen. Wenn wir die Hunde nicht hätten, wäre es gänzlich einsam. So stillen unsere drei Rabauken wenigstens das Bedürfnis nach Nähe und Wärme.

Ich fühle mich alt, einsam und müde, so neben Dir her zu leben. Mir fehlen die Begeisterung und die Möglichkeit gemeinsam Neues auszuprobieren und der Wille, sich zu bewegen. Meine Dinge interessieren Dich nicht und Dir genügt das, was Du hast. Die Antwort auf die Frage, ob das Glas halb voll oder halb leer ist und ob man mit 50 alt oder jung ist, ist Einstellungssache. Aber ich glaube, wir haben beide mehr verdient, als jetzt schon uralt zu sein und möglicherweise mehr als ein Drittel unseres Lebens so zu verleben, wie wir das gerade tun. Ich spüre, dass ich förmlich ausgehungert nach Berührung und gelebter Nähe bin und beginne empfänglich für neue Reize zu werden. Und ich weiß ja nicht, wie es Dir geht, aber auch Du wirst doch Bedürfnisse haben, die ich Dir längst nicht mehr stillen und erfüllen kann. Zwischenrein hatte ich mal das Gefühl, dass Du jemand anderen hast. Aber dann verflog dieses Gefühl auch wieder.

Auf der einen Seite habe ich Angst davor und sicherlich wäre ich auch eifersüchtig. Auf der anderen Seite wünsche ich Dir, dass Du glücklich und erfüllt bist – schließlich liebe ich Dich. Aber vielleicht ist es mittlerweile mehr die Liebe wie Bruder und Schwester, wertvoll, aber für das ganz große Glück fehlt etwas. Ich glaube, dass jeder, wenn er seine Probleme nicht anschaut oder seine Bedürfnisse auslebt, krank wird und deshalb ist es nach 5 Jahren Hoffen und Glauben, dass alles wieder gut werden möge, Zeit etwas zu verändern. Weil Du und ich – wir haben beide das Beste verdient! Und für immer so weiter zu machen und an etwas festzuhalten, das einfach nicht mehr länger schön zu reden ist, ergibt für mich keinen Sinn.
Ja, ich habe mich arrangiert mit allem und es ist ja nicht schrecklich zwischen uns. Aber welche tiefen Kerben hat mein Selbstbewusstsein bekommen, dass ich mich nicht mehr attraktiv finde, dass ich keine Ideen mehr habe, was ich anziehen soll, weil mir nichts mehr an mir gefällt, dass ich vor lauter Frust immer mehr esse ... Es ist nur der Gipfel des Eisbergs bei mir. Auch hatte ich das Gefühl, dass Du eigentlich ganz froh warst wegen Deiner Krankheit im anderen Zimmer schlafen zu können. Ist ja ok und für mich war es auch ok, aber früher wäre das anders gewesen. Ich möchte Dir keinerlei Vorwürfe machen, es gehören immer zwei dazu und ich habe sicherlich meinen Teil dazu beigetragen, dass wir heute dort sind wo wir sind. Aber ich mag so nicht weitermachen.

Lange habe ich Lösungen und Wege hin und her gewälzt, eine wirklich tolle Lösung gibt es nicht. Einfach alles wieder so zu machen, wie wir vor 20 Jahren gestartet sind, das wäre toll, aber ich weiß nicht wie das gehen soll. Wir haben es halt zusammen echt einfach verkackt und die Situation ist so verfahren. Ich habe resigniert.

In Liebe
Claudia"

Das Ende tut weh

Mein Mann war schockiert, als ich ihm den Brief übergab und er ihn las. Er weinte. Ich weinte. Und es begann eine höchst intensive Zeit für uns beide. Glücklicherweise hatte er gerade Urlaub. Mein Mann machte das wohl einzig Richtige in dieser Situation, er zeigte sich verletzlich, ehrlich und absolut ohne Maske. Und er gab mich sofort frei, wollte mir keinerlei Steine in den Weg legen, im Gegenteil.

In dieser Zeit erzählte mir eine Freundin von einem indianischen Sprichwort, das sagt: „Zu einem Problem gibt es 144 Lösungen. Sind noch nicht alle Beteiligten mit der Lösung zufrieden, ist die passende Lösung noch nicht gefunden". Generell würde in unserer Wegwerfgesellschaft immer viel zu früh aufgegeben. Dieser Satz von den 144 Lösungen begleitete insbesondere mich, aber auch meinen Mann durch diese intensive Zeit.

Wir begannen also Lösungen für eine Trennung mit einem Win-win-Ergebnis für uns alle zu suchen, so dass wir beide damit würden leben können und unsere Kinder, die Hunde, das Haus und eben wir beide ... Nächtelang überlegte er sich Lösungen. Mit rotgeweinten Augen präsentierte er mir sie am nächsten Tag. Er verhielt sich so fair, keinerlei Spur von Rosenkrieg oder Machtspielen. Nur diese tiefe Verletzung und gleichzeitig erschütternde Ehrlichkeit. Doch jede der präsentierten Lösungen fühlte sich für mich nicht richtig an. Nur eines wusste ich sicher, auch ich würde nie schlecht über ihn sprechen. Ich liebte ihn nach wie vor, wir hatten es nur eben nicht hinbekommen. Wir hatten es einfach so richtig vergeigt! Keine der gefundenen Lösungen passte: Ich wollte keine rückwirkende Scheidung. Ich wollte weder meinen Anteil fürs Haus ausgezahlt bekommen, noch wollte ich dort alleine mit Kindern und Hunden leben. Er wollte nicht, dass ich in unsere Einliegerwohnung ziehe ... und noch so einiges mehr auch nicht. Ich weinte. Er weinte. Wir hatten uns also wirklich auf den Weg gemacht, jene 144 Lösungen für unser gemeinsames Problem zu suchen.

Wir begannen, abends gemeinsam in Restaurants zu gehen, wo wir dann in unseren Portionen rumstocherten und keinen Appetit zum Essen hatten. Es war eine wirklich aufwühlende Zeit. Jetzt begannen wir zu sprechen: Über alles. Über unsere Verletzungen, Enttäuschungen, über unsere unerfüllten Sehnsüchte, unsere zerbrochenen Hoffnungen in unserer Ehe. Wir sprachen über alle Situationen aus den vergangenen zwanzig Jahren, in denen wir irgendwann aufgehört hatten, uns die wichtigen Dinge mitzuteilen. In denen wir irgendwann nicht mehr miteinander gesprochen hatten oder uns mit dem Herzen zuzuhören. Zwanzig lange Jahre, in denen wir irgendwann lieber geschluckt und dann in den anderen hineininterpretiert und gespiegelt hatten – all unsere Ängste und unsere Zweifel – warum auch immer. Wir entdeckten jetzt, dass wir uns in all der Zeit eigentlich immer das Gleiche gewünscht hatten. Wir beleuchteten Situationen von allen Seiten und das ohne Vorwürfe, aus der eigenen Perspektive. Wir hörten uns wirklich zu. Wir zeigten uns so verletzlich, ehrlich und so wahrhaftig, wie wir es vermutlich nicht einmal zu Anfang unserer Beziehung getan hatten.

Anleitung zum Glück: 144 Lösungen

Leider habe ich das indianische Sprichwort trotz intensiver Suche nicht gefunden. Trotzdem will ich die Methode an dieser Stelle erklären.
In unserer schnelllebigen Zeit, in unserer Wegwerfgesellschaft, geben wir viel zu schnell auf, ohne auf den Grund einer Sache zu gehen. Gleichzeitig sind wir es gewohnt, unsere Perspektive einer Sache als die einzig wahre zu betrachten. Weit verbreitet sind halbgare Lösungen, die auf Kosten einer der beteiligten Parteien gehen, wie Mutter Erde, die Natur und die Tierwelt ...

> *Zu einem Problem gibt es 144 Lösungen.*
> *Sind nicht alle Beteiligten mit einer Lösung zufrieden,*
> *ist die passende Lösung noch nicht gefunden.*
> *(überliefert)*

Du hast ein großes, wichtiges Problem? Dann begib Dich auf die Suche nach einer der 144 geeigneten Lösungen. Suche so lange, bis Du die eine wahre Lösung gefunden hast. Öffne Dein Herz und versuche unvoreingenommen an die Sache heranzugehen. Formuliere aus Deiner Perspektive ohne Anschuldigungen. Sei achtsam mit Deinen Worten. Achte auf Dein Gefühl und die Gefühle der anderen Beteiligten.

**Nimm Dir ein Papier oder ein Heft und schreibe dazu alle relevanten Fakten auf:**

1. Dazu formuliere zuerst Dein Problem und schreibe es auf.
2. Dann stelle Dir die Frage „Wer sind die beteiligten Parteien?".
3. Welche besonderen Fakten gilt es zu berücksichtigen?
4. Nun kreiere die ersten Lösungsansätze und schreibe diese auf.
5. Dann wechsle den Standpunkt.
   Wenn Du aus Sicht von Partei 1 die Sache betrachten würdest, dann... und aus der Sicht von Partei 2...
   Zur Vereinfachung kannst Du auch die Namen der Beteiligten auf Zettel schreiben und Dich daraufstellen oder setzen. Wie fühlst Du Dich als dieser Beteiligte? Was ist wichtig zu berücksichtigen, wenn Du aus dieser Perspektive schaust?
6. Als nächstes, beginne neutrale, reflektierte Menschen nach ihrer Sicht und neuen Fakten zu befragen. Wenn weitere Fakten auftauchen, recherchiere und arbeite diese zusätzlich in Deine Lösungsansätze ein.
7. Folgende Hilfsfragen können Dich bei diesem Prozess unterstützen:
   a. Was gilt es noch zu berücksichtigen?
   b. Welche Betrachtungsweise wäre gänzlich verrückt?
   c. Wenn eine gute Fee käme, was könnte diese tun?
   d. Wenn Geld/Zeit/Entfernung/Job... keine Rolle spielen würde, dann...
   e. Was hast Du bisher noch total vergessen?
   f. Welcher wichtige Beteiligte fehlt noch?
   g. Was würde Deine Oma /der Dalai-Lama/Mutter Theresa... dazu sagen,
   h. Wenn Du noch tiefer gehst, dann...
   i. Warum willst Du oder will X.Y. diese Lösung?
   j. Was ist das Motiv hinter dieser Lösung?
   k. ...

Noch ein kleiner Tipp: Beachte auch die Gefühle, die sich Dir in diesem Prozess zeigen. Und stelle Dir dabei die Frage, was sie Dir sagen wollen und warum sie da sind. Es kann sein, dass es sich zunächst schwierig anfühlt, neue Ideen entstehen zu lassen und zu finden. Vertraue einfach auf den Prozess und darauf, dass es klappt. Bleibe dran! Du wirst sehen, nach den ersten zehn Lösungen, entwickelst Du schon eine gewisse Übung und es fällt Dir leichter. Es kann auch sein, dass es mehrere passende Lösungen gibt. Und vermutlich wirst Du nicht erst 144 Lösungen finden müssen, um Deine wirklich passende Lösung zu finden, sondern es geht darum, dran zu bleiben und unterschiedliche Sichtweisen einzubeziehen, um eine Win-Win-Lösung für alle zu finden. Denn erst wenn alle Beteiligten sich gut damit fühlen, dann hast Du die passende Lösung gefunden. Gratuliere!

Coachingkarte 4: 144 Lösungen. Suche so lange, bis jeder zufrieden ist.

Unreife Spiele

Unser gemeinsamer Anfang war also vor zwanzig Jahren im Sommer gewesen, als wir uns auf dem Bürgerfest im schwäbischen Esslingen kennengelernt hatten. Ich war mit einer Bekannten unterwegs, die zu mir sagte: „Weißt Du was, Du suchst mir jetzt einen Mann!" Ich war damals Mitte zwanzig, alleinerziehende Mutter eines vierjährigen Sohnes und halbtags berufstätig. Ich war an einem Punkt, an dem ich die Schnauze von Männern so richtig voll hatte. Ich dachte, „Die macht bestimmt Spaß!" und begann, vorbeikommende Männer anzuquatschen. Unter uns gesagt, fing es mir irgendwann wirklich an Spaß zu machen. Das war schon ein lustiges Spiel. Es war ein lauer und wundervoller Sommerabend. Und wir standen mit unseren Cocktails unter einer Laterne mitten auf dem Marktplatz. Alle, die ich ansprach, ließen sich vorführen und machten mit, „das ist meine Bekannte, die sucht einen Mann!" Für meine Bekannte interessierten sich ehrlich gesagt wenige, für mich die meisten.

Ich trug ein sehr kurzes, blaues Sommerkleidchen und sehr hohe Tiptoe-Schuhe. Meine braunen Haare gingen mir damals noch fast bis zur Hüfte. Und dann kam er, mein Mann. Also mein zukünftiger Mann, aber das wusste ich damals ja noch nicht! Er, seinerseits, war seit kurzem wieder Single und war von einer guten Bekannten überredet worden, mitzukommen. Widerwillig stimmte er schließlich zu, diese Freundin kurz auf besagtes Stadtfest zu begleiten, denn er hatte die Schnauze voll von Frauen und nach einer Trennung eigentlich gerade überhaupt keine Lust auf Gesellschaft.

Ich muss sagen, er war wirklich der einzige Mann an diesem Abend, der mein Spiel nicht mitmachte. Er stellte sich an einen Tisch, ohne mich weiter zu beachten. Das weckte irgendwie mein Interesse, und über den Abend hatten wir immer wieder Blickkontakt. Irgendwann hatte ich vom unbequemen Stehen auf den hohen, ungewohnten Schuhen dicke Blasen an meinen Zehen bekommen. Das nahm ich zum Anlass, mal unverfänglich an seinen Tisch zu gehen und nach einem Pflaster zu fragen. Wir kamen jetzt sehr nett ins Gespräch. Pflaster hatte er zwar keine, eilte aber sofort los, mir welche zu besorgen. Ein echter Gentleman eben. Auch als ich ihm meinen Schnuller zeigte, den ich noch von meinem Sohn in der Tasche hatte, blieb er immer noch sehr nett. Sonst klappte dieses Abschreckungsmanöver sehr zuverlässig und das oberflächliche Interesse meiner Gesprächspartner verflog recht schnell. Als die Veranstaltung offiziell endete, beschlossen wir noch zu dritt weiterzuziehen, meine Bekannte, mein zukünftiger Mann und ich. Erst zum Mexikaner, dann in die Disko – wenige Blocks weiter. Wir fanden wirklich einen Platz beim Mexikaner und aßen eine Kleinigkeit.

Meine Bekannte lief zur Höchstform auf, sie flirtete auf Teufel komm raus und versuchte alles, um ihn irgendwie zu bezirzen. Mehrmals fragte ich mich, „was mach ich hier eigentlich?" Und sagte dann laut: „Ich geh jetzt lieber heim!" Und er: „Das würd' ich schade finden." Also blieb ich doch. Schließlich landeten wir, wie vormals gedacht in der Disko, tanzten und hatten Spaß zu dritt.

Immer wenn sich meine Bekannte ein Getränk holte oder sich frisch machen ging, kamen wir uns ziemlich schnell näher. Es prickelte und funkte mächtig zwischen uns. War sie zurück, tanzten wir alle zusammen und hatten Spaß. Sie schmiss sich fast schon peinlich an ihn ran, aber die Verbindung zwischen ihm und mir begann zu wachsen. Ganz fest, daran konnte sie gar nicht mehr rütteln. Irgendwann, es war schon spät, beschlossen wir in Richtung Heimat zu laufen. Wir wollten sie gemeinsam zu Hause abliefern. Und erst in diesem Moment dämmerte es ihr, dass sie nicht zum Zuge kommen würde, dieser für sie bereits abgefahren war. Jetzt begann sie verbal wild um sich zu schlagen: „Pass nur auf, dass Du bei Deinen Bettgeschichten nicht den Überblick verlierst!", stellte sie boshaft in den Raum, um dann ebenfalls erfunden hinterher zu schicken „Das sind so viele, die Namen kannst Du Dir eh nicht alle merken.". Aber das erreichte uns schon längst nicht mehr. Zwischen uns war zu diesem Zeitpunkt bereits alles klar!

Das sollte sich wie ein roter Faden durch unsere Anfangszeit ziehen. Es war zwischen uns eh so vieles einfach klar und synchron. Die vielbeschriebene Synchronizität der Dinge. Wir teilten so viele Erlebnisse, ohne sie gemeinsam erlebt zu haben. Ob Konzert oder Veranstaltung, oder was auch immer, wir waren beide dort gewesen – oft sogar noch in einer ähnlichen Lebenssituation. Wie das Simply Red Konzert in Stuttgart: Da waren wir damals beide ohne unsere Partner gewesen, wenn auch aus unterschiedlichen Gründen. Und wir hatten uns beide sehr danach gesehnt, unsere Partner bei uns zu haben. Oft sagten wir im Scherz: „Hättest Du mich halt angerufen, ich wäre mit Dir dort hingegangen!" Aber die Zeit war damals für uns gemeinsam noch nicht reif gewesen.

Als würden wir uns schon immer kennen

Wir beschlossen also an unserem ersten Abend, noch zu zweit weiterzuziehen auf einen tollen Aussichtsplatz ganz in der Nähe. Eigentlich wollten wir beide nach Hause, aber eigentlich wollten wir uns auch nicht voneinander trennen. Mit seinem Auto fuhren wir zu diesem Aussichtspunkt mit herrlichem Blick über das Neckartal. Und wir redeten und redeten und redeten. Durch das Schiebedach in seinem Auto blickten wir in die Sterne. Eigentlich musste ich heim, aber es ging nicht. Als es hell war, so gegen sieben, musste ich doch losfahren. Er brachte mich zu meinem Auto in der Stadt und ich besorgte auf dem Heimweg noch Brötchen. Meinen Sohn holte ich bei meinen Eltern ab, um mit ihm direkt und ohne Schlaf ins Freibad zu gehen.

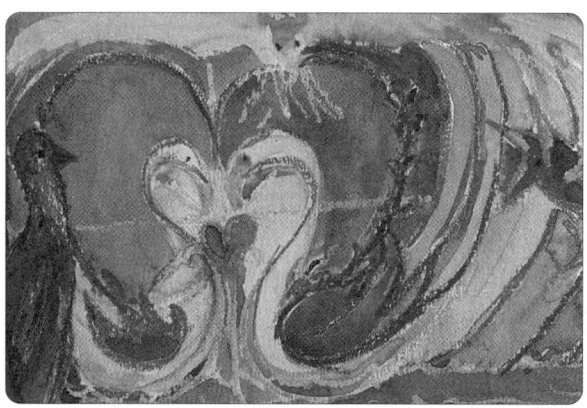

Coachingkarte 5:
Wenn alles passt.
Die Situation ist
immer jetzt.

Ich konnte an nichts anderes mehr denken, ich war jetzt schon bis über beide Ohren verliebt. Nachmittags telefonierten wir, um uns für den Abend zu verabreden. Wir fuhren zu einem türkischen Restaurant nach Stuttgart. Dort gab es die wohl leckerste Shrimpssuppe der Welt, die aber so scharf und mit so viel Knoblauch war, dass ich sie nicht vertrug und direkt Revue passieren lassen musste. Wir saßen und redeten. Es war, als ob wir uns schon immer kannten. Wir erzählten uns Geschichten aus unseren Leben und kamen uns immer noch näher. Es war, als sei die Zeit um uns herum stehen geblieben. Wir lachten und weinten, schauten uns in die Augen und vergaßen alles um uns herum. Wir ließen uns an diesem zweiten Abend gegenseitig tief in unsere Herzen und Seelen blicken. Irgendwann blickten wir auf und stellten erstaunt fest, dass alle Stühle um uns herum aufgestuhlt waren. Die Belegschaft des Restaurants stand an der Theke. Wir fragten, wann sie denn schließen würden und erhielten die Antwort, dass sie bereits seit einer Stunde geschlossen hätten. Aber sie hatten uns nicht stören wollen, weil es so schön gewesen war uns zuzuschauen. Auch an diesem Abend kamen wir erst spät, also eher früh nach Hause. Auch für den nächsten Tag verabredeten wir uns. Und für den nächsten. Und dann auch für den nächsten. Irgendwann zeigte er mir seine Wohnung. Ihn zu mir mit nach Hause nehmen wollte ich nicht. Ich hatte ja ein Kind und wollte nicht, dass mein Sohn eine neue Bekanntschaft mitbekam.

Alles bekommt einen Sinn

Mein ältester Sohn. Damals war er noch so klein, gerade vier Jahre alt. Mit der Geburt meines Sohnes hatte sich damals, vor rund fünfundzwanzig Jahren, mein ganzes Leben von einem Tag auf den anderen auf den Kopf gestellt. Oder eigentlich bereits in den neun Monaten zuvor und dann auf einen Schlag mit der Geburt nochmals. Diese Veränderung von keinem auf ein Kind war für mich die wohl krasseste in meinem Leben. Von Null auf Hundert sozusagen. Plötzlich hatte ich die Verantwortung für ein kleines, feines Wesen und ich konnte nicht mehr jeden Tag Spaghetti mit Tomatensoße essen oder gläserweise Schokocreme löffeln, wie ich das als Studentin häufig zu tun pflegte. Jetzt lernte ich Verantwortung für einen anderen Menschen zu übernehmen.

Nach einer unsäglichen On-Off-Beziehung war ich mit Mitte zwanzig alleinerziehend, musste meinen Studienabschluss schaffen und mein Leben allein mit Kind auf die Reihe bekommen und unterhalten. Der Vater meines Kindes spielte Machtspiele, versuchte über das Kind noch einen Fuß in meiner Tür zu behalten. Ich fühlte mich seiner Willkür völlig ausgeliefert. Das Jugendamt war geblendet von seinem guten Aussehen und den ausgezeichneten Umgangsformen, so wie auch ich es bei unserem Kennenlernen einst gewesen war. Oft hatte ich meine innere Stimme überhört, die warnend deutliche Signale aussprach: „Trenne Dich, das passt nicht!" Aber ich wollte so gerne, dass es klappen möge. Ich hatte ihn bei einer der vielen großen Sportveranstaltungen kennengelernt, bei denen ich als Hostess arbeitete, um mir mein Studium zu finanzieren. Tennis, Fußball, Golf, DTM und noch vieles mehr...

Es war beim Tennis, er als Helfer im Tennisteam, ich an der Sektbar. Es war die Welt der Schönen und Reichen. Meine Kolleginnen an der Bar waren wunderschön und ich durfte eine davon sein. Ich war geblendet. Sie angelten sich Sportler und das Who-is-Who aus der Glitzerwelt. Ich sah in dieser Zeit so viele Promis und war auf so vielen VIP-Partys, dass es wohl für mehrere Leben gereicht hätte. Aber ich verliebte mich in einen einfachen Mitarbeiter bei einem internationalen, großen Tennisturnier. Ich war verliebt in die wunderschöne äußere Hülle dieses Mannes und übersah dabei, dass er mich einsperren wollte in einen goldenen Käfig.

Ich sollte plötzlich um Erlaubnis fragen, wenn ich tanzen gehen wollte. Er war die letzte Instanz, die entschied, ob meine Kleidung ok war, wenn wir ausgingen. Er belohnte oder bestrafte mich in einem verzwickten System aus Nähe und Liebesentzug. Die Spielregeln verstand ich nicht, sie schienen mir völlig willkürlich. Meine Intuition wurde nicht leise mich zu warnen. Heftige Szenen waren an der Tagesordnung, unzählige Fluchtversuche meinerseits aus dieser Verbindung scheiterten. Ich war hin und her gerissen zwischen der körperlichen und sexuellen Anziehung dieses Mannes und dem beständigen inneren Gefühl, einen Fehler zu machen und sofort weg zu müssen. Es war eine Zeit der absoluten Extreme, zwischen Höhen und Tiefen, zwischen On und Off, zwischen Anziehung und Abstoßung taumelte ich hin und her.

Nach sechs Wochen wurde ich schwanger. Die Gefühlsextreme wurden während der Schwangerschaft noch stärker. Aber nach ersten Zweifeln und Ängsten war für mich ganz klar, dass ich dieses Kind bekommen wollte. Wenn auch stets in der naiven Vorstellung, dass es dann schon funktionieren würde. Die Schwangerschaft lief ok, war aber weiterhin geprägt von starken Gefühlsschwankungen und der Angst, möglicherweise nach der Geburt wirklich alleine mit Kind dazustehen. Mein Studium konnte ich so pausieren, dass mir keine wesentlichen Nachteile entstanden und ich fast regulär meinen Abschluss ablegen konnte. Ich zog von Marburg, meinem Studienort in Hessen, wieder zurück ins Schwäbische, in den Ort, in dem meine Eltern mittlerweile wohnten. In der Zwischenzeit bewarb ich mich beim Landkreis Esslingen für ein Mutter-Kind-Projekt. Ledigen Müttern wurde hier eine Anlaufstelle mit regelmäßigen Gruppentreffen und finanzielle Unterstützung und Sicherheit geboten.

Ich hatte Glück und wurde angenommen und so war klar, dass mich wenigstens keine finanziellen Sorgen in den ersten drei Jahren nach der Geburt plagen würden. Der Rest ist schnell erzählt, Ende Mai des darauffolgenden Jahres kam mein wundervoller Sohn zur Welt. Der Vater konnte oder wollte sich nicht gänzlich zu uns bekennen. Aber alles hatte sich mit einem Schlag verändert. Der Sinn des Lebens erschien mir so greifbar nach der Geburt. Und plötzlich war es wichtig, dass ich ein guter Mensch war oder wurde. Doch mit dem neugeborenen Baby zu Hause drückte mich dann doch recht bald mein Studienabschluss und ich begann mit den Vorbereitungen: der Magisterarbeit in meinem Hauptfach Geographie mit Schwerpunkt Tourismus.

Glücklicherweise hatte ich mein Thema und meinen begleitenden Professor bereits gefunden, bevor ich schwanger geworden war. Sämtliche Datenerhebungen für die Abschlussarbeit auf der Nordseehalbinsel Nordstrand waren bereits erledigt. Alle Informationen waren recherchiert und ich musste nur noch schreiben. „Nur noch" sage ich heute so leicht. Aber das war wirklich ein riesiger Berg, den ich da schreibend erklimmen musste! Immer, wenn meine Mutter kam, um mit dem Kleinen spazieren zu gehen, musste ich mich punktgenau ausrichten, um an meiner Abschlussarbeit zu schreiben. Und später dann für die Prüfungen zu lernen. In meinem Hauptfach Geographie und dem Nebenfach Italienisch musste ich eine mündliche Prüfung absolvieren und mich darauf intensiv vorbereiten. Durchzuhalten fiel mir oftmals wirklich, wirklich schwer. Aber ich hatte das Ziel, diesen Abschluss zu schaffen. Für mich und natürlich meinen Sohn und darum blieb ich dran. Ich musste mich einfach mit dem, was ich hatte, arrangieren. Mehr Zeit und Freiraum gab es einfach nicht, weder für mich noch für den

Abschluss. Abends war ich nach einem angefüllten Tag, allein mit einem Baby, völlig erledigt.

Und ich bin auch kein Nachtmensch oder Eule, wie man so schön sagt. Am liebsten würde ich mit den Hühnern, wenn es dunkel wird zu Bett gehen. So schlafe ich spätestens um 19:30 Uhr auf dem Sofa ein. Also fokussierte ich mich und richtete mich so aus, dass ich die Prüfung auch unter diesen Bedingungen schaffte. Zwar nicht so glänzend, wie ich das unter anderen Umständen vielleicht geschafft hätte. Aber wer weiß das schon? Und doch immerhin so, dass ich auch heute stolz auf mich bin, es so hinbekommen zu haben. Und bis heute zeichnen mich genau diese Eigenschaften aus, die ich mir in dieser Zeit erarbeitet habe, nämlich mich zu fokussieren und gleichzeitig schnell zu erfassen um was es geht. Als im Sternzeichen Schütze Geborene, sehe ich mich dazu vor meinem inneren Auge, wie ich einen Bogen spanne und mich auf das Ziel ausgerichtet halte. Und dieses dann auch erreiche. Und das finde ich auch ein gutes Bild, um sich selbst auf seine Ziele auszurichten.

> *„Die rechte Kunst", rief da der Meister aus, „ist zwecklos, absichtslos!*
> *Je hartnäckiger Sie dabeibleiben, das Abschießen des Pfeiles*
> *erlernen zu wollen, damit Sie das Ziel sicher treffen,*
> *umso weniger wird das eine gelingen, um so ferner das andere rücken.*
> *Es steht Ihnen im Wege, dass Sie einen viel zu willigen Willen haben.*
> *Was Sie nicht tun, das, meinen Sie, geschehe nicht."*
> *(Eugen Herrigel)*

 ### Anleitung zum Glück: Fokussiertes Arbeiten

Diese fokussierte, lösungsorientierte Vorgehensweise kann man lernen und üben:

1. Formuliere für Dich Dein großes Ziel.

2. Dann male mit Buntstiften, Wasserfarben oder Wachskreiden diese Worte auf ein großes Blatt Papier.

3. Nimm Dir 10 bis 15 Minuten ungestörte Zeit, nur für Dich. Dann formuliere Dir Dein konkretes Ziel, das Du für Dich erreichen möchtest, z. B. Ich möchte Fortbildung XY machen! Oder ich möchte eine glückliche Partnerschaft leben! Oder Ich möchte meine Abschlussprüfung schaffen! Nun sprich Dir dieses Ziel laut vor und gehe in den Prozess des Malens oder Schreibens. Bei dieser Methode ist es wichtig, dass Du in eine Art Flow kommst, in dem Du ohne inneren Bewerter einfach malst. Oft brauchst Du ein paar Minuten, bis Dein innerer Bewerter still wird. Bleib einfach dran, es lohnt sich!

4. Dein Kunstwerk positionierst Du im Anschluss so, dass Du es im Laufe Deines Tages immer wieder siehst. Wie eine große Landkarte weist es Dir ab jetzt den Weg.

5. Und dann gehe los! Es ist nicht notwendig zum Losgehen schon alle Einzelheiten und Fakten zu kennen. Wie bei einem Navi, bei dem Du die Zieladresse eingibst, aber auch nicht schon den ganzen Fahrplan auswendig kennst. Tauchen Hindernisse auf, gibt es eine Umleitung oder eine gesperrte Straße wegen einer Baustelle, reagiert Dein Navi blitzschnell und Du behältst Dein eingegebenes Ziel trotzdem. So machst Du es jetzt für Dich auch. An jeder Abzweigung überprüfst Du, ob Du noch in Richtung Ziel läufst. Tauchen Hindernisse in Deinem Leben auf, so kümmerst Du Dich zwar darum, behältst aber Dein Ziel im Fokus und lässt Dich nicht ablenken. Denn Angebote zur Ablenkung von Deinem Ziel wird es genug geben. Widmest Du Dich zu sehr diesen Ablenkungen, so wirst Du in den Strudel Deines Lebens hineingezogen und verlierst Dein Ziel aus dem Blick.

6. Plane jeden Tag eine kurze Zeit ein, in der Du mit Deinem Ziel über Dein Kunstwerk in Kontakt gehst, um Dich fokussiert zu halten.

Ganz gleich wohin Du gehen möchtest, die Zeit muss reif sein. Es gilt, die richtigen Dinge im passenden Moment und in der richtigen Art und Weise

zu tun. Man kann das Leben, das Wachstum, die Reife, ... nicht beschleunigen. Übe Dich in Geduld und darin, im Moment zu sein. Aber wenn es so weit ist, dann gehe los ohne Kompromisse! Wenn es nicht voran geht, hast Du schon mal geschaut, ob Du bremst? Denn es heißt mutig voranschreiten und tun, was getan werden muss. Mit Siebenmeilenstiefeln oder Minischritten zu neuen Ufern, dorthin wo Du noch nie zuvor gewesen bist. Es ist nicht wichtig, ob Du Dein Ziel bereits in allen Details kennst. Es zählt der erste Schritt. Und egal, was es ist, ob andere es verstehen oder auch überhaupt nicht. Es ist Deins – es wartet nur auf Dich!

Coachingkarte 6:
Lösungsorientiert handeln.
Bist Du auf Dein Ziel ausgerichtet?

Unverantwortliches Drama

Genau zur Zeit meiner Abschlussprüfung an der Universität spitzte sich die Situation zwischen dem Vater meines Sohnes und mir immer weiter zu. Ich versuchte die Trennung zu vollziehen, es gelang mir nicht. Dramen spielten sich ab. In meiner Wohnung schloss er mich ein, ich versuchte über den Balkon zu fliehen, konnte aber ja meinen Sohn nicht dort lassen. Ich war hilflos, ausgeliefert, kraftlos. Es kam immer wieder zu Handgreiflichkeiten und ich wehrte mich.

Noch heute bin ich nicht besonders stolz, auf die dunklen Blutergüsse, die ich ihm bei einem dieser heftigen Streits verpasste. Und auch verbal lernte ich immer kräftiger auszuteilen und versuchte mich zu behaupten und gleichzeitig loszukommen. Sicherlich trug auch ich einen ordentlichen Teil dazu bei, dass dieses unsägliche Spiel zwischen uns immer weiterköchelte. Aber er ließ mich nicht in Ruhe, ließ mich nicht los. Auf Streit folgte Liebesentzug, dann Versöhnung. Ich hatte das Gefühl, mich nirgendwo hinwenden zu können. Ich schämte mich. Ich konnte mit niemandem sprechen. Ich hatte das Gefühl, dass alles meine Schuld sei. Einmal hatte ich sogar ein blaues Auge und erzählte dem Arzt, dass mein kleiner Sohn mich so wild angestrampelt hätte. Alle anderen Spuren unserer Auseinandersetzungen waren immer gut verborgen unter dicken Pullis und langen Hosen.

Auch meinen Eltern konnte ich nichts sagen, versuchte ihnen nur zu erklären, dass ich mich trennen wollte. Und meine Mutter gab mir zu verstehen, dass wenn ich mich nur richtig anstrengen würde, es auch mit der Beziehung klappte. Und wirklich richtig wäre halt nur so ein Vater-Mutter-Kind-Ding. Und wenn ich das nicht hätte, dann wäre ich eben auch nicht wirklich richtig. Ich hatte irgendwie an allem Schuld und ich nahm dieses Päckchen bereitwillig zu mir. Ich sah keinen anderen Ausweg, als schuld zu sein. Schuld zog sich irgendwie durch mein Leben, schon vorher war ich gefühlt an allem schuld gewesen.

Ich weiß, dass sie mir beide geholfen hätten, wenn sie gewusst hätten, wie schlimm es wirklich stand. Aber die unausgesprochenen Regeln in unserem Familiensystem kommunizierten sich mir ganz unmissverständlich. Und so konnte ich von dieser Seite auch keine Hilfe erwarten, dachte ich. Dann lernte ich einen anderen Mann kennen, der versuchte mir zu helfen. Ich lies mich darauf ein, verzweifelt und in der Hoffnung, jetzt endlich wegzukommen. Aber es gelang mir auch so nicht! Meine Eltern unterstützten mich nur und passten auf meinen Kleinen auf, wenn ich den Vater meines Sohnes traf, nicht aber mit dem anderen Mann. Lange noch weinte ich dieser verpatzten Chance und diesem Mann nach, aber letztendlich waren die Rahmenbedingungen einfach zu ungünstig. Und ich wollte ihn ja auch nicht benutzen.

Der Druck vom Vater meines Kindes und meiner Familie wurde so groß, dass ich alles wieder rückgängig machte und sogar ins Fernsehen ging. Er hatte mir mal gebeichtet, dass er das so romantisch finden würde. Er hatte dabei wohl eher die „Traumhochzeit" gemeint, wie sich hinterher herausstellte. „Nur die Liebe zählt" mit Kai Pflaume war damals jedoch hoch im Kurs. Und so meldete ich mich an, fuhr sogar zum Casting nach Köln und wurde auch mit meiner Story genommen. Ein Vertrag ward unterschrieben, Rückzieher und vorzeitiger Ausstieg waren ab jetzt nicht mehr möglich. Und wir überraschten dann den Vater meines Kindes mit meinem Video im bekannten silbernen Wohnwagen der Liebesshow. Er ließ sich auf alles ein, sagte vor laufender Kamera sogar „ja", drehte zig Umarmungen, Küsse und Tränen, um mich dann hinterher ohne die Kameras abzuservieren.

Noch Jahre später sprachen mich Menschen zu jeder Gelegenheit auf jene Sendung an. Zwischenzeitlich mochte ich gar nicht mehr raus gehen, es war schon ziemlich lästig, überall auf diese Schmach angesprochen zu werden. Schon wieder einer, mit „Du, ich glaube, ich habe Dich letztens im Fernsehen gesehen?" Es blieb ein fahles Gefühl und die Erkenntnis, dass vieles vor und hinter der Kamera einfach nur fake ist.

Schließlich kam es zur finalen Trennung zwischen dem Vater meines Sohnes und mir und jetzt begann die eigentlich anstrengende Zeit. Ich war jedes Mal, wenn der Vater meines Sohnes ihn abholen wollte, kurzfristig und jede Woche einmal seiner Willkür ausgeliefert. Er änderte Pläne, verschob, sagte ab oder kurzfristig zu, um mich zeitlich zu binden und mir keinesfalls auch nur eine Spur von Freiraum durch sein Besuchsrecht einzuräumen.

Ich versuchte beim Jugendamt eine feste Regelung zu erzielen, was jedoch nicht möglich war. Die Mitarbeiter schoben stets das „Kindeswohl" vor. Ich hatte immer das Gefühl, dass sie mir bei nächster Gelegenheit bestenfalls in den Rücken fallen würden, schlimmstenfalls direkt mit einem Messer. Und alles was ich dort vertraulich vorgebracht hatte, würden sie zu dieser Gelegenheit dann gegen mich verwenden. Unterhaltszahlungen wurden vereinbart und der Vater nahm jeden Trick und jedes Schlupfloch wahr, um diese zu kürzen oder dann auch Unterhaltsvorschuss zu erwirken. In dieser Zeit fühlte ich mich oft total überfordert mit allem und nur einen kleinen Schritt entfernt vom Abgrund.

Die Besuchstermine blieben ein ewiger Streitpunkt. Einmal brachte er meinen Sohn dann sogar nicht zum verabredeten Termin nach Hause. Ich wartete und wartete, schließlich erreichte ich irgendwann den Vater meines Kindes telefonisch und er meinte, er würde unseren Sohn jetzt nicht mehr heimbringen. Gerade sei er im Auto unterwegs irgendwohin, wo sie niemand finden würde. Mir zog es fast den Boden unter den Füßen weg, aber mein Körper stellte auf „funktionieren" und „Fokus" um. Ich rief sofort die Polizei an. Der Beamte nahm mich aber gar nicht ernst, beschwichtigte und meinte dann „aus Rücksicht auf den angestrebten Beruf und die damit verbundene Karriere des Vaters, lassen wir das alles mal auf sich beruhen." Jetzt flippte ich fast aus. Ich durchlebte massive Ängste und wurde immer hysterischer. Zwar telefonierte der Polizist dann schließlich mit meinem Ex und dieser brachte meinen Sohn daraufhin mit vielen Stunden Verspätung wieder zurück zu mir. Aber nicht von der Polizei ernst genommen und unterstützt zu werden, war schrecklich. Und es blieb das Gefühl von Hilflosigkeit und, dass ich „ausgeliefert" war, ein Opfer.

Wenn wir eine Emotion fühlen, verbindet sich diese mit denselben
oder ähnlichen Emotionen anderer Menschen.
(Sonia Emilia Rainbow)

Anleitung zum Glück: Verantwortlicher Umgang mit Gefühlen

Damals war ich noch der festen Überzeugung, dass ich und meine Sicht der Welt, die einzig wahre sei. Mich selbst reflektieren schon, aber das Ergebnis diente nur dazu, mich immer wieder selbst zu bestätigen. Vom verantwortlichen Umgang mit Gefühlen in diesem ganzen Schlamassel hatte ich noch nie gehört, denn damit hätte ich wahrlich einen wichtigen Schlüssel zum Entwirren der Verwirrungen und der wahren Erkenntnis in der Hand gehabt. Denn Gefühle haben an sich einen vielfältigen Nutzen. Hätten sie diesen nicht, so wären sie im Laufe der Evolution verschwunden. Das Universum ist ein praktisches Universum und in der Evolution bleibt nur das bestehen, was auch Nutzen hat und Sinn ergibt. Insgesamt sind Gefühle vereinfacht gesagt notwendig, für Empathie und das Zusammenleben in einer sozialen Gemeinschaft. Nur wenn ich mich auch in einen anderen einfühlen kann, kann ich mich sozial verhalten. Die sogenannten Spiegelneuronen sind dabei von entscheidender Notwendigkeit. Ohne sie, ist es mir nicht möglich, nachzuvollziehen was mein Gegenüber denkt und fühlt. Ich bin dadurch also in der Lage selbst zu fühlen, was ein anderer fühlt und das beeinflusst wesentlich die Fähigkeit zum sozialen Miteinander.

Menschen, die Schwierigkeiten haben Gefühle zu spiegeln oder einzuordnen, wie beispielsweise bei Autismus, tun sich schwer sich in der Gesellschaft zu orientieren – unter anderem deshalb, weil ihnen diese Fähigkeit fehlt. Aber flapsig gesagt sicherten Gefühle bereits in grauer Vorzeit das Überleben unserer Vorfahren, wenn ihre Angst sie beispielsweise vor einem Säbelzahntiger im Gebüsch warnte. Gefühle sind erst einmal für sich betrachtet, nur Gefühle, nicht mehr und nicht weniger. Jedes Gefühl hat eine eigene Energie. Ein komplexes Zusammenspiel von chemischen Botenstoffen. Im schamanischen Kontext geht man sogar davon aus, dass jedes Gefühl ein eigenes Bewusstsein und eine eigene Seele hat. Nur in unserer gesellschaftlichen und familiären Prägung, kulturell bedingt, werden Gefühle als positiv oder negativ eingestuft.

Durch diese erlernten und übernommenen Prägungen in unserer Gesellschaft, drücken die meisten Menschen ihre Gefühle einfach nur weg. Das heißt, sie leben sie nicht mehr aus. Damit sind die meisten Menschen heute nicht einmal mehr in der Lage, Gefühle klar wahrzunehmen oder gar zu unterscheiden. Viele nehmen also Gefühle als unangenehme Empfindungen wahr, wissen aber nicht wirklich, was sie fühlen und können ihre Gefühle auch nicht benennen. Daraus entsteht ein Gefühlsbrei und aufgestaute, gedeckelte Gefühle sind folglich für viele etwas ganz Normales. Viele Menschen sind was ihre Gefühle anbelangt völlig ungebildet, können diese nicht differenzieren oder wahrnehmen und schon gar nicht ausdrücken. Daraus resultieren häufig Vorwürfe, Spiegelungen, Krankheiten und unvorteilhaftes Verhalten. Gefühle können dabei sowohl bewusst als auch unbewusst in unserem System vorhanden sein.

Hilfreiche Orientierung, wie man mit Gefühlen verantwortlich umgeht gibt es jedoch in der Gesellschaft keine. Wohl aber gibt es Vorstellungen, wann man welche Gefühle haben und was man nicht fühlen darf. Sprüche wie „ein Indianer kennt keinen Schmerz" oder „ein Mann weint doch nicht" sind verbreitete Beispiele, wie Gefühle schon von Kindheit an wegtrainiert und unterdrückt werden. Diese Vorstellungen werden uns anerzogen, aber auch in Medien, Filmen, Büchern... unterschwellig vermittelt. Wir übernehmen die vorgegebene Bewertung der Gefühle und sind uns meist nicht einmal bewusst, dass wir das tun und wie stark wir durch unsere Umgebung geprägt und beeinflusst sind. Oft erschweren unrealistische, überzeichnete Bilder von Partnerschaft oder Alltag den Umgang mit den eigenen Gefühlen.

Gefühle sind also Gefühle. Nicht mehr und nicht weniger. Es gibt keine schlechten Gefühle. Ein Gefühl ist zunächst nur eine Information aus unserem System. Und durch unsere Prinzipien oder durch übernommene Vorstellungen entscheiden wir dann, ob wir ein Gefühl als gut oder schlecht bewerten. Lernst Du also Deine Gefühle wahrzunehmen und zu unterscheiden, erhältst Du sehr wichtige und vor allem unmittelbare Informationen über Dich selbst. Du erfährst mit dem Wahrnehmen eines Gefühls neue Informationen, die Dir so bisher nicht bewusst waren. Das ist vielleicht ungewohnt, aber nicht per se unangenehm. Es ist einfach nur fühlen, beobachten und wahrnehmen.

Unangenehm sind die Unklarheit und das Unterdrücken der Gefühle. Selbst Trauer oder Angst wirklich zu fühlen ohne Filter, kann etwas Stärkendes haben. Fühlen ist menschlich und damit völlig normal! Das Problem an den Gefühlen sind also unsere alten Verkabelungen und Konditionierungen. Diese können aus eigenen Erfahrungen und Erlebnissen entstanden oder auch durch die Umwelt antrainiert worden sein. Verkabelungen und Konditionierungen hängen teilweise zusammen und können auch überlappen, ich nenne sie in diesem Zusammenhang Zeug.

Wichtig ist, dass wir uns wegen dieses alten Zeugs nicht verurteilen. Als dieses entstand schützte es uns und sicherte unser Überleben. Wenn wir uns an die Auflösung von diesem alten Zeug machen, tauchen die Situationen, in denen die Verkabelungen entstanden, oft nochmals auf. Das muss einem bewusst sein. Gleichzeitig ist so ein Prozess ein Befreiungsschlag und ein entscheidender Schritt auf dem Weg zu einem erwachsenen und verantwortlichen Umgang mit Gefühlen, mit Menschen und Situationen.

Da diese Verkabelungen oft in der Kindheit entstanden und im Alter von damals emotional steckengeblieben sind, ist die Gefühlsarbeit auch eine wertvolle Arbeit für die Heilung des inneren Kindes. Bearbeiten wir eine alte Verkabelung, so ist es notwendig einen neuen Umgang mit den Gefühlen zu erlernen. Damals konnten wir das noch nicht, heute schon.

Heute können wir uns neu entscheiden. Eine Verkabelung erfährt eine Person aufgrund einer Erfahrung oder auch eines traumatischen Erlebnisses, also einer intrinsischen Entwicklung. Beispielsweise: „Trauer ist schlecht, weil meine Mama immer so traurig auf dem Sofa sitzt. Deshalb streiten sich Papa und Mama immer." Also verschließt das Kind seine Trauer in sich, so dass es Trauer nicht mehr fühlt. Diese Verkabelung entspricht aber nicht der Realität. Eine Konditionierung hingegen wurde uns von außen anerzogen. Das passiert sehr oft bei Jungen mit Gefühlen der Trauer oder Angst: „Sei doch keine Heulsuse.", „Weichei", „Waschlappen", ... Aber auch bei Mädchen mit dem Gefühl der Freude „Stell Dich doch nicht so in den Mittelpunkt", „Bescheidenheit ist eine Zier, doch es geht auch ohne ihr".
Durch Konditionierung und Verkabelungen wird der natürliche Verlauf eines Gefühls gestört. Normalerweise steigt ein Gefühl in einer steilen Kurve recht unmittelbar bis zu einem Höhepunkt an, um sich dann langsam wieder abzubauen. Eventuell erfolgt eine zweite Kurve, die aber schon in ihrer Intensität und der emotionalen Ladung abgeschwächt ist. Das wiederholt sich so lange, bis sich die Energie komplett abgebaut hat. Wird der natürliche Verlauf gestört, so entlädt sich das Gefühl nicht auf gesunde Weise und bleibt im Körpersystem als Energie stecken. Hier wirkt das Gefühl dann als Emotion, was bedeutet als gedeckeltes Gefühl.

Solche gestauten Gefühle können mannigfaltige Auswirkungen im Körper haben, von Bauchschmerzen und Magengeschwüren über Gereiztheit, Verspannungen und Rückenschmerzen bis hin zu Allergien und Tumoren aller Art. Da Menschen in unserer Gesellschaft im Allgemeinen Gefühle nicht auf diese natürliche Weise ausdrücken, speichern sie also Unmengen nicht entladener Energien in ihren Körpern. Und das sowohl aus der Vergangenheit in der Kindheit als auch durch den unverantwortlichen Umgang mit Gefühlen als Erwachsene heute. Und oft bringen die Menschen auch aus anderen Inkarnationen eine ungeklärte Gefühlsladung mit.

Nach der Landkarte der vier Gefühle aus dem Jahr 1975 von Valerie Lankford, gibt es vier reine Gefühle: Wut, Trauer, Freude und Angst. Alle anderen Gefühlsbezeichnungen lassen sich in diese Landkarte einordnen und sind gemischte oder unreife Gefühle. Liebe ist in dieser Unterscheidung kein Gefühl. Die reine, bewusste Liebe ist die Energie, aus der Leben besteht und es gibt deshalb auch kein Gegenteil zur Liebe. Liebe ist.

Unreife Gefühle nenne ich in diesem Zusammenhang Emotionen. Wenn wir **im ersten Schritt** beginnen, Gefühle klar zu trennen und sie einzeln zu fühlen, können wir **im zweiten Schritt** verantwortlich mit unseren Gefühlen umgehen, um dann ihre Schöpferkraft und Energie für ein erfülltes Leben zu nutzen. Somit ergibt es Sinn, zunächst die Unterscheidung von verantwortlichem und unverantwortlichem Umgang mit Gefühlen genau zu differenzieren:

Die nachfolgenden Tabellen zeigen an Beispielen auf, welche Auswirkung eine Änderung vom unverantwortlichen Umgang hin zum verantwortlichen Umgang mit Gefühlen bewirken kann. Dabei geht es in der ersten Tabelle generell um den neuen Umgang mit Gefühlen und wie die alte unverantwortliche Software in eine verantwortliche Form positiv transformiert werden kann. In den nächsten Tabellen werden die vier Grundgefühle in unverantwortlicher Form und im neuen verantwortlichen Umgang gegenübergestellt, um die jeweilige positiv nutzbare Energie dahinter aufzuzeigen.

Unverantwortlich: Alte Software Gefühle	Verantwortlich: Neue Software Gefühle
Alte Entscheidung	Neue Entscheidung
Es ist nicht OK, Emotionen zu zeigen. Sie sind schlecht.	Gefühle sind wertvoll wegen ihrer Informationen und Weisheit.
Gefühle sind unkontrollierbar und machen Angst	Ich kann lernen mit meinen Gefühlen umzugehen wie mit einem Werkzeug
Ich bin meinen Gefühlen ausgeliefert	Ich kann verantwortlich mit meinen Gefühlen umgehen
Ich bin mein Gefühl	Ich bin ich. Ich bin nicht das Gefühl.
Gefühle kommen und gehen ohne meinen Einfluss	Ich kann jederzeit in ein Gefühl springen oder es beenden, weil ich es will

unverantwortliche Wut	verantwortliche Wut
außer Kontrolle	Dinge ändern
gefährlich	Unterscheidung entscheiden
hässlich	Klarheit
muss unterdrückt werden	etwas ist
brutal	Zusammensein
aggressiv	Verantwortung
primitiv	ja oder nein sagen

unverantwortliche Trauer	verantwortliche Trauer
hilflos	Mitgefühl
schwach	Verbindung
kein Mann	Bindung/Vertrauen
jammern	Kraft
falsch	Intimität
unbequem	Verletzlichkeit

unverantwortliche Freude	verantwortliche Freude
kindisch	Vision
naiv	Führerschaft
es bleibt nicht	Intuition
nicht professionell	gedeihen
dumm	Motivation
blind	Möglichkeit
albern	Wohlstand
unverantwortliche Angst	verantwortliche Angst
schwach	Sensibilität
kein Mann	aufmerksam sein
kein Führer	hinterfragend
kindisch	Kreativität
regressiv	Führerschaft
unzuverlässig	Weisheit
wankelmütig	gute Frage

Abbildung 1: *Verantwortlicher Umgang mit Gefühlen*

Die weitverbreiteten alten Vorstellungen über Gefühle halten uns unverantwortlich und damit vom Wachstum ab. Wenn Du aber die Kraft und die Weisheit Deiner Gefühle für Dich nutzt, erhältst Du einen riesigen Werkzeugkoffer an neuen Handlungsweisen für Dich und Dein erfülltes Leben. Wenn sich Gefühle unbewusst mischen und stauen, kommt es zu einem Emotionsschleim. Die wertvollen Eigenschaften der Gefühle werden dann nicht genutzt. Es ist so, als würden sich die unterschiedlichen Energien der einzelnen Emotionen gegenseitig behindern. Es geschieht eine große Veränderung, wenn wir einerseits beginnen Gefühle klar zu unterscheiden und wahrzunehmen. Und andererseits auch, diese Energien in ihrer reinen und unverfälschten Form zu erleben. In dieser Übersicht kannst Du ablesen, welche unbewussten Gefühle gemischt welchen Emotionsschleim ergeben.

Wut	+	Trauer			=	Depression
Trauer	+	Angst			=	Isolation, Einsamkeit, Verzweiflung
Freude	+	Angst			=	Leichtsinn
Wut	+	Freude			=	Schadenfreude
Wut	+	Angst			=	Hysterie
Wut	+	Angst	+	Trauer	=	Eifersucht

Abbildung 2: *Gefühle in vermischter Form*

Vermischen sich drei oder vier Gefühle, so befindest Du Dich in einem extremen emotionalen Zustand. Beginnst Du aber die Gefühle beispielsweise tatsächlich und nacheinander zu fühlen, lernst Du mit Deinen Gefühlen zu navigieren. Gefühle verlieren dadurch ihren Schrecken. Du beobachtest Dich selbst in der Wahrnehmung Deiner Gefühle und kannst dann deine Identifikation mit ihnen loslassen. Dazu benötigst Du eine einfache Entscheidung, kombiniert mit dem Wissen, wie sich ein reines Gefühl anfühlt.

 **Der Nutzen, den Gefühle für uns haben:**

- Gefühle bereiten auf neurochemischer Ebene den Körper auf bestimmte Handlungen vor.
- Gefühle sind Träger von Energie, die der Mensch für sich nutzen kann.
- Gefühle sind Träger von Informationen, die uns im täglichen Leben helfen und unterstützen.
- Gefühle helfen uns, unser Leben nach unserem höheren Sinn zu leben.
- Gefühle können uns aufmerksam machen und warnen.
- Gefühle sind Ausdruck der Weisheit unseres Körpers.
- Gefühle spiegeln Situationen, die uns passieren, in unmittelbarer Reaktion.

- Gefühle passieren ohne notwendiges Bewusstwerden im Geiste, da sie im limbischen System eines stammesgeschichtlich alten Teils des Gehirns entstehen (erst die Hirnrinde macht das Gefühl bewusst).
- Klarheit über die eigenen Gefühle schenkt uns hohe emotionale Intelligenz. Wenn wir wissen, was wir fühlen, können wir auch wissen, was unser Gegenüber fühlt.
- Gefühle sind Tore zu den Archetypen, das heißt zu den Urkräften, die in jedem von uns schlummern.

Coachingkarte 7:
Verantwortlicher Umgang
mit Gefühlen.
Gefühle sind Gefühle, nicht
mehr und nicht weniger.

Mit einer kleinen Entscheidung hin zum verantwortlichen Umgang mit Gefühlen, können wir dahin gelangen, all unsere Gefühle anzunehmen und damit nicht mehr Aspekte von uns abzulehnen oder abzuspalten, sondern uns als Ganzes zu akzeptieren wie wir sind. Damit sind wir auf dem Weg zu uns selbst und einem glücklichen, erfüllten Leben schon ein großes Stück vorangekommen.

In meiner Ausbildung lernte ich auch, dass die reine Energie hinter den verantwortlichen Gefühlen sich in vier Archetypen ausdrücken lässt:

- Macher/Krieger (verantwortliche Wut)
- Schöpfer/Magier (verantwortliche Angst)
- Kommunikator (verantwortliche Trauer)
- König (verantwortliche Freude)

Dagegen pflegen Gefühle in ihrer unverantwortlichen Ausdrucksweise ein Schattendasein und stehen für ein Leben in dem der Mensch, Spielball seiner und der Gefühle anderer bleibt. **Diese unverantwortlichen Gefühle sind weit verbreitet:**

- Täter/Tyrann (unverantwortliche Wut)
- Retter/heimtückischer Magier (unverantwortliche Angst)
- Opfer (unverantwortliche Trauer)
- Diktator/Schattenkönig (unverantwortliche Freude)

In dem Moment, in dem wir jedoch die lichtvollen, verantwortlichen Archetypen erlernen und wählen, können wir die Energie der dahinterstehenden Gefühle schöpferisch einsetzen. Hier habe ich nochmals einige Beispiele des bewussten und unbewussten Spiels aufgeführt:

bewusst	unbewusst
erzeugt ein verantwortliches Spiel	erzeugt ein unverantwortliches Spiel
Gewinnen geschieht	Ich gewinne, Du verlierst – haha ich habe Dich ausgetrickst! Ich bin besser und du bist schlechter, als ich
Fülle durch das Übernehmen von Verantwortung, die Quelle für Ressourcen sein	Mangel, weil vermieden wird, Verantwortung für die Ressourcen zu übernehmen
dient der Bestimmung	dient Absichten, um etwas zu erreichen
helle Prinzipien, der weiße Weg	Schattenprinzipien, schwarze Magie, Manipulation
verwendet Energie und Informationen über Gefühle, um aus dem Drama auszusteigen	verwendet Energie und Informationen über Gefühle, um niederes Drama zu erzeugen und weiterzuspielen

Abbildung 3: *Verantwortliches und unverantwortliches Spiel*

Um selbst überprüfen und entscheiden zu können, welcher Seite Du dienst und ob Du vorwiegend unbewusst oder bewusst handelst, habe ich hier weitere Beispiele aufgeführt. **Helle Prinzipien sind:** Akzeptanz, Dankbarkeit, Entdeckung, Ermächtigung, Erfindung, Freundschaft, Gemeinschaft, Güte, Großzügigkeit, Integrität, Klarheit, Kommunikation, Kreativität, Möglichkeit, Respekt, Selbstverantwortung, Selbstlosigkeit, Strahlen, Teamwork, Toleranz, Wachstum, Win-Win, Würde, ...

Schattenprinzipien sind: Ausschluss, Beschuldigung, Besserwissen, Betrug, gut/schlecht, Erwartung, Groll, Habgier, Lästern, Leistungsdenken, Leugnung, Opferdasein, Überlegenheit, Rache, Rechthaben, Täterschaft, richtig/falsch, Verrat, verraten werden, Verachtung, Vorenthalten, Wettbewerb, ...

Wenn wir Gefühle fühlen, verbinden sich diese nach dem Resonanzprinzip gleichzeitig mit passenden Gefühlen oder Gedanken von anderen Menschen und den dazugehörigen Energiefeldern, die ähnlich schwingen. Damit nähren wir also mit unserem eigenen Verhalten auch das kollektive Emotionsfeld der Menschheit. Und das von allen jemals gefühlten Gefühlen, heute und vor unserer Zeit. Damit haben Du und Dein verantwortlicher Umgang mit den Gefühlen also nicht nur einen entscheidenden Einfluss auf Dein Leben, sondern auch einen ganz maßgeblichen Einfluss auf das Kollektiv und auf die gemeinsame Entwicklung der Menschheit. Das ist besonders in diesen herausfordernden Zeiten wichtig zu wissen: Denn unbewusst schwingt nieder, bewusst schwingt höher. Und je höher wir in der Gemeinschaft schwingen und wir damit unsere Energie erhöhen, desto schneller gelingt uns auch der Wandel.

Coachingkarte 8:
Gesetz der Resonanz. Setze
Deine Gefühle schöpferisch ein.

Gehe doch jetzt gedanklich in eine Situation des vergangenen Tages oder der zurückliegenden Woche, in der es Unstimmigkeiten zwischen Dir und Deinem Partner oder einer anderen Person gab. Analysiere jetzt nach bewusstem und unbewusstem Verhalten und schreibe für Dich und Dein Handeln die dahinterliegenden Prinzipien auf. Was kannst Du erkennen? Was möchtest Du angesichts der neuen Erkenntnisse für Dich verändern?

> *Das Licht, das die Nacht erhellt. Die Wärme, die das Herz berührt.*
> *Die Nahrung, die die Seele nährt. Die Liebe, die von Gott herrührt.*
> *Du bist alles, und du bist nichts ...*

Der Körper zeigt, was nicht stimmt

In dieser Situation brach bei mir eine Autoimmunerkrankung aus. Pfeiffersches Drüsenfieber im chronischen, immer wiederkehrenden Verlauf. Diese heftige Erkrankung, die durch das Epstein-Barr-Virus ausgelöst wird, legte mein Immunsystem komplett lahm. Ich fieberte hoch und das täglich. Ich konnte kaum aufstehen und war nicht in der Lage, mich oder mein Kind mit Essen oder sonst irgendwie zu versorgen, geschweige denn mit ihm zu spielen oder mal etwas Schönes zusammen unternehmen. Nur im Bett liegen und schlafen, schlafen, schlafen.

Nach sechs Wochen zu Hause musste ich aber wieder zur Arbeit. Wenn ich halbtags zur Arbeit ging, war danach nur noch Bettruhe angesagt, so erschöpft war ich. Mittlerweile hatte ich meinen ersten Halbtagsjob angenommen und war in der Organisation und Marketingabteilung einer großen Gartenveranstaltung bei uns am Ort tätig. Damit hatte ich einen überaus erfolgreichen Abschluss nach zweieinhalb Jahren Mutter-Kind-Projekt vollzogen. Aber ich war massiv geschwächt durch diese Krankheit. Schwitzte und zitterte. Nachts musste ich mehrmals meine Kleidung wechseln, weil diese völlig durchnässt war und ich im kalten Schweiß erbärmlich fror. Ich konnte mich für den Gang ins Bad kaum auf den Beinen halten und war körperlich überhaupt nicht leistungsfähig.

Ohne meine Eltern, hätte ich diese Zeit gar nicht überstanden, geschweige denn mein Leben bewältigen können. Ich schleppte mich durch den Vormittag bei der Arbeit und ab Mittag bis zum nächsten Morgen schlief ich. Ich rannte von Arzt zu Arzt. Einer grinste sich sogar hinter einem Gesicht aus vorgetäuschtem Mitgefühl einen ab und lachte mich innerlich aus. Keiner konnte mir helfen, kaum einer nahm mich ernst. Ich war ja jung, was ich da erzählte konnten die Ärzte nicht nachvollziehen.

Ich war einfach nur erschöpft. Mein Kopf war schwer, mein Nacken fühlte sich so dünn an und nicht in der Lage meinen Kopf zu halten. Mit beiden Händen musste ich beim Sitzen meinen Hals und vor allem meinen Nacken stützen. Längere Zeit zu sitzen war unglaublich anstrengend. Wenige Meter zu gehen war eine Höchstleistung für mich und meinen Körper. Meine Arme fühlten sich lahm an, die Nerven kribbelten in den Armen. Ich konnte keinem Satz gedanklich folgen, so sehr hatte die Krankheit meine Nerven angegriffen. Ich musste in Gesprächen mitschreiben, um am Ende eines Satzes noch zu wissen, was mein Gegenüber oder ich gerade vor zwei Sekunden gesagt hatten.

Regelmäßig alle zwei Wochen kehrte das Fieber zurück, der chronische Verlauf über mehr als ein halbes Jahr schwächte mich mehr und mehr. Schulmedizinisch gesehen war ich am Ende und niemand konnte mir helfen. Schließlich spritzte mir ein Arzt Neuroleptika, was aber alles nur noch schlimmer machte, dumpf und im Körper gelähmt, gleichzeitig so aufgewühlt und zitternd, vor allem aber kein bisschen gesünder.

Und dann gab es da diese kleine Stimme in mir, die sagte: „Stopp, da stimmt was nicht! So kannst Du nicht gesund werden." Und es gab diesen Freund, der mir seinen Heilpraktiker empfahl. Und ich vergesse nie den Augenblick, als ich das erste Mal dort war in der Praxis des Heilpraktikers. Er nahm meine Hand, schaute mich nur ruhig an und sagte: „Was haben denn Sie gemacht!" Und endlich durfte ich weinen. Und das erste Mal während dieser ganzen Zeit der Krankheit, der Schwäche und Hilflosigkeit - und der Ärzte-Odyssee, fühlte ich mich gesehen und verstanden.

Es dauerte zwar noch fast zwei Jahre, bis ich wieder stark und fit war, aber ab jetzt ging es kontinuierlich bergauf. Plötzlich war es wichtig gesund zu essen. Es war wichtig zu entscheiden, was das Beste war für mich und meine Gesundheit und so kam ich auf den Weg, auf meinen eigenen, tiefen Heilungsweg zu mir selbst. Und ich begann mich für alternative Heilmethoden zu interessieren. Kurze Zeit später lernte ich meinen heutigen Mann kennen.

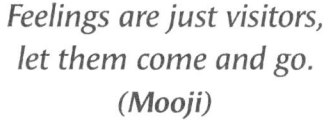

You only know your lover,
when you let her go.
(Passenger)

Im April begannen wir, ganz gezielt die Abende wieder gemeinsam zu verbringen. Geschlafen haben wir in dieser Zeit beide wohl ziemlich wenig. Und keine Lösung, der 144 Lösungen, die wir zu finden gewillt waren, passte zu uns. Keiner wollte dem anderen Böses. Jeder von uns, wollte dem anderen beste Startbedingungen in ein neues Leben ermöglichen. Wir ließen komplett los. Er mich, und ich ihn. Aber eigentlich auch nicht, keiner von uns konnte wirklich loslassen … Wir zündeten in der Nacht Kerzen an. Und redeten und redeten, redeten davon, wie wir uns kennengelernt hatten und wie es am Anfang gewesen war.

Feelings are just visitors,
let them come and go.
(Mooji)

Anleitung zum Glück: Süchtig nach emotionalen Zuständen

Wenn ich als Teenager oder junge Erwachsene schon gewusst hätte, was ich heute weiß, hätte ich bestimmt alles genau so wieder gemacht. Denn etwas im Kopf zu wissen bedeutet ja noch lange nicht, dass man es auch wirklich verstanden hat, mit dem Herzen und mit dem ganzen System auch fühlen kann.

Bestimmte emotionale Gefühlszustände können genauso süchtig machen wie die bekannten klassischen Suchtstoffe oder auch Drogen genannt. Damit diese klassischen Suchtstoffe ihre Wirkung entfalten, verwenden sie unser Nervensystem als eine Art Übertragungnetz. Drogen haben wirksame Bestandteile, die an den Rezeptoren einer Nervenzelle im Nervensystem andocken und einen „Schlüssel" umdrehen. Hier blockieren sie dann bestimmte Vorgänge, regen die Ausschüttung von bestimmten körpereigenen Stoffen an, bauen einen Zellimpuls auf oder lösen eine andere Zellfunktion aus.

Das funktioniert bei den Drogen genauso wie es die körpereigenen Botenstoffe auch tun, die körpereigenen Stoffe werden jedoch sofort nach Übermittlung der Nachricht wieder abgebaut. Die Botenstoffe und Drogen können an den Rezeptoren nur andocken, wenn sie exakt zusammenpassen (Schlüssel-Schloss-Prinzip). Das bedeutet, wirksame Drogen und körpereigene Botenstoffe sind sich in ihrer Wirkung sehr ähnlich. Sie fungieren dabei nur als Katalysatoren, die weitere körperliche und psychische Vorgänge ankurbeln oder unterdrücken. Vereinfacht gesagt.

> *Realität ist nur eine Illusion,*
> *allerdings eine sehr hartnäckige.*
> *(Albert Einstein)*

Etwas Ähnliches passiert bei so gut wie jedem inneren Zustand. Jedes Gefühl, jede Emotion und jeder Mischmasch aus diesen ist so ein Zustand, der also ganz bestimmte Botenstoffe in einem Menschen aktiviert. Und die Zustände, die wir gewohnt sind, und unser Körper sind meist unbewusst bestrebt, immer wieder gleiche Situationen um uns herum herzustellen. Damit befinden wir uns möglichst dauerhaft in dem immer gleichen Gemisch der körpereigenen Botenstoffe und damit der gefühlsmäßigen Zustände. Und ähnlich wie bei einer Drogensucht, haben diese suchtartigen Tendenzen kein Interesse daran, dass man innere Zustände verändert. Diese Dynamiken möchten weiterhin die Stoffe bekommen, die sie gewohnt sind oder von denen sie abhängig sind und erzeugen so Umstände, um diese immer wieder zu bekommen. So inszenierte sich also mein Gefühlscocktail immer wieder ähnliche Situationen in meinem Leben, so dass ich mich hilflos, ausgeliefert und als Opfer fühlen konnte und diese Sucht nach emotionalen Botenstoffen bediente.

Eine Suchtdynamik sichert sich ihre „Drogen" durch bestimmte Gedanken, bestimmte Körperhaltungen, eine bestimmte Weise über Dinge zu sprechen, eine bestimmte Sicht der Realität. („Alle sind gegen mich, ich bin so hilflos und ausgeliefert, keiner liebt mich, immer ich, ...") Wenn man wirklich solch einen Kreislauf durchbrechen möchte, muss man diese Gewohnheiten einen bestimmten Zeitrahmen lang komplett aussetzen, fast wie einen Entzug.

Diese Dynamiken haben aber während und nach dieser Zeit weiterhin eine starke Anziehungskraft. Deshalb ist es erst die halbe Miete, über den Verstand zu verstehen und zu wissen, was Dir nicht guttut. Du brauchst einen starken Einschnitt und eine rigorose Veränderung. Über den Verstand kannst Du zwar willentlich eine Weile auf ein Verhalten einwirken und dieses auch mit hohem Energieaufwand aufrecht halten. Sobald aber deine Aufmerksamkeit abgelenkt ist oder Du Deine Energie für etwas anderes benötigst, wirst Du wieder zurückfallen. Eine dauerhafte Veränderung wirst Du nur erreichen können, wenn Du einen wirklich grundlegend neuen Umgang mit Deinen Gefühlen verinnerlichst.

Coachingkarte 9: *Starker Einschnitt. Was bedarf ein sofortiges Ende?*

Anleitung zum Glück: Verantwortliche Gefühle

Viele Menschen denken, dass Ihre Gefühle und Stimmungen authentischer Natur seien, sozusagen Gott gegeben. Wenn also jemand gute Laune hat, dann ist das ja ganz wunderbar und derjenige hat Glück gehabt. Die Sonne scheint. Das Herz lacht. Die gute Laune ist da. Und auch dem Umfeld wird es dann gut gehen und alle sind gut drauf. Wenn aber jemand schlechte Laune hat, dann ist das halt einfach Pech für die anderen. Es regnet. Du wirst nass. Und kalt ist es auch noch. Die Stimmung sinkt. Das ist ja auch Dein gutes Recht und was kannst Du schließlich dafür, wenn Du jetzt schlecht drauf bist, weil dir jetzt kalt ist und Du Hunger hast? Da kann man schon mal seine miese Laune an den anderen auslassen, das machen die anderen ja auch, oder?

Wenn Du Dich aber gerade in einer Gegend aufhältst, in der Sonne, Hitze und Waldbrände Dein Zuhause, die ganze Wohnsiedlung und Deine Existenz zu vernichten drohen? Und jetzt kommen plötzlich Wolken auf und ein kühler Regenschauer verhindert Schlimmeres. Dann stellst Du Dich vermutlich in den beginnenden Regen und jubelst und lachst, breitest die Arme aus und tanzt im herrlichen Regen, weil Du jetzt gerettet bist! Beim nächsten Regen könnte es sein, dass sich Deine Gefühle in Bezug auf Regen verändert haben...

Also kannst Du aus diesem Beispiel zwei Dinge in Bezug auf Verknüpfungen mit Gefühlen ableiten:

1. Etwas in jedem Menschen verknüpft Situationen, Orte, Gerüche, Musik etc. mit Gefühlen. Meist unbewusst. Das sollten wir wissen, wenn wir das nächste Mal schlechte Laune haben oder sich plötzlich unsere Laune verändert. Die Laune könnte durch so eine Verknüpfung unbewusst ausgelöst worden sein. Und ist folglich nicht originär und authentisch in diesem Moment. Du erkennst, Du bist nicht die Laune.

2. Genauso wie eine unbewusste Verknüpfung geschieht, kannst Du auch bewusste Verknüpfungen entstehen lassen. Du bist im Urlaub

und hast ein Lieblingslied? Wenn Du anschließend diese Musik in Deinem Alltag wieder hörst, stellt sich diese gute Laune aus dem Urlaub wieder ein. Du hast eine „Gute-Laune-Entspannungs-Verknüpfung" kreiert. Du kannst also Deine Laune selbst erschaffen.

 Wenn Du also ein zufriedenes Leben leben möchtest, dann solltest Du Deinen Gefühlen nicht mehr ausgeliefert sein, sondern Du solltest Dich mit ihnen auskennen. Du wirst ihnen nicht länger wie ein Spielball ausgeliefert sein und damit den äußeren Faktoren, die zufällig Deine Launen beeinflussen. Damit meine ich nicht, Gefühle zu unterdrücken, sondern so reflektiert Deinen Gefühlen zu begegnen, dass sie ihren Schrecken verlieren und Dir ihre Energie zur Verfügung stellen. Wenn Du diese Energie für Dich zielführend einsetzt, kannst Du Dir erschaffen und kreieren, was Du Dir in Deinem Leben wünschst. Dazu benötigst Du einfach Übung. Und außerdem immer wieder einen Schritt zur Seite, um Dich nicht in ein Gefühlsschlamassel hineinziehen zu lassen – weder in Dein eigenes und noch weniger in das von anderen – sondern wie ein Beobachter zuzuschauen. Dazu gibt es für Dich die zwei folgenden Schritte zu tun:

Der erste Schritt ist es also, Deine Gefühle wahrnehmen zu lernen und diese voneinander zu unterscheiden. Das sieht auf den ersten Blick vielleicht ganz leicht aus, doch in der Praxis bedarf das einiger Übung. Und das nicht nur, wenn Gefühle so zufällig in Deinem Leben passieren, sondern ganz gezielt und einfach auf Knopfdruck: Jedes Gefühl rein, unvermischt und klar auszudrücken. Das bedeutet, Du springst in ein Gefühl hinein nur einfach, weil Du Dich dazu entscheidest. Im Anschluss durchlebst Du das Gefühl, ohne es zu bremsen, in seinem natürlichen Verlauf. So springst Du also beispielsweise in das Gefühl Angst und folgst dem ungebremsten Gefühl in seinem Auf und Ab. Alte gespeicherte, nicht ausgelebte Emotionen können sich dadurch aus Deinem System lösen und Du baust Druck ab, entspannst gleichzeitig. Durch dieses bewusste Durchleben verlieren Gefühle ihre Bedrohlichkeit und werden zu einem Werkzeug, das man ganz bewusst einsetzen kann. Beispielsweise zur Reflektion von sich selbst und anderen oder von bestimmten Situationen, in denen der eigene Körper spiegelt, welche Gefühle gerade im Raum sind.

Außerdem ist es wichtig, den Unterschied von einem reinen Gefühl in seinem normalen, natürlichen Verlauf zu kennen und einer gedeckelten, unausgelebten Emotion. Gefühle auszudrücken und wahrzunehmen bedarf einiger Übung und oftmals einer Anleitung von außen. Denn das Wissen um den verantwortlichen Umgang mit Gefühlen ist in der Gesellschaft nicht weit verbreitet, und wir sind deshalb sehr ungeübt in Sachen Gefühle. Dadurch rutschen wir bei diesem ersten Schritt sehr leicht in alte, gedeckelte Emotionen und Situationen, die noch unbewusst in unserem Körper und System hängen oder mischen gar Gefühle in ihrer Ausdrucksform.

Ohne Anleitung kann es also leicht passieren, dass Du Dich im Sumpf der Emotionen verirrst und möglicherweise darin stecken bleibst. Aber in dieser Form das System zu entladen und die alten Energien loszuwerden ist ein ganz entscheidender Schritt, damit Du Deine Projektionen in andere zurücknehmen kannst und Dir alte Gefühle nicht länger die Sicht vernebeln. In diesem ersten Schritt verhalten sich die Menschen oft noch kindlich und unverantwortlich, da die auftauchenden, alten Emotionen meist aus der Kindheit stammen. Wichtig ist, nicht zu bewerten, sondern einfach nur geschehen zu lassen. Ich kenne niemanden, der in diesem Schritt nicht erst einmal viele Altlasten aufarbeiten musste. Alles darf sein und ist normal. Das Gute ist ja, dass Du jetzt an genau diesem Punkt in Deinem Leben stehst, um endlich auf Deinem Heilungsweg weiterzugehen.

Im zweiten Schritt lernst Du Deine Gefühle verantwortlich einzusetzen. Jetzt bekommst Du Zugang zu Informationen und Energien, die hinter den Gefühlen liegen. Damit ist ein Lernprozess verbunden, der einer bewussten Anstrengung und Entscheidung bedarf. Natürlich kannst Du bis an Dein Lebensende grollen oder ein Opfer oder Täter bleiben – das ist einfach! Aber es bringt niemanden weiter. Doch wie wäre es, die Wut beispielsweise nicht mehr länger zu unterdrücken, sie weder einfach zu schlucken noch sie wie ein Wahnsinniger an allem und jedem oder möglicherweise Dir selbst auszulassen?

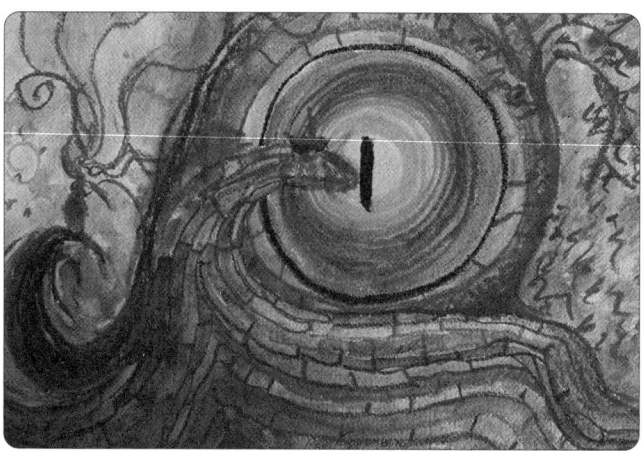

Coachingkarte 10:
Natürlicher Verlauf.
Lasse geschehen!

Mit der Kraft der Wut kannst Du beispielsweise lernen, so Grenzen zu setzen, dass diese auch wirklich angenommen und durchgesetzt werden. Dieser Kultivierungsprozess benötigt einiges an bewusstem Training. Dafür wirst Du aber nach und nach Herr oder Herrin Deiner Gefühle und lernst die jeweilige Qualität für Dich und Dein Leben verantwortlich zu nutzen und gezielt einzusetzen. Wenn Du mit der verantwortlichen Wut beispielsweise Deine Projekte zum Laufen bringst, ist diese Energie zum Guten eingesetzt.

Gefühle auf verantwortliche Weise auszudrücken und nicht mehr wegzudrücken, befreit uns im Sein und Handeln. Plötzlich hast Du viel mehr Energie zur Verfügung, die in ihrer Zuordnung den Archetypen und damit unserer Natur entsprechen. „Archetyp" bezeichnet die dem kollektiven Unbewussten und damit der Psyche zugehörig vermuteten Grundstrukturen menschlicher Vorstellungs- und Handlungsmuster bei Carl Gustav Jung. Diese Archetypen manifestieren sich als Ausdruck der vier Grundgefühle und damit unserer menschlichen Natur im Krieger (verantwortliche Wut), im Magier (verantwortliche Angst), im Kommunikator (verantwortliche Trauer) und im König (verantwortliche Freude). Ihnen gegenüber stehen die Schatten, als nicht offen gelebte und unverantwortlich eingesetzte Gefühle: der Tyrann (unverantwortliche Wut), der heimtückische Magier oder scheinheilige Retter (unverantwortliche Angst), das Opfer (unverantwortliche Trauer) und der Diktator, Schattenkönig oder Gremlin (unverantwortliche Freude).

In dem Moment, in dem Du beginnst Deine Gefühle verantwortungsvoll einzusetzen, beginnst Du, Dich den lichten oder hellen Prinzipien in Dir zuzuwenden und sie zu kultivieren. Deine Lebensaufgabe und Deine wahre Bestimmung können beginnen, sich in Dir zu entfalten. Unser Mensch-sein beinhaltet immer diesen Schritt vom unbewussten hin zum bewussten Umgang (mit Gefühlen). Das ist das Spiel und das Rad des Lebens, wie es die indischen Religionen nennen. Dabei ist niemand besser oder schlechter als der andere. Jedoch nur, wenn Du über Deine eigenen Schattenprinzipi-en Bescheid weißt, kannst Du sicher sein, dass nicht der König der Unter-welt, der Gremlin insgeheim Deine Handlungen lenkt und damit versteck-te Absichten Dein Leben beeinflussen.

Folgenden Hilfssatz, den ich besonders für den Beginn als sehr wertvoll empfinde, lernte ich bei meinem Lehrer: „Ich fühle mich ..., weil ..." Füge also das jeweils passende der vier Gefühle ein: wütend, traurig, ängstlich, fröhlich ... und dann folgt eine Beschreibung der entsprechenden Situation aus Deiner Sicht, ohne Anschuldigungen, sondern nur eine Beschreibung Deines Zustandes. Zugegeben, am Anfang ist das ein wenig ungewohnt, aber je öfter Du das übst, desto leichter wird es Dir fallen, verantwortlich Deine Gefühle auszudrücken.

Wenn ich mich also beispielsweise ärgern würde, weil mein Mann den Ge-schirrspüler nicht ausgeräumt hat und dreckiges Geschirr sich in der Küche stapelt, schreie ich nicht: „Immer sitzt Du nur rum und nie räumst Du Dein Geschirr weg!" und mein Mann bewegt sich nicht oder motzt zurück. Sondern ich sage jetzt: „Ich fühle mich wütend, weil das dreckige Geschirr noch immer in der Spüle steht. Ich hatte heute so viel zu tun und müsste immer noch arbeiten, weil ich nicht fertig geworden bin und ich bin echt müde und genervt. Jetzt soll ich für Euch das Abendessen kochen und das ist durch das viele Geschirr für mich noch anstrengender." Dann antwortet er vielleicht, „Ach so. Ich mach das gleich, warte! Ich wollte auch kurz die Beine hochlegen, weil ich einen anstrengenden Tag hatte. Lass uns doch zusammen kochen."

Siehst Du den Unterschied? Mittlerweile kann ich auch von der strikten Formulierung abweichen, ohne in das alte, unverantwortliche Spiel abzurutschen. Aber eine gute Unterstützung ist wirklich, sich zu Beginn genau an diese Formulierungshilfe zu halten. Notiere doch direkt in Deinem Schreibheft eine Situation, die in der Vergangenheit zwischen Dir und einer anderen Person nicht so gut lief. Und schreibe sie mit diesem neuen Wissen und dieser Herangehensweise um. Merkst Du wie sich die Energie verändert? Auch wenn es beispielsweise eine belastende Situation in Deiner Vergangenheit gibt, kannst Du genauso beginnen, diese für Dich umzuschreiben und zu klären – zunächst auf der energetischen Ebene, um dann möglicherweise später diese im direkten Kontakt zu klären und aufzulösen. Manchmal ergibt sich so eine Chance jedoch nie, weil die andere Person das nicht möchte oder bereits verstorben ist. Dann kannst Du so trotzdem damit Frieden finden.

Genau diese Methode wandten mein Mann und ich auch an, als wir während unserer Krise begannen, die vergangenen Jahre und auch unser Kennenlernen und die Anfangszeit gemeinsam aufzuarbeiten.

Coachingkarte 11:
Raus aus der Anschuldigung. Das
Spiel von Opfer und Täter ist vorbei.

Opfer und Täter

Damals in unserer Anfangszeit entdeckten wir so viele Gemeinsamkeiten und teilten unsere Geschichten miteinander. Es war eine ganz besondere Zeit, wir waren uns nah. Aber ich wollte mir wirklich ganz sicher sein, bevor ich einen Mann mit zu mir nach Hause nahm. Meinen zukünftigen Mann kränkte das damals sehr. Sorgsam vermied ich es aber, dass mein kleiner Sohn und mein neuer Mann sich trafen. Wir trafen uns zu zweit zwar bei mir daheim, aber immer so, dass mein kleiner Sohn schon im Bett war. Ich kochte, wir aßen auf meinem Balkon gemeinsam zu Abend, tranken Wein und lernten uns immer besser kennen. Doch im Morgengrauen musste mein Mann gehen. Ich stellte stets den Wecker, so dass die beiden sich nicht zufällig über den Weg liefen.

Irgendwann wollte mein zukünftiger Mann das nicht mehr mitmachen. Keine halben Sachen mehr, endlich ganz! Ich willigte ein, wie schon gesagt, eigentlich war zwischen uns eh alles klar! Also haben wir einen neutralen Ort gesucht auf einem Spielplatz und uns dort zur dritt getroffen. Dann gingen wir gemeinsam Eis essen. Mein Sohn hat das eh alles viel lockerer aufgenommen, als ich befürchtet hatte. Und schon wenige Wochen später waren die anfänglichen Bedenken meinerseits völlig vergessen. Im Gegenteil mein Sohn ging ziemlich offensiv vor, schon nach kurzer Zeit fragte er meinen zukünftigen Mann: „Wann heiratest Du uns endlich?" Und wo er zunächst von „der", dann vom „Ampelbauer" gesprochen hatte, nannte er meinen zukünftigen Mann irgendwann, als wäre es das normalste der Welt, „Papa".

Nach knappen drei Monaten suchten wir eine gemeinsame Wohnung und fanden diese am Ort in herrlichster Halbhöhenlage mit wundervoller Aussicht und Garten am Haus. Es begann eine wunderbare Zeit. Wir unternahmen viel zu zweit und zu dritt als Familie und alles fühlte sich so richtig an. Wir hatten etwas so Wertvolles gefunden und waren uns sicher, das würden wir nie verlieren!

Ich wechselte meinen Job, da besagte Gartenausstellung Landesgartenschau nur für ein halbes Jahr stattfand und aufgelöst wurde, nachdem die Saison abgeschlossen war. Ich fand aber im direkten Anschluss eine attraktive Arbeitsstelle bei einem kreativen Dienstleister. Es machte Spaß, gleichzeitig fühlte es sich aber auch nicht richtig an. Der Chef war ein cholerischer Schönling, seine Frau hatte mich irgendwie auf dem Kieker und begann nach kurzer Zeit mit systematischem Mobbing. Klar, dass mir unter diesem Druck irgendwann auch Fehler passierten. Außerdem hatte ich mich ja gerade erst von dieser massiven Krankheit erholt.

Schließlich bekam ich nach etwa einem Jahr die Kündigung, was sich rückblickend betrachtet aber schon angekündigt hatte. Mein damaliger, kleiner Geschäftswagen provozierte irgendwie ständig Fast-Unfälle, anders kann ich das gar nicht ausdrücken. Ich kam aber glücklicherweise jedes Mal mit dem Schrecken davon. Als ich bei der Kreativagentur kurze Zeit weg war, so erfuhr ich viele Jahre später, hatte meine Nachfolgerin mit genau diesem Auto einen schweren Unfall mit Totalschaden. Also hatte mein Auto das Geschehen auf seine Weise schon vorhergesagt.

Das Thema Mobbing wiederholte sich irgendwie immer wieder in meinem Leben. Klar fühlte ich mich immer als armes Opfer. Paradoxerweise war ich plötzlich aber immer der Täter, fühlte mich aber, wie unschuldig zum Täter gemacht, und damit war ich auch irgendwie ein Opfer ... Also wirklich paradox!

Erst heute kann ich erkennen, dass auch ich etwas zu diesen Situationen beigetragen habe und diese begünstigte. Denn ich hatte bei einer Instanz die Verantwortung für mich abgegeben und gefiel mir eigentlich ganz gut in der Rolle des unschuldigen Opfers. Dadurch dass die anderen mich für den Täter hielten, fühlte ich mich noch unschuldiger. Ich kultivierte es unbewusst, Spielball des Lebens und anderer zu sein und kreierte damit ein Low-Drama nach dem nächsten.

So wurde ich bereits in der Schule gemobbt und erst von meiner einen besten Freundin verraten, später von der anderen. Immer stand ich plötzlich allein und verlassen, traurig und als Opfer gegen alle. Irgendwann hetzte mein erster Freund sogar die ganze Klasse gegen mich auf, weil ich ihn nicht mehr wollte. Er nannte mich damals „Behinderi". Weiß der Kuckuck was das mit mir zu tun hatte, ich war immer sportlich. Noch heute hinterlässt allein dieses Wort zu schreiben einen tiefen Stich in meinem Herz und treibt mir Tränen in die Augen, aussprechen kann ich das Wort gar nicht.

Und erst vor kurzem hatte ich einen tiefen Heilprozess bei einer Aufstellung, bei der genau dieses Wort sich zeigte, das mich daran hinderte, mir endlich Erfolg zu erlauben, zu leben und anzunehmen.

Viele Jahre später sprachen dieser Junge und ich uns aus. Es tat ihm leid, was er getan hatte, ich konnte ihm verzeihen. Damals war ich aber tief verzweifelt, wollte nie wieder in die Schule gehen und weinte mich jeden Abend in den Schlaf. Ich hegte dunkle Gedanken und meine unverantwortliche Gedanken- und Gefühlsspirale fütterte und bestätigte sich selbst. Warum damals alle mitmachten habe ich bis heute nicht verstanden. Und sogar als über das alles Gras gewachsen war, flammte dieses Wort in der Oberstufe, also kurz vor dem Abitur, nochmals auf – von einer anderen Freundin. Jedenfalls hatte ich bis dahin gedacht, sie sei eine. Aber mit einem anderen Kollegen aus dem Jahrgang hetzte sie die anderen abermals gegen mich auf und die anderen machten wieder mit. Meine eigenen Suchttendenzen dahinter konnte ich erst viel viel später erkennen.

Es war eine wichtige Zeit, in der ich lernte, mich unabhängig von anderen zu machen und mir selbst zu genügen. Ich fand meinen Kleidungsstil und erkannte, dass ich nicht Mainstream bin. Ich lernte zu akzeptieren, dass ich einfach auf irgendeine Weise polarisiere. Und ich lernte meine eigenen Wege zu gehen, außerhalb meines damaligen Klassenverbundes. Ich suchte mir Leute, die besser zu mir passten. Die auch anders waren und ebenfalls nicht dazugehörten.

Auch bei meinem nächsten Job bei einer Tageszeitung mit regelrechtem Psychoterror und ganz viel Druck wurde ich schließlich raus gemobbt, weil ich zu viele Ideen hatte und der neue Chef mich als Überbleibsel vom alten sah und nicht mit mir arbeiten wollte. So jedenfalls erkläre ich es mir heute.

Wenn Dein Umfeld Deine Träume nicht versteht,
ändere Dein Umfeld, nicht Deine Visionen.
(überliefert)

Coachingkarte 12:
Glaube an Deine Visionen.

Mein alter Chef, bei dem ich alle Freiheiten gehabt hatte und zusätzlich zu meinem regulären Job als Bereichssekretärin der Redaktion auch mit dem Schreiben und Layouten von Sonderthemen beginnen konnte, hatte einen ganz massiven Fehler begangen. Er hatte von einer großen, überregionalen Wochenzeitung den Leitartikel kopiert, und wohlwollend gesagt, einfach vergessen ihn noch umzuschreiben bevor er veröffentlicht wurde. Vielleicht wäre sonst gar niemand dahintergekommen, aber die Redakteure des Konkurrenzblattes aus der Nachbarstadt, hatten am Tag der Veröffentlichung direkt und öffentlich dazu Stellung bezogen. Und so musste er von einem Tag auf den anderen seinen Hut nehmen und den Platz in der Chefredaktion frei machen.

Es rutschte ein anderer aus den eigenen Reihen nach und der veränderte sich in dieser Machtposition quasi über Nacht. Der ehemals lustige und immer fröhliche Kollege wurde zum launischen, herrischen Chef. Immerhin erhielt ich hier eine ganz nette Abfindung und lernte abermals viel über die Menschen. Wie ich überhaupt irgendwann die Gründe und Motive hinter den Motiven und das Verhalten der Menschen an sich zu studieren begann

Jahre später traf ich einen Redakteur, einen Kollegen von damals, der mir als erstes erzählte, wie sehr er sich heute noch schämte für meinen letzten Tag in der Redaktion. Und er entschuldigte sich nach dieser langen Zeit im Namen der anderen Redakteure bei mir! Damals, als mein letzter Tag in der Redaktion angebrochen war, wollte ich mich gerne noch von meinen lang-

jährigen Kollegen verabschieden. Ich hatte wirklich sehr gerne dort gearbeitet. Ich wartete also das Ende der Redaktionssitzung ab, bei der alle Redakteure täglich anwesend waren, und lugte vorsichtig ums Eck. Ging hinein
als alle fertig waren und sagte mein Verabschiedungssprüchlein auf, und der
besagte Herr ließ mich vor der versammelten Mannschaft so runterlaufen,
dass diese Situation dem Redakteur also als erstes einfiel, als er mich nach
diesen vielen Jahren wieder traf. Keiner wagte es daraufhin, sich von mir zu
verabschieden. Und ich verließ damals meine Arbeitsstelle mit Tränen in
den Augen und ohne Händeschütteln und ohne freundliche Worte für die
Zukunft. Ich hatte zwar mit dieser Situation schon lange Frieden geschlossen gehabt, aber rückblickend bin ich dem Redakteur wirklich dankbar. So
konnte ich hier ein kleines Stück weit meine eigene Einschätzung der Situation und meine Intuition als wahr und richtig zurückgewinnen.

Nach dem Mobbing bei der Tageszeitung folgte ein Agenturchef in einer
Internet-Werbeagentur in Stuttgart, der mir fristlos einen Tag vor Ablauf
der Probezeit kündigte, um mich am nächsten Tag gnädig wieder für weniger Geld und mehr Arbeitszeit einstellen zu können. In der Zeit davor
hatte schon heftiger Druck geherrscht, während ich dabei zusah, wie er
meine Kollegen systematisch mit Angst und Willkür in ein Netz aus Macht
und Abhängigkeit einspann. Cholerische Anfälle des Chefs und inszenierte
Kündigungen wechselten sich täglich mit Friede-Freude-Eierkuchen-Ver-
söhnungen ab. Meine jungen Kollegen waren unfähig sich zu bewegen,
gegenzuhalten oder sich eine neue Arbeit zu suchen.

Während ich meine Schritte mache,
tut ein anderer seine eigenen.
Auch wenn zwischen unseren Wegen Welten liegen,
sind wir beide nicht mehr dieselben.

Und auch ich hielt angesichts unserer familiären Lage und des erst vor
kurzem bei der Zeitung unterschriebenen Auflösungsvertrags dort aus. „Ich
selbst", so machte ich mir weiß, „bin ja wenigstens ein bisschen außen vor
und nicht Teil dieses Spiels". Selbstredend, dass ich es ablehnte dort zu bleiben und mich nicht auf den faulen Deal einließ. Aber ich stand von einem

Tag auf den anderen ohne Job da, ohne Kündigungsfrist, da er berechnend und geschickt die ganze Probezeit einbezogen hatte. Und wir hatten ja wie gesagt gerade erst unser Haus gebaut. Mein jüngster Sohn war ein halbes Jahr alt, und wir hatten mit meinem Verdienst fest kalkuliert.

Coachingkarte 13:
Vertraue auf Deine Stärke. Warum passiert Dir immer das Gleiche?

Das Mobbing-Blatt wendete sich für mich erst, als ich mich selbstständig machte und auf meine eigene Stärke und auf das Gelernte über die Menschen und ihr Verhalten setzte! Aber auch da gab es noch einiges für mich zu lernen ...

Anleitung zum Glück: Subtile Spiele

Warum passierte mir eigentlich immer wieder das Gleiche? Was ich damals noch nicht wusste: Unbewusst sind wir alle Teil eines großen Spiels. Und dabei erfüllen wir sowohl Haupt- als auch Nebenrollen in den Spielen anderer, während wir in unserem eigenen Spiel in der Hauptrolle agieren. Wenn wir uns bewusst entscheiden in Low-Dramen, also beim unverantwortlichen Umgang mit Gefühlen, nicht mehr mitzuspielen und auszusteigen, dann entziehen wir dem nieder schwingenden Spiel die Grundlage. Über unsere Erziehung und unser Umfeld haben wir uns sogenannte Verhaltensmuster, Konditionierungen angeeignet.

Jeder Mensch hat diese sogenannten Muster, geschätzt etwa 200 bis 300 Stück. Vermutlich etwa eine Hand voll davon, wirklich krasse Bemusterungen, verhindern ein glückliches und erfülltes Leben. Viele davon sind therapierbar oder durch Willensanstrengung zu ändern. Gelingt dies, erlangen wir eine wundervolle und ganz neue Freiheit in unserem Handeln und können in Situationen angemessener reagieren bzw. haben die Wahl, wie wir uns verhalten wollen.

Muster sind zwanghafte Reaktionen, die ohne freien Willen stattfinden. Sind wir getriggert, wurden also eines oder mehrere unserer Muster aktiviert, läuft das Muster, also das Verhalten in einem Automatismus fast wie ein Film ab, ohne dass man eingreifen oder ihn irgendwie stoppen könnte. Oft tut es einem hinterher leid.

Beispielsweise wurde ich als Schulkind mit einem Muster durch Druck bei Schulaufgaben und Lernen konditioniert. Wollte mich also meine Mutter zum Lernen oder etwas anderem zwingen, wandte sie dazu Druck an, um mich auf Spur zu halten. Aus der Situation kam ich dann nicht raus, und ich musste tun, was sie von mir verlangte. Aber es konnte vorkommen, dass ich dann so wütend wurde und völlig ausflippte, dass ich wild herumschrie und versuchte mich dem Zwang zu entziehen. Es gelang mir aber nie. Irgendwann begann ich in meiner Verzweiflung Schulsachen und Gegenstände in der Gegend herumzuwerfen. Aber ich blieb gefangen in dem, was meine Mutter für richtig hielt und was ich zu tun hatte und ich flüchtete in eine Art inneres Exil der Kraftlosigkeit.

Später in meinen Partnerschaften tauchten dann immer wieder Situationen auf, in denen meine Partner mich gefühlt zu etwas zwingen wollten. Sie triggerten meine Konditionierung mit dem Gefühl von Druck. Der Druck, der bei mir ankam, drückte meine Konditionierung und damit die Knöpfe meines Programms. Dann flippte ich für sie völlig unverständlich und aus heiterem Himmel völlig aus. Einmal getriggert, konnte ich aus diesem Film nicht mehr aussteigen. Erst wenn ich – völlig außer mir – Gegenstände durch die Wohnung geschmissen hatte und es mir hinterher leid tat, war dieses Muster an seinem Ende angelangt. Willentlich konnte ich nicht stoppen, weder zu Beginn noch mittendrin. Ich fühlte mich, als ob ich jemand anderer sei, also „Das bin nicht ich!", aber ich wusste nicht, warum mir das immer wieder passierte, vom Verstand hatte ich ja längst erfasst, dass dieses Verhalten nicht förderlich war. Mein Körper ging im Anschluss oft in eine totale Schwäche, Verwirrung oder Migräne.

Coachingkarte 14:
Muster vor der Brücke.
Die Situation stellt sich anders
dar, als Du sie wahrnimmst.

Heute weiß ich, Muster werden in der Kindheit geprägt, in erster Linie durch Eltern und Bezugspersonen. In der Regel entstehen Muster in den ersten acht Lebensjahren, insbesondere jedoch in den ersten drei Jahren. Maximal bis zum Alter von zwölf Jahren sind die gröbsten Muster festgelegt. Muster werden durch bestimmte Auslöser eingeschaltet, also getriggert. (Beispiel Muster Jähzorn: Ein bestimmter Auslöser aktiviert die Musterreaktion und damit den Automatismus).

Die meisten Muster sind unbewusst. Es gibt unterschiedliche Arten von Mustern:

Imitation (Beispiel Geiz: Vater geizig, Kind geizig)

Rebellion (Beispiel Geiz: Vater geizig, Kind verschwenderisch)
Das Muster Rebellion lässt mit zunehmendem Alter nach, da es sehr kraftaufwändig ist und verwandelt sich mit 40 bis 50 Jahren in Imitation

Herstellung der Ursprungssituation (Beispiel Geiz: Vater geizig, Kind sucht geizigen Partner)

Projektion (Beispiel Geiz, alle anderen werden als geizig wahrgenommen oder beispielsweise Männer, die einen aggressiven Vater hatten und folglich ihre eigenen Aggressionen nicht zulassen, haben oft hohe Stimmen und nehmen andere als aggressiv wahr)

Muster werden durch kindliche Gefühle geprägt, die zum Teil völlig irrational sein können, da sie ja meist in der in der Kindheit entstanden. (Beispiel: Ein Kind geht im Supermarkt verloren, weil es in die Spielzeugecke geht, fühlt sich aber im Muster von der Mutter alleingelassen.) Muster kann man nur mit sehr viel Kraftaufwand ändern. Dazu kann man eine positive Verknüpfung von Gefühlen mit Dingen nutzen. Dinge, die Gefühle auslösen, also Bilder, Farben, Gerüche, Musik, ... werden bei der Auflösung von Mustern sehr gut eingesetzt. Außerdem kann man mit körperlichen Empfindungen arbeiten, da der Körper in der Wahrnehmung insbesondere auch in der Kindheit eine große Rolle spielte. Die Psyche reagiert außerdem auf mystische oder magische Ansätze.

Typische Muster variieren im Lauf der Zeit oder in kulturell unterschiedlichen Gesellschaften. Typische Muster können beispielsweise sein: Jähzorn, Perfektionismus, Rachsucht, Geiz, Selbstzweifel, Nettsein, Opfer-/Täterhaltung, Ungeduld, Naivität, Gewalt, Pessimismus. Glaubenssätze sind Mustern sehr ähnlich und beeinflussen uns in unserem Handeln oft ebenfalls unbemerkt. Auch sie haben wir ungefiltert in der Kindheit übernommen: „Du bist zu doof.", „So lange Du Deine Füße unter meinen Tisch stellst ...", „Iss nicht so viel, sonst wird Dir schlecht.", „Wenn Du mal 18 bist ...", „Stell Dich nicht so an.", „Ich habe zwei linke Hände.", „Mach mal nicht so ein Drama.", „Ein Indianer kennt keinen Schmerz.", „Typisch!", „Lass es besser gleich.", „Wenn Du meinst, das geht?" ... bestimmt fallen Dir auch direkt eigene Glaubenssätze ein, dann schreibe diese doch auf.

Ein bestimmtes Verhalten eines anderen Menschen löst bei einem selbst ein bestimmtes Verhalten, also ein Muster aus. Eine sehr kritische Mutter löst beispielsweise das Muster „Unsicherheit" oder „Angst" aus. Dadurch verliert das Kind seine Souveränität und ist nicht mehr in seiner Mitte. Manchmal kann auch ein an sich positives Verhalten (Beispiel: immer besonders nett sein zu einer bestimmten Person) bei einem selbst eine negative Reaktion und entsprechendes Muster auslösen. Oft bedienen Partner in einer Partnerschaft oder in Freundschaften die Muster des anderen – das sind Schlüssel-Schloss-Prinzipien, die perfekt zusammenpassen und ständig das Spiel am Laufen halten.

Es gibt sogar ganze Musterschienen, in denen dann nach einem festen Ablauf verschiedene Muster aufeinander folgen, beispielsweise „Erwartung" – „Enttäuschung" – „Selbstmitleid". Wenn man es schafft, den ersten Punkt der Musterschiene zu differenzieren und zu ändern, kann man dann die nachfolgenden Musterreaktionen unterbrechen! Fast alle Menschen haben ähnliche Muster wie „sich wertlos fühlen" oder auch „Schuldgefühle", die ihr Verhalten maßgeblich mitbestimmen und in bestimmte Musterschienen führen. Damit beeinflussen diese Muster auch die eigene Wahrneh-mung und das Verhalten anderer Menschen gegenüber. Dabei dienen andere Menschen dann als Spiegel. Wenn wir unbewusst unsere Themen in den anderen hineinprojizieren, können wir nur bewusst werden, in dem wir unser Verhalten reflektieren und uns darüber bewusst werden, um dann aus unseren eigenen Themen auszusteigen. Wir können also nur uns selbst ändern, niemals unseren Mitspieler. Wenn wir unser eigenes Verhalten verändern, werden wir staunen, dass sich plötzlich auch die Menschen um uns herum verändern. Jedoch sich selbst zu verändern, um beim Gegenüber eine Veränderung zu bewirken, das funktioniert nicht, das weiß ich aus eigener Erfahrung zu berichten – und das wäre auch Manipulation!

Wir spielen also immer sowohl in unserem eigenen Spiel, als auch in dem Spiel unserer Mitmenschen. Dabei bedienen wir eigene und fremde Erwartungen, Konditionierungen und Muster. Geschieht in Deinem Leben scheinbar immer wieder das Gleiche, nur mit ausgetauschten Personen, darfst Du Dich jetzt fragen, warum das so ist und was dabei Dein Anteil ist. Ein guter Ratgeber sind dabei die Gefühle. Tauchen in einer Situation Wut, Trauer, Ärger oder Freude in reiner oder gemischter Form auf, ist also aus heiterem Himmel plötzlich eine Ladung durch ein Gefühl da, dann tust Du gut daran, Dich zu hinterfragen. Warum nervt Dich zum Beispiel ein bestimmtes Verhalten bei jemandem? Vielleicht, weil Du es selber auch so machst oder Dir als Kind etwas Ähnliches passiert ist?

Wenn Dich etwas bei anderen nervt, hat es immer auch etwas mit Dir zu tun. Immer! Auch wenn allein dieser Satz Dich ärgert, wie ich das immer wieder im Coaching erlebe. Das ist ein sehr sicherer Indikator dafür, dass Du projizierst und unbewusste Konditionierungen versuchen, Dich vor einer drohenden Veränderung zu schützen. Dann gilt es herauszufinden, welches Muster dafür jetzt verantwortlich ist. Oft haben wir auch widerstreitende oder widersprüchliche Muster, da Vater und Mutter ja auch verschiedene Muster hatten. Das nennt man dann „Push und Pull". Man fühlt sich hin und her gerissen (das verursacht oft Bandscheibenvorfälle).

Angebote für diese unbewussten, unproduktiven Spiele der gegenseitigen Trigger finden wir genug in unseren Leben. Beispiel: Beim täglichen Hundespaziergang fordert dich ein Mann mit lauter Stimme auf, Deinen Hund an die Leine zu nehmen. Du fühlst Dich provoziert. Und weil Du immer noch gegen Deine Mutter rebellierst, die Dich als Kind auch immer so behandelt hat, setzt Du Dich dann respektlos über seinen Willen hinweg. Natürlich ist Dir gar nicht bewusst, dass es genau solche Situationen in Deiner Kindheit waren, als Deine Mutter immer so laut wurde ...

Wenn Du also nun unbewusst und deinerseits mit Deiner Reaktion die Knöpfe des anderen drückst, weil Du Dich respektlos verhältst, dann schaukelt sich die Situation ins Unermessliche und bauscht sich unkontrollierbar auf. Jeder denkt, er habe recht. Bei beiden laufen dann die Muster ab und hinterher wundern sich beide, warum man aus einer Mücke einen Elefanten gemacht hat.

Wie gesagt, Möglichkeiten finden wir im Unbewussten genug. Ob in der Partnerschaft, der Familie, mit Freunden oder Geschäftspartnern. Überall wo emotionale „Ladung" hängt, sind wir demnach in einer unfreien Musterreaktion gefangen und spielen unproduktive Spiele. Denn diese Muster bringen Dich niemals und auf keine Weise an irgendein Ziel. Du bleibst gefangen in einer Wiederholungsschleife aus überholten Verhaltensweisen Deiner Kindheit. Dann ärgerst Du Dich möglicherweise nur noch mehr, oder wirst immer kraftloser oder jähzorniger ...

Es gibt, unzählige Varianten und Nuancen von Mustern. Wenn Du im Muster reagierst, verlierst Du viel Energie. Du treibst diese Spiele weiter und weiter, anstatt daraus auszusteigen und zu erkennen, dass dabei sowieso niemand gewinnen kann und keiner mehr recht hat als der andere.

Du bleibst in Deinem unverantwortlichen Musterverhalten gefangen und verlierst dabei Dein eigentliches Ziel für ein erfülltes Leben oder Deine Lebensaufgabe aus dem Blick.

 Besonders trickreich ist auch, dass das Muster oft Deine Selbstwahrnehmung über Dein eigenes Verhalten täuscht. Um Muster wirklich zu ändern, musst Du zunächst die vorgelagerten, inneren Blockaden oder Schutzmechanismen überwinden. Oft ist das gar nicht so leicht, denn die Muster wollen sich nicht verändern, sondern den Status Quo erhalten. Es gibt sogenannte „Muster vor der Brücke", die verhindern, dass wir an den Kern einer Sache kommen, uns weiterentwickeln und unser eigentliches Muster beseitigen. **Du musst zunächst an diesen Schutzmustern vorbeikommen, um die eigentliche Brücke zu passieren:**

- Faulheit als Barriere
- Willenlosigkeit
- Resignation
- Glaubenssätze
- Zweifel
- Keine Zeit haben
- „Alle anderen sind schuld."

Wenn ein solches Muster vor der Brücke Dein eigentliches Thema vor Veränderung schützt, dann gilt es, zunächst dieses Muster vor der Brücke zu bearbeiten. Erst dann kannst Du Dich an die tatsächlichen Muster annähern, um endlich Deine persönliche Freiheit im Handeln und schließlich im Leben für Dich zu erreichen.

 Anleitung zum Glück: Wie kannst Du Muster bearbeiten?

Damit Du Deine Muster oder auch Glaubenssätze nachhaltig bearbeiten kannst, teile ich mit Dir die nachfolgende Methode. Sie ist angelehnt an die Kurztherapie „Realighting" von Ingrid Hack, die ich besonders zu Beginn meines Weges sehr häufig und mit wirklich einschlägigen Erfolgen praktizierte. Die Methode hat sich in diesen fünf Schritten bewährt:

1. Erkennen

Erkenne Dein Programm und Deine Bemusterung: Woher kommt es? Was passiert genau in welcher Abfolge? Was sind die Auslöser? Welche Gefühle spürst du? Welches Muster ist das? Wie fühlt es sich an? Welchen Preis bezahlst Du für dieses Muster und welchen Dein Umfeld?

2. Benennen

Namen machen etwas konkret, greifbar und geben etwas oder jemandem Identität. Du ziehst damit das Gespenst ans Licht. Benenne also Dein Muster am besten mit einem schlagkräftigen Begriff, so dass Du sofort und absolut treffend weißt, was gemeint ist.

3. Entscheiden

Richte Deinen Willen darauf aus, dass Du jetzt endlich genug von diesem Muster hast! Und entscheide Dich, dass Du das Muster wirklich und aus tiefstem Herzen und für immer loswerden möchtest!

4. Entladen

Jetzt löst Du Dein Muster durch eine körperliche Aktion aus Deinem System, beispielsweise durch klopfen, rudern, Holz hacken, rennen, atmen ... Du entlädst so lange, bis die Energie ganz aus Deinem Körper verschwunden ist. Du wirst wahrnehmen, wann das ist. Durch dieses Entladen ist das Muster zwar noch nicht weg, aber es ist nicht mehr emotional so stark aufgeladen. Sprich, es ist entladen. Es stellt sich direkt eine gefühlte Veränderung ein. Du hast beispielsweise mehr Energie, kannst besser atmen, spürst Frische und Vitalität oder Du fühlst Dich freier.

5. Transformieren

Die nachhaltige Transformation muss nun im Unterbewussten stattfinden und ist immer mit Ritualen verbunden. Oft spielen die Grundelemente Wasser, Feuer, Erde, Luft eine Rolle. Visualisierung ist ein wichtiger Bestandteil der Transformation.

- Schließe deshalb jetzt Deine Augen und fokussiere Dich ganz auf Dich selbst. Komme in Dir zur Ruhe. Nenne das Muster bei seinem Namen, um das es jetzt gehen soll. Reise nun in Gedanken in Deine eigene Kindheit zu der Szene, in der Du selbst mit diesem konkreten Muster bemustert wurdest. Gehe als „gute Fee" aus der Gegenwart zurück in Deine eigene Vergangenheit und heile das Kind, das Du damals warst. Dein Schutzengel ist bei Dir und unterstützt Dich dabei. Tue, was getan werden muss, um die Situation von damals zu einem guten Ausgang zu führen. Dein Schutzengel nimmt Dich dann in der Vergangenheit in den Arm und gibt Dir genau das, was Du damals in besagter Situation gebraucht hättest. Er lässt bedingungslose Liebe und genau das, was Du damals gebraucht hättest, zu Dir fließen. So lange, bis Du ganz von Liebe, Wärme und Geborgenheit erfüllt bist, wie Du es Dir damals so sehr gewünscht hättest. Nimm Dir so viel Zeit wie Du brauchst.

- Wenn alles gut ist und das Muster geheilt, dann kehre in Dein Erwachsenenleben zurück und suche eine Szene, in der Du in genau dieses Muster gefallen bist. Suche den Knopf, die Situation, die das Muster ausgelöst hat. Benenne das Muster noch einmal und lokalisiere die Stelle im Körper, an der das Muster sitzt. Dann ziehe das Wort in Gedanken oder mit tatsächlicher körperlicher Bewegung mit beiden Händen jeden einzelnen Buchstaben aus Dir heraus und schleudere diese Buchstaben von Dir weg. Das kann leicht oder schwer gehen, folge dem, was ist. Wenn Du den ganzen Namen des Musters aus Dir entfernt hast, beginne die Buchstaben zu zerstören. Dabei muss wirklich jeder einzelne Buchstabe zerstört werden, beispielsweise mit einer Kaffeemühle, mit einem Schredder, mit einem Hammer, oder wie auch immer es Dir in den Sinn kommt. Übrig bleibt ein Rest, ein Pulver, Mehl, Körnchen, oder was es eben ist.

- Diesen Rest nimmst Du in Deine Hand und gehst nun durch das Lichttor, das jetzt vor Dir auftaucht. Hinter diesem Tor ist alles pures Licht. Du gehst hindurch und übergibst hier dem Licht die Reste Deines Musters. Das Licht verwandelt diese Reste unmittelbar in einzigartige Samen, so wie sie jetzt für Dich aussehen. Diese nimmst Du wieder in Deine Hand und gehst durch ein weiteres Tor an einen Ort in der Natur, an dem Du Dich besonders wohlfühlst – vielleicht an Deinen Kraftort oder an einen wunderschönen Ort aus dem letzten Urlaub oder wo Du schon einmal warst – und verstreust oder pflanzt Deine Samen. Tue was außerdem jetzt noch getan werden muss. Vielleicht bedeckst Du die Samen mit Erde, gibst noch etwas Dünger oder Wasser darüber und singst ein kleines Lied oder sprichst ein paar Worte. Ganz so, wie es sich für Dich in dieser Situation richtig anfühlt. Dann warte in der Gewissheit ab, dass alles getan ist. Jetzt wirst Du staunend beobachten, wie aus den Samen etwas erwächst, etwas Neues und Wunderschönes. Damit entsteht ein neuer Begriff, der das alte Muster nachhaltig und in aller Tiefe ersetzen wird. Das alte Muster ist jetzt komplett transformiert, es kann nun sein, dass Du Dich nicht einmal mehr an seinen Namen erinnerst. Wenn es Zeit ist, kehre wieder ins Jetzt zurück.

• Staune noch ein bisschen und nehme das Neue, das gerade entstanden ist, ganz in Dich auf. Freue Dich von Herzen und lasse tiefe Dankbarkeit dafür in Dir aufkeimen, dass tiefe Verwandlung und Heilung in Dir geschehen durfte. Wenn es für Dich passt, schreibe auf, was Du gerade erlebt hast oder male ein Bild von diesem neuen Begriff.

Mit dieser Herangehensweise kannst Du nach und nach die hinderlichen Muster nachhaltig in Deinem Leben bearbeiten. Du erlangst damit eine so große Freiheit und Leichtigkeit in Deinen Reaktionen und Deinem Verhalten, wie Du sie zuvor niemals kanntest. Alles was bei mir danach an persönlichem Wachstum kam, wurde erst mit diesen Musterprozessen möglich. Darum kann ich diese Musterarbeit als Schlüsselwerkzeug wirklich nur jedem absolut empfehlen, der endlich weiterkommen möchte. Seither kann ich mich am Leben erfreuen, und mich auf das ausrichten, was ich mir in meinem Leben wünsche.

Klar, es gibt immer wieder Rückschläge und gleich einem Labyrinth wirst Du immer wieder an ähnlichen Themen in Deinem Leben vorbeikommen. Das ist ganz normal und das geht jedem so. Wenn Du Dich aber entscheidest, das Low-Drama hinter Dir zu lassen und Dich mit Musterarbeit und dem verantwortlichen Umgang von Gefühlen befasst, wirst Du nach und nach bemerken, dass Du immer eine Schicht tiefer an Deine Themen herankommst. Das Gute daran ist, dass Du die Themen und Dich damit immer besser kennenlernst und damit Deinem eigentlichen Kern immer näherkommst. Gleichzeitig wird das Leben immer schöner und leichter und erfüllender.

Coachingkarte 15:
Freiheit und Leichtigkeit. Du
brauchst Durchhaltevermögen.

So sage ich seit ungefähr zehn Jahren alljährlich, dass unser Familienurlaub in diesem Jahr der schönste war. Und das ist auch wirklich so! Es wird immer leichter und entspannter, je mehr ich an mir selbst erkenne und erlöse. Wo früher alte Muster im Schlüssel-Schloss-Prinzip aneinander ungefiltert ihren Lauf gingen, können wir heute die gemeinsame Zeit wirklich miteinander genießen. Damit meine ich nicht realitätsfremde oder bodenlose Phantastereien oder Schönrederei von esoterischen Fanatikern, sondern das ganz bodenständige Erschaffen meines Lebens und dem meiner Familie, so wie wir es uns wünschen.

Denn was Du denkst, was die Wahrheit ist, wird Deine Realität. Also wähle lieber weise, was Du über Dich und Dein Leben denkst und Du Dir damit in Dein Leben wünschst. Richte Dich auf das Positive aus. Denn wahr wird es, wenn Du es denkst, sowieso!

Energie folgt immer der Aufmerksamkeit.
(Emile Coué)

Fokus auf das Positive

Jeden Tag aufs Neue kann ich diesen Fokus von meinem jüngsten Hund und damit unserem letzten Hundezugang (wir haben jetzt drei Hunde) perfekt lernen. Denn sie kam als Pflegehund zu uns und blieb als Gnadenplatzhund. Eigentlich sollte unsere kleine Stella nur bei uns bleiben, bis wir eine geeignete Endstelle für sie gefunden hatten. Irgendwie haben sich die Dinge dann aber verselbstständigt.

Erst kam mein Mann von der Arbeit nach Hause und zeigte mir auf der Facebookseite unseres befreundeten Tierschutzvereins, von dem wir auch unsere beiden anderen Hunde hatten, einen Hund, mit den Worten: „Hast Du diesen Hund gesehen? Das wäre auch einer für uns!" Er meinte damit, „Das ist ein Hund wie unser erster, der Dich vom bloßen Foto tief in Deinem Herzen berührt." Ich hörte: „Organisiere, dass er zu uns kommt, ich will diesen Hund." Irgendwas in meinem Kopf setzte nach seinen Worten kurzfristig aus. Und während er mit den beiden andern draußen war, kontaktierte ich die Verantwortliche des Vereins und machte kurzer Hand alles klar.

Gesagt getan, die kleine Hündin sollte in der kommenden Woche zu uns kommen. Und ich hatte sogar in Aussicht gestellt, dass wenn es passen würde, sie ganz bei uns bleiben könnte. Als mein Mann vom Spaziergang zurückkam, fiel er aus allen Wolken und war zunächst ziemlich sauer. Rückblickend kann ich nur sagen, es lief ja so was von reibungslos. Man stelle sich den „Zufall" vor, dass ich direkt die Verantwortliche beim Verein erreichte und der Hund direkt reisen konnte. Es sollte wohl so kommen, wie es kommen sollte ...

Ich bereitete mich also in etlichen schamanischen Reisen intensiv mit dem kleinen Hund vor. Auch unseren Hunden teilte ich die bevorstehende Ankunft unseres möglichen Neulings mit. Aus der geistigen Welt bekam ich zahlreiche Informationen über ihren Namen, ihre Herkunft, ihre Aufgaben und allerlei mehr. Aber ob sie bei uns bleiben würde, wollte mir niemand deutlich sagen. Dann kam die Kleine, damals noch Lala, per Flugzeug aus

Mallorca an, wir holten sie am Flughafen ab. Ach, war sie klein und süß in ihrer Handgepäcktasche. Wir waren sofort schockverliebt.

Wir wussten um eine Besonderheit an ihrem Körperbau und gingen deshalb direkt am kommenden Montag zur Tierärztin des Vertrauens des Tierschutzvereins. Dann kam die niederschmetternde Diagnose vom Tierarzt, und dabei war der Giardienbefall das deutlich geringere Übel. Nach strenger Diät und sehr konsequenter Behandlung begleitend zur tierärztlichen Verordnung mit Kolloidalem Silber, waren alle Hunde bei der nächsten Untersuchung glücklicherweise frei von den lästigen und hochansteckenden Einzellern.

Coachingkarte 16:
Energie folgt der Aufmerksamkeit.
Was Du denkst wird Deine Realität.

Die Schockdiagnose lautete: Die Rippen der kleinen Hündin waren komplett verbogen. Dort wo normalerweise Rippen Herz und Lunge schützen, sind bei ihr nur Fell und Haut. Was bedeutet, dass man mit der Hand direkt, nur geschützt durch Fell, auf die Organe greifen könnte. Lunge vermutlich nicht ganz ausgebildet, Herzlein bereits leicht vergrößert und das mit nicht mal einem halben Jahr. Außerdem hieß es eben, sie sei erst knapp ein halbes Jahr und nicht, wie von dem Tierarzt auf Mallorca festgestellt, ein gutes Jahr alt.

Ich war erschüttert. Diese Diagnose traf mich so tief. Ich brauchte wirklich ein paar Tage, bis ich mich wieder gefangen hatte. Aber für meinen Mann stand in diesem Augenblick sofort fest, wir schicken keinen Hund in Not weg. Und für mich war eh klar, dass sie bei uns bleiben darf. Denn sie hat die Tötungsstation auf Mallorca und die Schläge (denn bei keinem meiner

Hunde ist es so klar, dass sie geschlagen und misshandelt wurde, wie bei ihr) nicht umsonst überstanden. Wir schicken niemanden in Not weg, auch und besonders keinen hilflosen Welpen, ganz gleich wie erschütternd die Diagnose ist.

Und dann geschah ein wahres Wunder für mich. Die kleine Stella blühte förmlich auf. Sie ist unser fröhlichster und positivster Hund. Sie ist zu jedem freundlich und begeistert. Ob Hund, ob Mensch - jeder mag sie und sie mag ihn. Sie spricht die Hundesprache wie aus dem Bilderbuch und kommt mit allen prima aus. Und sie weiß nicht, dass etwas mit ihren Rippen nicht stimmt. So rennt sie und spielt, ist fröhlich und macht Quatsch. Und ich lerne, mich genau daran zu erfreuen.

Ich halte sie nicht zurück, sie weiß genau, wann sie eine kleine Pause machen muss. Im Sommer müssen wir bei großer Hitze ziemlich langsam machen. Im Winter bekommt sie bei Minusgraden ein Mäntelchen an. Und wir genießen unsere Spaziergänge viel mehr. Wir machen keine tagelangen Wanderungen, sondern spannende kürzere Runden. Und wir haben ihr ein kleines Mieder anfertigen lassen mit einem eingenähten Schild, der ihren Brustkorb beim Spiel mit den Großen schützt.

Ihr bester Freund ist ein riesiger Neufundländer, zwischen dessen Pranken sie sich vertrauensvoll ringelt und dem sie sich halb ins Maul legt. Schleckt er sie mit seiner riesigen Zunge ab, ist sie hinterher einmal feucht abgewischt. Sie hat eine große Persönlichkeit, denn in der Hundegruppe lässt sie sich von niemandem etwas sagen und kennt doch genau ihren Platz. Wenn es irgendwann einmal zu Ende gehen wird – früher oder später, wer weiß das schon – dann war sie zumindest in jeder Minute ihres Lebens bei uns ein zutiefst glücklicher Hund mit einem ganz normalen Leben. Und das konnten wir ihr ermöglichen, weil wir uns auf das Positive für sie ausrichteten und keine Angst haben, vor dem, was passieren könnte. Und auch wir bekamen dadurch ein großes Geschenk.

„Könntest Du mir sagen, wo ich jetzt hingehen soll?", fragte Alice.
„Das hängt ganz davon ab, wo Du hinwillst", sagte die Katze.
„Eigentlich ist es mir egal", sagte Alice.
„Dann ist es auch egal, wo Du hingehst", sagte die Katze.
(Alice im Wunderland)

Anleitung zum Glück: Energie folgt Deiner Aufmerksamkeit

Von der kleinen Stella lerne ich jeden Tag von neuem. Die Energie folgt immer der Aufmerksamkeit. Darum konzentriere ich mich auf das, was ich mir in meinem Leben wünsche. Dort wo mein Fokus ist, dort ist meine Aufmerksamkeit und dorthin lenke ich meine Energie.

Das kannst Du auch für Dich praktizieren: Hast Du beispielsweise mit Deinem Partner Probleme und wärmst bei allen Deinen Freundinnen diese Geschichten immer und immer wieder in unverantwortlichem Verhalten auf? Ich habe das selbst viele Jahre lang unbewusst genauso gemacht, und wenn Du Dich umschaust, fast jeder tut das! Aber genau damit fütterst Du diesen unbefriedigenden Zustand in Deiner Partnerschaft. Durch das Prinzip der Resonanz wird sich genau dieser Zustand immer weiter ausweiten und sich immer schlechter für Dich anfühlen und es wird immer schlechter werden.

Coachingkarte 17:
Dankbarkeit ist der Schlüssel.

 Werde Dir also nun bewusst, was Du mit Deinen Gedanken, Deinem Reden, Deinem Verhalten, ... bewusst oder unbewusst nährst. Entziehe dem die Energie, was Du nicht mehr haben willst. Im Großen oder im Kleinen, ganz einfach, indem Du Deine Aufmerksamkeit lenkst. Wenn Du das erste

Mal das ewig gleiche Ärgernis mit Deiner Schwiegermutter nicht zum hundertsten Mal aufwärmst, dann lenkst Du Energie. Und wenn Du Dich beispielsweise ganz bewusst entscheidest, eine dumme Geschichte über jemand anderen nicht direkt der Freundin zu erzählen, sondern plötzlich erkennst, dass Du gezielt auswählst, abwägst und beobachtest und damit etwas Positives mit der Energie um Dich herum passiert. Probiere es einfach mal eine Weile aus, Du wirst Dich wundern und dokumentiere Deine Erkenntnisse in Deinem Schreibheft!

Wenn Du also eine erfüllende Partnerschaft leben möchtest, konzentriere Dich mit Deinen Gedanken nicht darauf, was Dein Partner gefühlt für Dich alles falsch macht. Sondern erinnere Dich daran, was Du an ihm schätzt. Lasse die guten Eigenschaften und Eure wunderbaren Erlebnisse groß werden und Deine Gedanken und Worte bestimmen. Lasse mit dem Fokus aufs Wesentliche Positives in Deinem Leben immer weiterwachsen und gedeihen. Und dabei meine ich mit knallhartem Bezug zur Realität und mit den Beinen fest im Leben stehend, die Illusionen hinter Dir lassend. Es gibt Wahrheiten, mit denen man einfach umgehen muss, die man sich nicht schönreden kann und die Konsequenz erfordern. Ich meine, das bewusste Lenken Deiner Energie hin zu einem bewussten und selbstverantwortlichen Leben. Ich meine eine innere Umkehr hin zu einer Haltung, die sich am Förderlichen orientiert. Hin zu einer Haltung, die andere und Dich groß macht und die Möglichkeiten eröffnet.

Ein großer Schritt dazu ist, Dankbarkeit für Dich in Deinem Leben zu kultivieren. Auch wenn Du die Dankbarkeit vielleicht zunächst noch nicht wahrnehmen kannst, mache es Dir zur Gewohnheit, jeden Tag Danke zu sagen konkret für das, was an diesem Tag geschah. Denn nicht nur von innen nach außen, auch von außen nach innen entfalten Worte ihre Wirkung. Dank ausgesprochen, auch wenn er noch nicht mit viel Gefühl gesprochen wird, erreicht früher oder später Dein Herz! Und ein Leben in Dankbarkeit wird früher reich und erfüllt.

Nimm Dir dazu am Abend Zeit für Dich und entwickle daraus eine Routine, um für Dich gedanklich die Geschenke des Tages zusammenzufassen und dafür zu danken. Und Du wirst sehen, auch an schwierigen Tagen, gibt es immer etwas, für das Du dankbar sein kannst. Ob es der wunderschöne Regenbogen am Himmel ist oder die freundlichen Worte der Verkäuferin an der Supermarktkasse. Konzentriere Dich dann auf Deinen Herzbereich und stelle Dir bildlich vor, wie Dankbarkeit und Liebe wie eine kleine rosafarbene Knospe immer größer und größer werden und schließlich Deine komplette Herzgegend ausfüllt. Dann erblüht sie und entfaltet nacheinander all ihre wunderschönen Blütenblätter in ihrer vollen Schönheit. Jetzt strahlt diese wundervolle Blüte Dank und Liebe aus. Sie füllt erst Dein Herz, dann Dich und Deinen Körper, Dein Zimmer, Dein Umfeld, Dein Haus oder Deine Wohnung, Deinen Ort und schließlich Dein Land und die ganze Welt. Und gleichzeitig fühlst Du, dass mit diesem Strahlen von Dankbarkeit Dein Herz bereit ist, auch Dankbarkeit und Liebe zu empfangen. Du kannst wahrnehmen, wie sich Dein Herzraum immer mehr mit diesem wundervollen Gefühl füllt und sich dort fest verankert. Es gelingt Dir ab jetzt, dieses Strahlen in Deinem Leben immer dann wachzurufen, wenn Dankbarkeit und Liebe benötigt werden. Schule Dich am besten täglich, in dieser Weise Dankbarkeit wachzurufen und zu fühlen. Das kannst Du in Form einer kleinen Meditation tun. Wirkungsvoll gelingt das, wenn Du diese kurze Passage für Dich in Ich-Form umformulierst und auf Deinem Handy als Sprachnachricht aufnimmst. Mit dieser kannst Du als kurze geführte Meditation abendlich dein kleines Dankbarkeitsritual durchführen. Und damit wird es Dir immer leichter gelingen, die Energie und Deinen Fokus auf dem zu halten, was Du Dir für Dich und Dein Leben so sehnlichst wünschst, um es dann auch wirklich zu erreichen.

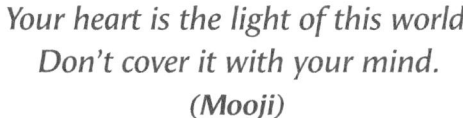

Your heart is the light of this world.
Don't cover it with your mind.
(Mooji)

Über den Tellerrand geschaut

Wenn ich es mir genau überlege, habe ich mich mit dieser Ausrichtung aufs Positive damals selbstständig gemacht. Mit meiner Werbeagentur habe ich schnell erkannt, dass nur einfach schöne Bildchen und weil ich das schön finde, nicht das sind, was ich mir für meine Kunden wünsche und wie ich arbeiten möchte. Und so habe ich die Stärken der Menschen, und damit die Stärken eines Unternehmers oder seines Unternehmens zu meinem Steckenpferd gemacht. Diese sogenannte Positionierung baut auf dem auf, was jemand mitbringt und jemanden besonders macht. Würde dieser Jemand, wie so weit verbreitet, sich auf das konzentrieren und aufarbeiten, was er nicht gut kann, so würde er mit sehr viel Energie und Anstrengung allenfalls Mittelmaß werden. Ich entdeckte und entwickelte verschiedene, wirksame Methoden, die allesamt darauf ausgerichtet sind, sich auf das Positive, das Besondere eines Menschen oder Unternehmens zu konzentrieren. Damit mache ich gemeinsam mit dem Kunden das, was ihn besonders macht, stärker und poliere es mit Werbung auf, um es noch schöner und sichtbarer zu gestalten. Wir bauen zusammen einen Leuchtturm, um damit hell zu strahlen, und zu begeistern und Erfolg zu haben.

Damit stelle ich den Menschen und seine Vorlieben in den Mittelpunkt und stärke das, was ist. Mit dem Ergebnis, dass meine Kunden schnell erfolgreich werden und dann die scheinbaren Defizite mühelos an einen Lieferanten oder Subunternehmer fremdvergeben und ausgleichen können. Zwar hatte ich damals aus einer Notsituation heraus gegründet, aber mit der Weitsicht des Geografen, der über den Tellerrand und stets interdisziplinär arbeitet. Und so nehme ich mir auch heute noch völlig fachfremd einfach aus allen Bereichen der Werbung, des Marketings, des Coachings und der Energiearbeit das, was wirklich funktioniert und nicht das, was die anderen machen.

Denn ich hatte ja Geografie mit Schwerpunkt Tourismus studiert und wollte ursprünglich in die Organisation von Veranstaltungen einsteigen. Was dann jedoch, nachdem sich mein jüngster Sohn angekündigt hatte, nicht mehr zu meiner Lebenssituation als alleinerziehende Mutter mit Baby passte. Ich hatte so viele wertvolle Einblicke erhalten, da ich während meines Studiums auf vielen Veranstaltungen unterschiedlichster Art gearbeitet hatte: Sportgroßveranstaltungen, Messen, Eröffnungen von Museen und Ausstellungen, Empfänge, ... in ganz Deutschland. Auch war ich als Teamleitung eingesetzt gewesen, so dass ich mir ein gutes Netzwerk aufgebaut und nützliche Kompetenzen aus der Organisation, Umsetzung und viele Hintergrundinformationen erarbeitet hatte.

Mit diesem Quäntchen mehr „Warum funktioniert Werbung?, „Wie ticken Menschen und wo liegen ihre Stärken?" und den Erfahrungen aus den Jobs bei Zeitung und diversen Agenturen, gründete ich meine eigene Werbeagentur. Zunächst wollte ich eigentlich nur Textdienstleistungen für Internetseiten anbieten, was sich aber schnell an die Nachfrage meiner Kunden anpasste, so dass mein Schwerpunkt zu Beginn meiner Selbstständigkeit komplette Internetseiten für kleine bis mittlere Unternehmen war. Ich war sehr aktiv, bildete mich weiter, nahm meinerseits an Messen und Veranstaltungen teil und konnte so relativ schnell auch wirklich Kunden gewinnen. Dann hatte ich das Glück, auf einer Veranstaltung meinen späteren Mentor kennenzulernen. Jedes Mal, wenn ich mit ihm sprach, bekam ich guten Input und Ideen, die ich direkt dann wieder für mich und meine Selbstständigkeit umsetzte. Das machte mir Spaß und ich bemerkte vor allem direkte positive Auswirkungen auf Umsatz und Kunden. Aber ich war insgeheim immer auf der Suche nach einem Team oder einer Partnerschaft für Austausch oder gemeinsame größere Aufträge, wie ich dachte.

Auf einer dieser Veranstaltungen lernte ich eine nette junge Frau kennen, die ebenso wie ich gerade gegründet hatte. Sie war Grafikerin. Wir begannen uns zu befreunden, dachte ich, und wir setzen ein schönes Projekt gemeinsam um. Bei ihr lief es aber nicht so richtig rund. Und nach einiger Zeit merkte ich, dass sie bei meinen Kunden aktiv für sich selbst akquirierte. Bei einem Kunden hatte sie sogar Erfolg, so dass dieser bei mir absprang und mit ihr zu arbeiten begann. Ich war geschockt und brach den Kontakt mit ihr und mit dem Kunden nach einer Aussprache direkt ab. Abermals fühlte ich mich verraten und allein gelassen und als Opfer.

Dann begann ich eine Schulung über mehrere Monate bei meinem Mentor, die mich noch mehr zur Unternehmerin werden lassen sollte. Ich begann mich selbst zu positionieren, um nicht mehr nur eine Agentur von Abertausenden im Haifischbecken bei enormem Wettbewerbsdruck zu sein. Und gefühlt fast wöchentlich erhöhte ich meine Preise. Das war ein wirklich tolles Gefühl und ich erkannte, dass ich das, was ich anbot, wirklich gut konnte und es lief immer besser.

Ich erarbeitete mir die unterschiedlichen Fähigkeiten, nicht nur für mich unternehmerisch, sondern auch für die Umsetzung der Projekte. Ich begann nach dem erlernten System auch mit meinen Kunden zu arbeiten und zu beraten. Dabei legte ich allergrößten Wert darauf, die Dinge immer selbst ausprobiert zu haben und wirklich zu wissen, was wie funktioniert, um das dann fundiert und praxisnah an die Kunden weiterzugeben.Schnell wurde ich immer sichtbarer und erfolgreicher. Dann fragte mich mein Mentor, ob ich sein gerade erschienenes Buch als Hörbuch umarbeiten wolle. Na klar wollte ich! Und so wurde ich Co-Autorin eines Hörbuchs und durfte am Ende sogar selbst einige Tipps zu meinem Tätigkeitsbereich aufsprechen, die dann als Bonusmaterial auf die CDs gebrannt wurden.

Nun wurde ich plötzlich auch als Speakerin und Rednerin für Veranstaltungen angefragt. Aber ehrlicherweise muss ich gestehen, dass mir der große Durchbruch hier nicht gelang. Mich plagte stets starkes Lampenfieber, so dass ich wochenlang vor einem Auftritt schon gar nicht mehr schlafen konnte. Und dann fehlte es mir an Leichtigkeit, den Vortrag begeisternd für mein Publikum rüberzubringen. Ich tat mich schwer mit meinen Inhalten auf PowerPoint. Und auch ohne verhaspelte ich mich.

Einmal bekam ich von einem Veranstalter sogar die niederschmetternde Rückmeldung, dass ich mit meinem Vortrag weit hinter seinen Erwartungen zurückgeblieben und überhaupt nicht professionell sei. Es entwickelte sich eine Art Hassliebe. Denn auf der einen Seite zieht es mich magisch auf die Bühne und ich träume davon, auf einer großen Bühne vor Tausenden von Menschen zu stehen und andererseits ist das mein größtes Angstthema - bis heute geblieben!

Auf der anderen Seite, jedes Mal, wenn ich mich entschloss, nichts mehr in diese Richtung zu tun und Vorträge komplett loszulassen, kamen in dieser Minute neue Anfragen dafür rein. In dieser Situation gründete mein

Mentor eine Firma mit einem Bühnenformat, zu dem ich mich begeistert anmeldete. Dort absolvierte ich viele, viele Trainings und unter anderem die Meisterklasse, eine Trainerausbildung sowie Trainings zu Musterarbeit zur Selbstreflektion, lernte diverse Coachingmethoden, Methoden zur Supervision, Feedbackkultur und noch viel mehr.

Irgendwann fragten er und seine Partnerin mich dann, ob ich nicht Teilhaberin werden wollte. Das schmeichelte mir natürlich sehr und gleichzeitig hoffte ich, hier mein Team zu finden, nach dem ich ja insgeheim immer auf der Suche war. Mein Mann stimmte der Beteiligung zu und so war ich nach dem offiziellen Notartermin Teil eines Gemeinschaftsprojekts. Wie toll! Ich war glücklich und wähnte mich am Ziel meiner Träume.

Wir trafen uns im Team, zu viert mit noch einer Freundin, regelmäßig wöchentlich und arbeiteten, konzeptionell, inhaltlich und an der Sichtbarkeit. Ich blickte immer tiefer in die Hintergründe, lernte noch mehr über Motive von Menschen, systemische Aufstellungsarbeit und Energien und stand regelmäßig als Trainerin auf der Bühne und führte große Gruppen. Auch als Assistenz absolvierte ich viel Zeit und diente als unsichtbare, gute Fee im Hintergrund, stets maximal unterstützend ohne je gesehen zu werden.

Dabei meldete sich zwar immer wieder eine leise innere Stimme in mir zu Wort, diese drückte ich aber weg und überhörte sie gezielt. Meine Investition in diese Firma war meine Arbeitszeit und mein Engagement und Kunden, die ich zu den Trainings brachte. Prozentual wurde abgerechnet, oder für geleistete Trainings bei externen Kunden. Doch das energetische Gleichgewicht zwischen dem was ich gab und dem was ich bekam, geriet mit der Zeit ins Ungleichgewicht. Außerdem passierte noch etwas, denn durch diese Zusammenarbeit im Team, musste ich nicht mehr selbst entscheiden, sondern mir wurde wieder gesagt oder wir entwickelten es gemeinsam, wie und was ich zu tun hatte. Und auf Grund meiner Unsicherheit, gab ich zunächst auch gerne wieder meine Verantwortung ab.

Dazu kam, dass die gelehrten Werte und Inhalte zwar ganz wunderbar klangen, jedoch im eigenen Leben der Chefs nicht wahrhaftig gelebt und umgesetzt wurden. Es galt nur als wahr, was von ihnen kam. Andere Meinungen und Ansichten wurden nicht gerne gehört und so wurde zwar von oben nach unten teilweise vernichtend gefeedbackt, andersherum aber galt für Neulinge ein Jahr Schweigegebot im Kreis.

Ich erarbeitete mir zwar mit noch zwei Kollegen einen Platz direkt im engsten Umfeld des Kernteams aus Chef und Chefin, der Preis dafür war jedoch, dass ich meinem eigenen Gefühl und Einschätzungsvermögen immer weniger traute. Gesetz war, was die Chefin und ihre unsichtbare Freundin sagten. Etwas anderes galt nicht. Im Trainerkollegium bildeten sich zwei Lager, wir und die, die noch nicht so weit waren, wie wir. Hier blieb auch nach meinem Ausstieg ziemlich viel verbrannte Erde zurück, und zu kaum einem der ehemaligen Kollegen und Kolleginnen habe ich heute noch Kontakt. Wir ließen uns gegeneinander ausspielen und nicht nur eine Freundschaft, die gerade zu wachsen begann, wurde so in den Anfängen erstickt. Heute erkenne ich, wie sehr wir uns manipulieren ließen und welch wunderbares Futter unser Ego hier bekam. Damals fühlte ich mich gerne als etwas Besseres. Und ich ließ es abermals geschehen, dass jemand anderes mir sagte, was für mich richtig oder falsch sei und wie ich mich zu verhalten habe.

Zugegeben, ich habe sehr viel gelernt – Handwerkszeug fürs Coaching und im Umgang mit Menschen – und eben auch persönlich am eigenen Leib. Es ging sogar so weit, dass wir „erlesenen Drei" auch außerhalb untereinander keine anderen Inhalte mehr zu besprechen fanden als Themen aus diesem Umfeld.

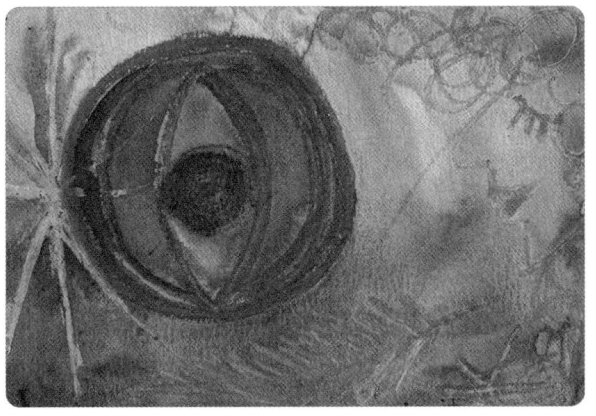

Coachingkarte 18:
Höre auf Deine Intuition.
Jeder Mensch in Deinem
Umfeld weiß genauso wenig oder
genauso viel wie Du!

Mein Mann hatte für sich relativ schnell erkannt, dass das für ihn nichts ist. Aber schon zu dieser Zeit fühlte ich mich von ihm nicht mehr ausreichend in meiner Selbstständigkeit unterstützt. Seine allabendliche Frage: „Na, wie viele Millionen hast Du heute umgesetzt?" war zwar bestimmt nett gemeint, setze mich aber massiv unter Druck. Ich war fast wie nach einer Gehirnwäsche: Coaching hier, Coaching da. Ich erwartete, dass er sich nach deren Werte und Regeln verhielt. Zu Aufführungen und Veranstaltungen kam er zwar manchmal mit, aber ich spürte immer seinen eigentlichen Vorbehalt.

Ich hätte mir Begeisterung von ihm gewünscht, über das, was ich da auf der Bühne tat und die Schritte, die ich aus meiner Komfortzone heraus machte, ob beim Singen, beim Improvisationstheater, bei der völlig improvisierten Moderation eines Abends, ... oder zumindest mehr Interesse. Doch wir entfernten uns dadurch nur immer noch mehr voneinander. Jetzt begann ich, zu Hause nicht mehr alles zu erzählen und begeisternde Erlebnisse für mich zu behalten, weil ich glaubte, er gönne sie mir nicht oder ich zumindest seine Reserviertheit spürte.

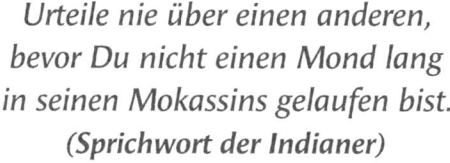

Urteile nie über einen anderen,
bevor Du nicht einen Mond lang
in seinen Mokassins gelaufen bist.
(Sprichwort der Indianer)

Gleichzeitig hatte sich mit dem Einstieg in diese Firma unmerklich eine Spirale in Gang gesetzt. Nämlich die, dass meine eigene, bis dahin sehr gut laufende Firma, immer schlechter lief. Immer weniger Anfragen generierte ich und bekam damit auch immer weniger Aufträge. Meine innere Stimme, die sagte, dass das von meinem Engagement nicht in meiner eigenen Firma kam, ignorierte ich. Einmal sprach ich es zwar konkret im Team bei Chef und Chefin aus. Mehrmals fragte ich nach, doch stets wurde ich beruhigt, mir wurden Rechenbeispiele aufgeführt, dass das nicht so sei und ich glaubte es nur zu gerne.

Rückblickend gesehen war das ja auch die falsche Stelle, diese Dinge anzusprechen und vor allem waren es die falschen Ratgeber, die nach ihren eigenen Interessen berieten und nicht nach meinen. Und so konnte es ja auch nicht funktionieren, indem ich glaubte, jemand anderes wisse besser Bescheid, was gut und richtig für mich sei.

Anleitung zum Glück: Was für Dich das Beste ist

Erst vor kurzem hatte ich dazu eine wirklich tiefgehende Erkenntnis. Vielleicht erschließt sich Dir auf dem ersten Blick noch nicht die fundamentale Tragkraft dieses Wissens. Für mich war diese Erkenntnis wirklich erschütternd: Jeder Mensch in Deinem Umfeld, weiß genauso wenig oder genauso viel wie Du!

Wie ich das meine? Nun, ich habe ja immer andere Meinungen über mein eigenes inneres Gefühl oder meine eigene Wahrheit gestellt. Ich habe andere Menschen um Rat gefragt, wenn ich nicht weiterwusste. Aber keiner dieser Ratgeber war ja an diesem Punkt in seinem Leben schon mal weiter als jetzt gerade zum Zeitpunkt meiner Frage - und in meinem Leben schon gleich gar nicht. Also konnte niemand wissen, was für mich das Richtige war! Aber ich habe mich so verhalten, als ob er es wüsste. Und ich habe damit versucht die Verantwortung für mich bei jemand anderem abzuladen. Wenn ich mich so umsehe, versuchen das ganz viele Menschen ebenso, die Verantwortung für sich selbst nach außen abzugeben. Jedoch niemand war ja mein Leben bis hierher gegangen mit all meinen Erfahrungen, mit meinen Gedanken und meinen Lerninhalten.

Und meine tiefe Erkenntnis ging sogar noch weiter und jetzt lass diese Worte mal wirklich tief in Dir wirken: Da es so viele Wahrheiten wie unterschiedliche Menschen gibt, denkt jeder Mensch von sich, seine Meinung und seine Wahrheit sei richtig! Und genau deshalb steht es mir nicht zu, über jemand anderen zu urteilen. Und andersherum steht es auch niemandem zu, über mich zu urteilen. Denn so wie ich denke, ich wisse es, genau so denkt mein Gegenüber auch, dass er es richtig weiß! Und da ich nicht weiß, was mein Gegenüber erlebt hat oder wie sein Umfeld ist, darf ich nicht über ihn urteilen und es besser wissen wollen. Denn diesen Gedanken weitergesponnen, denkt auch jeder Terrorist, er wisse es besser und habe das Recht, anderen seine eigene Meinung überzustülpen. Jeder religiöse Fanatiker denkt, er sei der Einzige, der die Wahrheit wisse und wähnt sich im Recht oder gar im Wahn in einem Auftrag. Und so entstehen Kriege oder andere schlimme Gewalttaten.

Diese Erkenntnis lässt sich auch auf unser Zusammenleben mit anderen Menschen in kleinem Rahmen übertragen. mit anderen Menschen in kleinem Kreis herunterbrechen. Wie viele Frauen kenne ich, die denken, sie wüssten was für ihren Mann das Beste sei... Wie viele Menschen kenne ich, die genau wissen, welche Fehler andere machen und was diese nur anders machen müssten. Aber, es geht uns gelinde gesagt, einfach gar nichts an!

 Eines nur ist wahr, das erkannte ich ganz klar, immer wenn nur einer denkt, er habe die alleinige Wahrheit, dann stimmt das nicht - es gibt viele und alle haben Recht! Jeder besitzt nur ein Mosaiksteinchen der gesamten Wahrheit. Und nur alle Wahrheiten zusammen ergeben annähernd ein umfassendes Bild von dem, wie es wirklich ist, eben aus der Perspektive der Menschen - vom höheren Sinn dahinter ganz zu schweigen. Also kann ich nur für mich selbst und in diesem Moment entscheiden, was für mich das Beste ist und ich habe keine Befugnis, jemand anderen zu beurteilen oder zu verurteilen. In meinem eigenen Umfeld darf ich unbehelligt meine Wahrheit leben, sobald ich aber das Umfeld eines anderen berühre, darf ich nur tun, was den anderen nicht in seiner Wahrheit einschränkt oder versucht übergriffig zu verändern. Der einzige Raum, für den ich zuständig und verantwortlich bin, ist also mein eigener.

Würden die Menschen sich wirklich um diesen eigenen Raum kümmern und nicht darum, zuerst alle anderen zu ändern, dann hätten wir den Himmel auf Erden. Soweit verbreitet sind doch Sprüche wie „Meinen Respekt muss man sich erst verdienen!" oder „Wenn der (die Person) X. Y. es anders machen würde, dann könnte ich endlich glücklich sein..." - es sind Verurteilungen und Besserwisserei, bei denen wir lieber die Verantwortung für Unfrieden an unser Gegenüber abgeben und dabei eigene Meinung über die eines anderen stellen. Das steht uns nicht zu, niemandem. Auch Dir nicht!

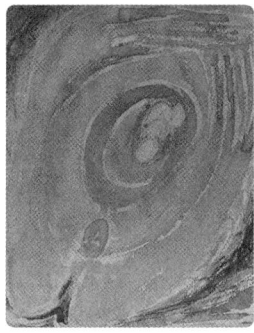

Coachingkarte 19:
Bitte verzeihe mir.
Dein glückliches Leben ist Deine Entscheidung.

Der Einzige, der also etwas an einer Situation ändern kann, bist Du und deshalb ist es auch Deine Aufgabe, Dich darum zu kümmern. Also ist die Frage, um die es geht, wenn man sich beispielsweise den Respekt erst verdienen muss: „Was für ein Thema habe ich mit Respekt und wie und was kann ich ändern damit sich diese Situation verbessert und ich endlich selbst Verantwortung übernehme?"

Du bist nur eine Entscheidung
von einem komplett anderen Leben entfernt!
(überliefert)

Ich selbst praktiziere seit vielen Jahren mit großer Wirkung das Ho`oponopono-Vergebungsritual, wie es in Europa angepasst weit verbreitet ist. Vier einfache Sätze, die so viel verändern: „Es tut mir leid. Bitte verzeihe mir. Ich liebe dich. Danke." Das ist zwar vielleicht zunächst eine neue Art zu denken. Jedoch bringt sie Dich in die Verantwortung, zeigt auf, dass auch Du einen Anteil am Geschehen hast und befähigt Dich, die Situation zu klären und weiterzugehen. Versuche es doch einmal. Die Gelegenheiten, zu denen Du diese Sätze anwenden kannst, sind vielfältig: Ob laut oder leise gesprochen, geschrieben oder gemalt. Ob bei einem Streit, oder immer, wenn Du Dich ertappst, über andere zu urteilen oder etwas besser zu wissen. Finde Deinen Weg, wie Du mit diesen einfachen Worten für Dich als wirkungsvolle Affirmation so viel mehr Leichtigkeit und Erfüllung in Dein Leben einlädst!

Deine innere Stimme wiederholt sich

Unsere wöchentlichen Meetings in der Firma fanden mittlerweile fast täglich statt. Kopfschüttelnd hörte ich, dass ernsthaft gesagt wurde, wir seien heute wirklich so produktiv gewesen. Echt jetzt? Manchmal fuhr ich nur zum Tee trinken in die rund 50 Kilometer entfernte schwäbische Kleinstadt. Aber ich machte weiter mit und wenn gerufen wurde, fuhr ich fast wie ferngesteuert sofort los, um dort wichtige Meetings abzuhalten und Themen zu besprechen.

Meine Firma unterdessen wurde von Jahr zu Jahr, von Monat zu Monat und von Woche zu Woche immer weniger. Kein Wunder, es war ja keine Energie und Aufmerksamkeit für sie übrig! Vor rund sieben Jahren war es dann soweit: Ich stand mit dem Rücken zur Wand. Meine Firma war am Nullpunkt angelangt, nicht ein einziger Kunde war mehr bei mir, kein einziges Projekt hatte ich mehr zum Abarbeiten oder in der Pipeline. Meine Konten, geschäftlich und privat, hatte ich soweit ausgereizt, dass ich bei keinem mehr Geld von der Bank bekam. Ich fühlte mich schrecklich und immer noch ohnmächtig, gelähmt und unfähig zu handeln.

In dieser Zeit fand unser erster Hund zu uns. Was für ein Segen! Er war es, der mich unterstützte, als ich begann mich abzugrenzen und Nein zu sagen, beispielsweise bei kurzfristig und mehrmals anberaumten unproduktiven Terminen. Und dieser wundervolle Hund heilte ganz einfach und selbstverständlich unsere Herzen. Es wärmt mir noch heute das Herz, wenn ich daran denke, wie unser großer Sohn mit 17 Jahren mit dem Hund spazieren ging. Ich beobachtete zwei leichte und völlig unbeschwerte Herzen. So unbeschwert sah ich den Großen vorher nur selten, es war als wäre er wieder der kleine unbekümmerte Junge von früher mit dem Hund an seiner Seite. Und eben dieses Wunder vollbrachte unser erster Hund Sammy bei uns allen in der Familie.

Aber das eigentliche Geschenk machte mir dann die Chefin des Betriebs. Wer mich kennt weiß, dass eine meiner ganz großen Stärken die Umsetzungskraft ist. Ich bin schnell, kreativ und arbeite auf den Punkt. Was ich sage, das tue ich auch wirklich und zwar umgehend. Nun war es so, dass sich der Erfolg des besagten Unternehmens aus unterschiedlichen Gründen nicht einstellte wie gewünscht, trotz intensivem Einsatz. Wir saßen zu dritt zusammen, die unsichtbare Freundin hatte sich schon rausgenommen, und sinnierten über die mögliche Zukunft. Diese unsichtbare Freundin war in ihrer Verzweiflung aus diesem Gespinst aus Hoffnung, Möglichkeiten in Kombination mit Manipulation und unserer Unmündigkeit kurz zuvor mit einem völlig überraschenden Umzug in eine weit entfernte Stadt geflüchtet. Wir suchten also bei diesem Meeting einen Weg, um doch noch den ersehnten Erfolg für die gemeinsame Firma zu erreichen. Die Chefin warf utopische Zahlen in den Raum mit neuen Trainern, neuen Interessenten, einer Ausbildungsgruppe die wir, die ich, von irgendwoher akquirieren sollten. Und ich machte daraufhin wohl ein ungläubiges oder zweifelndes Gesicht. Da explodierte sie förmlich und schrie: „Und Du tust überhaupt gar nichts! Und dann unterstützt Du mich nicht einmal jetzt!"

Und, damit machte sie mir wirklich das besagte, große Geschenk. Denn wenn ich etwas in meinen ganzen Selbstzweifeln immer sicher wusste – und das ist wahrscheinlich sogar das Einzige, das ich wirklich tief in meinem Herzen und ganz sicher und immer weiß – dann, dass ich umsetze und tue. Und dass ich über lange Zeit vermutlich deutlich mehr getan hatte als die anderen Gesellschafter und vor allem mehr als sie jemals. Damit möchte ich nicht in ein Schuldspiel einsteigen, sondern nur das Geschenk dieser Situation angemessen würdigen. Denn schließlich habe ich sehr lange mitgemacht und ließ mich vor den fremden Karren spannen, so dass ich mich selbst fast komplett verloren und aufgegeben hatte. Ich verließ dieses Meeting umgehend und zog mich zurück für einen Zeitraum von etwa sechs Monaten. Die Stimme in mir schrie förmlich, dass ich jetzt endlich der Wahrheit ins Gesicht sehen und meine unsägliche Geschäftsbeteiligung beenden müsse. Was ich dann nach diesen sechs langen Monaten, kurz nach Silvester, telefonisch kundtat. Und spannenderweise, war mein Entschluss kaum ausgesprochen, kamen bereits die ersten Anfragen über Telefon und Mail für meine eigene Firma. Und als notariell dann alles abgewickelt war, ging es gerade so weiter.

Leider hatte sich mittlerweile ein so großes finanzielles Defizit aufgetürmt, dass ich mit den Steuerzahlungen aus den guten Zeiten eine gefühlt riesige, negative Welle vor mir herschob. Ich hatte eine Standleitung zu meinem Bankberater. Sah ich seine Nummer im Display meines Telefons bekam ich fast schon Hitzewallungen und wäre aber am liebsten direkt in irgendein Loch versunken. Ging ja aber leider nicht. Also stellte ich mich meinem gefühlten, erneuten Versagen und begann mit Zahlungsplan und sehr enger Abstimmung mit der Bank sehr langsam meine Löcher zu stopfen. Ein mühsames, frustrierendes Unterfangen, mit dem ich auf vielschichtige Weise sogar heute immer noch zu tun habe. Immer wenn ich denke, jetzt komme ich vor oder zumindest auf die Welle, packt mich irgendein versteckter, finanzieller Kastenteufel und zieht mich in den Strudel aus Mangel, Schuld und Schulden zurück.

In dieser Krise hatte ich zwar immer noch eng mit meinem Mentor zu tun, nicht jedoch mit seiner Partnerin. Für mich gefühlt war sie die Initiatorin sämtlicher Manipulation und allen Übels. Wie eine schwarze Witwe sah ich sie in ihrem Netz sitzen und bei uns, ihren Marionetten in der Firma, die Fäden ziehen. Bewegte sich eines ihrer Opfer und zappelte, um sich aus ihren Fängen zu befreien, spann sie geschwind neue, klebrige Fäden und setzte Samen aus Selbstzweifel und Unvermögen. Ich brauchte über ein Jahr, um die Erlebnisse annähernd aufzuarbeiten und mich aus ihren Fängen gänzlich zu befreien. Immer wieder, wenn ich dachte, jetzt hätte ich mich gelöst, kamen aus irgendeinem Loch wieder ihre klebrigen Tentakel auf mich zu gekrochen, um mich festzuhalten und zu lähmen und saugten mir meine Energie ab.

Mich plagten immer wieder schwere Alpträume. Ein krasses Erlebnis hatte ich nach einem solchen Alptraum, als ich träumte, dass sie mich gemeinsam mit ihrem Mann auf einem großen Spielfeld für eine Aufstellung aufgestellt hatte. Das war fast wie diese großen Schachspiele in Parks, auf denen man mit riesigen Figuren spielen kann. Hier manipulierte sie die anderen Mitspieler und insbesondere mich. Das war so realistisch, dass ich am Morgen das Gefühl hatte, persönlich dabei gewesen zu sein, tat es aber als paranoiden Quatsch ab. Dann ging ich in mein Büro, das zu diesem Zeitpunkt noch in unserer Einliegerwohnung im Haus war. Auf meinem Telefon sah ich eine mir unbekannte Nummer, ich drückte auf Rückruf und wollte den unbekannten Anrufer zurückrufen. Ich landete in jenem Unternehmen bei der netten Bürodame. Nein, mich hätte niemand angerufen, versicherte sie mir. Wir kamen ins Plaudern und sie erzählte mir sorglos, dass der Chef und die Chefin erst gestern Abend noch ein internes Meeting gehabt hätten, bei dem sie sehr intensiv Aufstellungsarbeit betrieben hätten. In diesem Moment dankte ich dem Universum und vor allem meiner Telefonanlage für diese wichtige Information und wusste, dass mein Traum und mein Gefühl also doch real gewesen waren. Zu diesem Zeitpunkt ging ich schon regelmäßig zu diversen Lehrern und Schamanen, um mich weiterzubilden und meine Persönlichkeit zu schleifen. Jetzt hatte ich den Impuls, all meine bis dahin erlernten Werkzeuge anzuwenden. Ich gestaltete eine sehr intensive Trennungszeremonie, sehr kriegerisch, die unmissverständlich meinen Raum beanspruchte und endlich auch alle alten Verbindungsfäden kappte. Seither habe ich auch wirklich Ruhe!

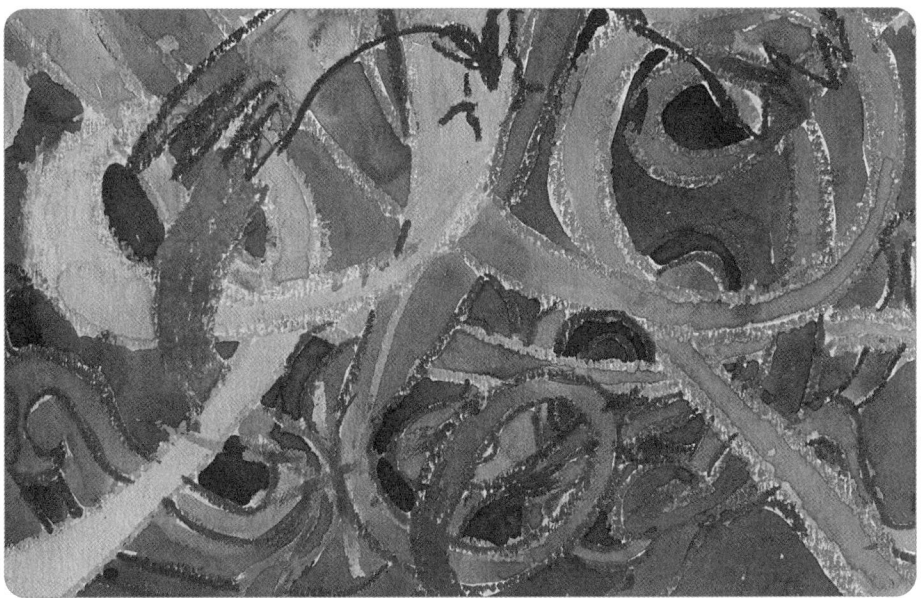

Coachingkarte 20: Schneide Verbindungen ab. Alles ist verbunden.

Anleitung zum Glück: Abtrennen was nicht zu Dir gehört

Über unsichtbare Verbindungsfäden sind wir mit den Menschen um uns herum verbunden. Über diese silbernen Fäden geschieht ein Austausch von Energien, ganz ohne dass das den meisten von uns bewusst wäre. Die meisten haben deshalb auch keinen bewussten Einfluss darauf. Wir befinden uns in einem sozialen Netz dieser Verbindungen. Normalerweise ist der Energieaustausch darüber ausgewogen, wir geben und nehmen. Weit verbreitet ist es aber, dass ungute Situationen oder Menschen noch Energie von Dir abziehen, auch wenn Du Dich längst von ihnen räumlich gelöst hast. Du bemerkst dann beispielsweise, dass Du oft an Situationen oder an diese Menschen denkst und sie dich irgendwie nicht loslassen. Auch kann es sein, dass Du Dich matt und kraftlos fühlst. Manche sensiblen Menschen können diese Verbindungsfäden sogar erkennen. Jeder Mensch hat das Recht über sein Energiefeld selbst zu bestimmen. Die gute Nachricht: Du darfst Deine Energie für Dich verwenden und Verbindungen trennen, die Dir nicht guttun.

Coachingkarte 21:
Trennung. Du bestimmst selbst über
Deinen Raum.

Eine schnelle und einfache Übung, um Dich energetisch zu fokussieren und abzulösen ist die liegende Acht. Dazu male eine „8" auf ein Blatt Papier oder in Dein Schreibheft und schreibe Deinen Namen in die Mitte des einen Bogens und den der beteiligten Person oder Situation in den anderen. Du kannst das auch in Gedanken vollziehen und dazu immer wieder die Acht um Dich herumziehen und um das herum, was Du von Dir lösen möchtest. Diese aufgemalte Acht kannst Du auch über einen längeren Zeitraum unterstützend liegen lassen, so lange bis Du fühlst, Du brauchst das Bild nicht mehr. So habe ich beispielsweise meine Kaffeefixierung wirkungsvoll und dauerhaft von mir abgetrennt. Lange wollte ich damit aufhören Kaffee zu trinken, weil mein Körper den Kaffee schon eine Weile nicht mehr vertrug. Erst die Übung mit der Acht hat mir geholfen.

Wenn das für Dich zur Trennung noch nicht ausreicht, dann gehe noch weiter mit folgenden kraftvollen sechs Schritten zur Ablösung wie sie meine Freundin und Heilerin Evelyn Patzner mir übermittelte.

1. **Das Ich stärken**: Sprich für Dich in Gedanken oder auch laut „Kraft meines Willens, bin ich in der Lage, was mir nicht guttut für immer abzulösen und diese Abtrennung jetzt und dauerhaft zu vollziehen."
2. **Entladen**: Rufe die Situation, um die es geht auf. Stelle Dir vor, was war. Tue das in Gedanken mit Bildern und Gefühlen und allem was dazugehört. Stelle oder setze Dich jetzt in Deinem inneren Bild der Person, um die es geht, gegenüber. Beginne die innerliche Kommunikation mit wertschätzenden Worten, beispielsweise „Ich verstehe, dass ..., mein Standpunkt ist folgender: Ich fühle mich ..., ich will nicht mehr ... Es funktioniert für mich nicht (mehr), dass ..." Wenn Gefühle da sind, dann gib ihnen einen angemessenen Raum und beachte sie. Sprich alles aus, was da ist. Alles was sich zeigt wie Hass, Abneigung, Scham, Dich klein fühlen, ungeliebt, unverstanden, ... alles darf einfach sein. Sprich aus, was ist und was Dir in den Sinn kommt. Wenn es schon geht, sprich die Worte aus dem hawaiianischen Vergebungsritual Ho´oponopono. Oder ganz konkret „Ich verzeihe Dir ... und ich verzeihe mir ..." Wenn das noch nicht möglich ist, dann schaue später noch einmal, wann es passt.
3. **Verbindung Trennen**: Jetzt nimm eine klare Position und einen klaren Standpunkt ein. Schneide in Gedanken die Verbindungsschnüre, Stränge, Linien ab mit Messer, Schere, Schwert, ... Es ist dafür nicht wichtig, dass Du das sehen kannst, sondern dass Du Deine Absicht und Deinen ganzen Fokus darauf ausrichtest. Sprich jetzt in Gedanken oder laut „Ich durchtrenne alle Verbindungslinien. Mit der Kraft meines Willens trenne und löse ich alles ab in allen Zeiten, auf allen Ebenen, in allen Dimensionen und dauerhaft. Das ist Deins und gehört zu Dir – das ist meins und gehört zu mir. Deine Themen sind Deine Themen, meine Themen sind meine Themen. Dein Leben ist Dein Leben, mein

Leben ist mein Leben." Wiederhole diese Worte so lange, bis Du das Gefühl hast, es reicht. Hier ist sehr wichtig: Sprich klar, laut und deutlich. Dann vollziehe gedanklich die finale Trennung.

4. **Energien herauslösen:** „Alle energetischen Anteile, Energien, die mit dieser Person und diesen Situationen in Zusammenhang stehen oder standen löse ich restlos aus dem Körper und meinem gesamten System. Ich übergebe sie an das Licht. Ich reinige Chakren und Aura und löse alles heraus, was jetzt nicht (mehr) zu mir gehört!" Bitte dazu Engel und Helfer aus der hohen geistigen Welt um Unterstützung und erstelle einen Lichtkanal zur Transformation. Bitte die Engel und Helferwesen anschließend Deinen Körper und das Energiefeld mit Licht und Liebe aufzufüllen.

5. **Sehen:** Aus der nun abgetrennten Situation kannst Du die ganze Situation nochmals SACHLICH und NEUTRAL betrachten. Du bist jetzt in der Lage Dein Gegenüber oder die tatsächliche Situation zu sehen. Auf welcher Ebene steht ihr, aus welcher Ebene heraus habt ihr gehandelt, auf welcher Basis wurden die Dinge getan und warum wurden sie so getan, wie sie getan wurden. Du kannst sehen, verstehen und damit verzeihen. Die emotionale Ladung hinter dem Geschehen ist verschwunden. Die andere Person ist so, wie sie ist. Du bist so wie Du bist. Erkenne Deine Seelenstufe und die des anderen. Erkenne das Leben allumfassend und die Hintergründe und Zusammenhänge. Niemand ist besser oder schlechter. Alle sind wir eins. „Ich danke aus meinem Verständnis heraus für diese Situation und mein Lernfeld. Ich danke Dir für all die Situationen, durch die ich lernen durfte. Ich danke, dass ich diese Erfahrungen mit Dir machen durfte und, dass ich daran gewachsen bin. Ich danke Dir." Sprich jetzt die Worte aus dem hawaiianischen Vergebungsritual: „Es tut mir leid. Bitte verzeihe mir. Ich liebe Dich. Danke."

6. **Neu starten:** Mache Dir jetzt den abgelösten Standpunkt nochmals bewusst. „Ich habe abgelöst ..., ich habe abgetrennt ... Jetzt gehe ich mit meinem neuen, gereinigten Bewusstsein in mein Leben. Ich gehe meinen, mir bestimmten Seelen- und Lebensweg. Ich lebe bewusst und immer bewusster und öffne mich den Wegen und Dingen, die auf meiner Seelenstufe sind. Ich gehe den mir bestimmten Seelenweg.

Ich bin in meiner geistigen und seelischen Entwicklung. Ich lebe meine Bestimmung. Ich weiß mich stets von der hohen geistigen Welt geführt und begleitet. Ich danke der geistigen Welt. Amen. So sei es!"

Körperlich wurde ich in dieser Phase der Ablösung, nach etwa einem Jahr, immer schwächer. Gleichzeitig entdeckte ich einen riesigen Knoten in meiner linken Brust. Fast schon Hühnerei groß, der schnell wuchs. Ich konnte morgens schon nicht mehr mit meiner Familie aufstehen, um sie beim gemeinsamen Frühstück für Schule und Büro zu verabschieden. Ich fühlte mich kraftlos. Ich hatte plötzlich Angst. Aber ich war bereits soweit mit alternativen Heilansätzen vertraut, dass ich wusste, dass dieser Knoten seinen Ursprung nicht auf körperlicher Ebene hatte. Meine Heilpraktikerin empfahl mir aber doch, abzuklären lassen, was genau es war. Zumal meine Oma ja an Krebs gestorben war, ich wusste aber damals noch nicht genau welcher.

Coachingkarte 22:
Schließe Frieden. Es ist Deine Pflicht,
Deinen Weg zu gehen.

Im gemeinsamen Familienurlaub informierte ich mich intensiv über Möglichkeiten und Herangehensweisen zur Diagnose. Ich wusste, ich werde mich ganz gleich bei welcher Vorgehensweise nicht punktieren lassen. Und ich wusste auch, wenn ich eine Krebsdiagnose bekommen sollte, dann wähle ich einen alternativen Weg. Ich war mir absolut bewusst, dass ich schon bei der Untersuchung genau auswählen musste, wohin ich gehe und in welches Feld ich mich begebe, um das Ergebnis und die mögliche, notwendige Behandlung selbst bestimmen zu können und mich nicht der Krebsmaschinerie ausgeliefert zu sehen. Instinktiv wusste ich, dass ich mich nicht in das herkömmliche Feld begeben wollte, um stark genug für meinen Weg zu bleiben. Denn im Falle einer Diagnose, so spürte ich, geschieht ein unmittelbares Andocken an all die Krebsdiagnosen dieser Welt und an all die damit verbundenen Erlebnisse, Leiden und Konsequenzen. Diese Energie würde mich wie eine Welle fortreißen.

Mein Mann unterstützte mich zwar, aber ich spürte immer, dass er meine Herangehensweise eigentlich falsch oder zumindest doch bedenklich fand. Zumal seine Mutter an Brustkrebs gestorben war als er noch ein kleiner Junge gewesen war. Zu all meinen eigenen Ängsten und meiner Kraft, die ich benötigte, um bei mir und meinen klaren Entscheidungen zu bleiben, sah ich mich also auch noch zusätzlich mit seinen Themen konfrontiert.
Ich wählte in dieser Zeit auch sehr bewusst, mit wem ich worüber sprach. Über den Knoten sprach ich in meinem Freundes- und Familienkreis nur mit jenen, die über alternative Denkansätze verfügten und diese auch in ihrem eigenen Leben umsetzten. Außerdem legte ich größten Wert auf einen bewussten und nicht übergriffigen Umgang mit Worten, bei den Menschen, denen ich mich mitteilte.

Ich entschied mich außerdem zur Abklärung für eine große anthroposophische Klinik im Schwäbischen und vereinbarte einen Termin. Ich hatte mich wochenlang genau vorbereitet und erklärte der Ärztin vor der Untersuchung, was sie mir sagen dürfe und was sie mich nicht mal fragen brauchte. Sie hielt sich ganz wunderbar an meinen Drehplan und entdeckte im Ultraschall viele und auch sehr große Zysten, aber doch nur eben diese! Sie bequatschte mich, wie vereinbart, auch nicht mit weiteren Untersuchungen und so war ich sehr erleichtert!

Gleichzeitig reifte in mir die absolute Gewissheit, dass wenn ich leben wollte, es jetzt keinen Aufschub mehr gäbe. Ich meldete mich noch in der gleichen Woche zu einer schamanischen Ausbildung an, die über dreieinhalb Jahre gehen sollte. Mit dieser hatte ich zwar schon eine Weile geliebäugelt, aber immer irgendwie den Aufwand gescheut. Bei einem schamanischen Lehrer, Stefan Mandel, in der Nähe des Chiemsees sollte und wollte ich mich meiner Heilung widmen.

Direkt bei einem der ersten Treffen in der Lerngruppe gab ich in einer tiefen Meditation viele Päckchen, die nicht die meinen waren, an meine Ahnen und meine Mutter zurück. Woraufhin sie im darauffolgenden Frühjahr die Diagnose Brustkrebs erhielt. Mich plagten noch lange Zeit extreme Schuldgefühle deshalb, da für mich ein direkter Zusammenhang zwischen meinen Prozessen und ihrer Erkrankung bestand. Darauf angesprochen, teilte sie mir jedoch mit, dass sie keinerlei Verbindung zwischen ihrer Erkrankung und meiner Meditation erkennen könne. Tief in mir wusste ich aber, dass diese sehr wohl bestand, da sie Päckchen von mir zurückerhalten hatte, die sie ihrerseits eben auch von ihren Ahnen oder Ahninnen erhalten hatte und die nicht die ihren waren.

Erst gegen Ende dieser Ausbildungszeit sagte mein damaliger Lehrer etwas, das mich das Schuldthema in einem anderen Licht sehen ließ. Er sagte: „Weißt Du, Du weißt gar nicht, wie viele Jahre Du Deiner Mutter möglicherweise damit geschenkt hast, dass Du ihre Last so lange getragen hast!" Und damit konnte ich dann Frieden schließen und erkennen, dass es mein gutes Recht war, mich auf meinen eigenen Heilungsweg zu begeben. Und dass jeder und jede genau das gleiche Recht hat, aber dass man das eben nur selbst tun kann – seinen eigenen Weg gehen. Und wer weiß, vielleicht oder wahrscheinlich war genau meine Vorarbeit notwendig, dass sie ihrerseits sich auch auf Ihren eigenen Weg der Heilung begeben konnte. Und diese Schuldgedanken in meinem Kopf endlich anzuhalten, tat mir so gut.

Die Demut des Herzens verlangt nicht, dass Du Dich demütigen,
sondern dass Du Dich öffnen sollst. Das ist der Schlüssel
des Austausches. Nur dann kannst Du geben und empfangen.
(Antoine de Saint-Exupéry)

Anleitung zum Glück: Alles ist so wie es sein soll

Kennst Du das auch, wenn in Deinem Kopf das Gedankenkarussell kreist? „Was wäre wenn?" „Hätte ich es nicht anders machen können?" „Wenn ich es so gemacht hätte? Oder so?" „Hätte, hätte, ..." bringt Dich aber nirgendwohin. Denn die Vergangenheit kannst Du nun mal nicht mehr ändern. Diese vier indianischen spirituellen Gesetze, die man ja an vielen Stellen und immer wieder findet, nahmen mir aber so viel Last von meinen Schultern, dass ich sie deshalb hier mit Dir teilen möchte. Damit brauchst Du auch endlich den Sinn von Situationen nicht mehr zu verstehen, sie passieren. Einfach weil alles genau so sein soll, wie es ist. Der Ehepartner, die Familie, Deine Kinder, alle sind genau die, die sein sollen. Alles entwickelt sich genauso, wie es sein soll. Nichts könnte anders sein, alles ist richtig. Einzig gilt es für Dich Deine Lernaufgabe zu entdecken, in dem was jetzt ist. Nicht aber die Dinge an Dir anzuzweifeln oder Dich in Eventualitäten zu verlieren, die nicht sind.

Coachingkarte 23:
Alles ist wie es sein soll. Steige aus
Deinem Gedankenkarusell aus.

Das 1. Gesetz sagt: Die Person, die Dir begegnet, ist die richtige.
Niemand kommt zufällig in Dein Leben. Jeder Mensch, den Du triffst, ist genau der, den Du gerade brauchst. Ganz gleich, wer sich mit Dir austauscht ist wichtig und genau richtig, sei es intensiv oder auch aus weiterer Entfernung. Dieser Mensch und die Begegnung mit ihm steht für ein Thema. Dabei ist er entweder Dein Geschenk, um Dir einen wertvollen Impuls zu bringen oder dient Dir als Lehrer.

Das 2. Gesetz sagt: Das was passiert, ist das Einzige was passieren konnte.
Nichts, aber wirklich nichts von dem, was Dir passiert ist, hätte anders sein können. Nicht einmal das unbedeutendste Detail, hätte in einer Situation geändert werden können. "Wenn ich dies oder das anders gemacht hätte ..., dann wäre es anders gekommen", existiert folglich nicht. Das was passiert, ist das Einzige, was passieren kann und deshalb muss sich alles genauso entwickeln. Nur so kannst Du Deine Lektionen lernen

und wirklich vorwärtskommen. Jede einzelne Situation Deines Lebens ist also absolut perfekt! Auch wenn Dein Verstand oder das Ego sich widersetzen und es nicht akzeptieren wollen. Oder wenn der Verstand, vom menschlichen Standpunkt aus, die Lektionen noch nicht begreifen kann

Das 3. Gesetz sagt: Jeder Moment, in dem etwas beginnt, ist der richtige.
Alles beginnt immer genau im richtigen Moment, nicht früher und nicht später. Wenn Du dafür bereit bist, etwas Neues in Deinem Leben anzugehen, dann wird es auch beginnen. Du kannst nichts beschleunigen oder verlangsamen. Du kannst nur einen Schritt nach dem anderen gehen und keine Abkürzung nehmen. Es passiert nur, wann und wie es geschehen soll und der Zeitpunkt der richtige ist.

Das 4. Gesetz sagt: Was zu Ende ist, ist zu Ende.
Es ist zu Ende, wenn es zu Ende ist, so einfach ist das. Wenn etwas in Deinem Leben zu Ende geht, dient es Deiner Entwicklung. Wenn Du es aber versuchst festzuhalten, wirst Du es trotzdem nicht ändern können, sondern nur in die Länge ziehen. Deshalb ist es besser dann loszulassen und vorwärts zu gehen, wenn die Zeit dafür gekommen ist. Wenn Du annimmst, was ist und die gemachten Erfahrungen dankbar annimmst, bist Du offen und bereit für Deinen nächsten Wachstumsschritt.

Immer also, wenn Dein Gedankenkarussell Dich gefangen hält in Wenn, Aber oder Hätte, dann erinnere Dich an diese 4 Gesetze. Und mache Dir bewusst, dass alles ist, so wie es sein soll. Du hättest nichts anders machen können. Du bist gut so wie Du bist. Alles ist gekommen, was kommen musste und Du bist jetzt bereit für das nächste Level Deiner Entwicklung. Wenn es Dir noch schwerfällt, kannst Du eine der zuvor beschriebenen Techniken anwenden, um Dich zu fokussieren, abzutrennen oder verantwortlich zu verhalten. Dann konzentriere Dich auf Dich und nimm Dir Zeit für Dich, das Gelernte zu verinnerlichen und zu integrieren.

Für mich funktioniert dann ein Bad mit grobem Meersalz besonders gut. Meersalz sind kleine Kristalle, die alle Farben des Lichtspektrums und damit des Regenbogens enthalten. Diese reinigen Deine Zellen bis in die energetische Ebene und füllen diese gleichzeitig mit Licht und Energie.

Reibe dazu Deinen Körper mit Meersalz ab oder bade in Salzwasser, in dem Du das Meersalz aufgelöst hast. Gutes Meersalz für Dein Bad findest Du in allen gängigen Drogeriemärkten. Ich achte darauf, dass keine weiteren Zusätze darinnen sind, weil sich dann die Wirkung für mich am besten einstellt. Tauche auch mit dem Kopf unter. Gleichzeitig unterstützt Dich das göttliche Wasser beim tiefen Reinigungsprozess. Bitte nun Deine geistige Führung darum, Dir Deine Lerninhalte für diese Situation nochmals aufzuzeigen. Formuliere daraus im Anschluss Deine kraftvolle Affirmation, einen Satz, den Du für Dich als Anker in Deinen Gedanken verwenden kannst. Das heißt, immer wenn Dein Gedankenkarussell versucht, sich zu verselbstständigen und wieder beginnt sich im Geiste zu drehen, sprich innerlich so lange Deinen neuen Kraftsatz, bis sich Deine Gedanken wieder ausrichten.

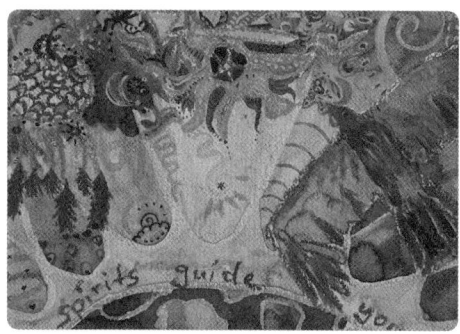

Coachingkarte 24:
Du bist geführt.
Lasse geschehen und folge der Energie.

Solch eine Affirmation zur Umprogrammierung Deiner Gedanken kann sein: „Ich bin Liebe, ich gebe und empfange Liebe." „Ich danke für meine Erfahrungen und mein Leben." „Ich lerne voller Freude und Demut." Oder was sich eben für Dich richtig anfühlt oder Deinem Bauchgefühl entspricht. Oder Du formulierst einen Glaubenssatz, den Du häufig verwendest, für Dich positiv um.

Dir fällt direkt ein Satz ein? Dann notiere ihn am besten gleich in Dein Schreibheft. Ich sage beispielsweise einen Satz so häufig, dass ich es nicht einmal mehr zählen kann: „Ich mach das geschwind." (also schnell). Nun habe ich jüngst mit diesem Satz für mich gearbeitet und daraus für mich kreiert „ich lasse in dem Tempo geschehen, was angemessen ist." Mal sehen, was nun passiert. Oft verändert sich diese Affirmation, also dieser selbstbejahende Satz, mit der Zeit auch noch. Lass einfach geschehen, wohin Dich die Energie führt. Es darf das sein, was funktioniert.

Das Licht, das die Nacht erhellt. Die Wärme, die das Herz berührt.
Die Nahrung, die die Seele nährt. Die Liebe, die von Gott herrührt.
Du bist alles, und Du bist nichts...

Jeder hat Schattenseiten

Eigentlich sollte ich ja ein Nikolauskind werden, aber mich drängte es schon vier Tage früher ans Licht der Welt. Nicht früher, nicht später, sondern genauso richtig, wie ich sein sollte. Bislang dachte ich immer, mein Leben sei halt ganz unspektakulär verlaufen, eher normal. Wenn andere ihre Lebensgeschichten erzählten, fühlte ich mich unbedeutend und was könnte ich denn schon erzählen.

Ich wuchs in einer gutbürgerlichen Familie auf. Der Vater war lange Zeit Alleinverdiener und Ernährer der Familie, meine Mutter versorgte uns Kinder, mich und meinen drei Jahre jüngeren Bruder und war daheim, ganz klassisch. Meine Eltern hatten im Sommer geheiratet und ich war schon im gleichen Jahr im Winter auf die Welt gekommen. Das war vielleicht so das Außergewöhnlichste an meiner Kindheit, dachte ich immer.

Rückblickend waren wir immer irgendwie die Guten. Wenn, dann machten andere was falsch. Aber eigentlich waren auch alle anderen so toll und was die alles konnten, ich konnte damit sowieso nicht mithalten, das vermittelte uns gefühlt immer meine Mutter. Wirkliche Probleme kamen nie auf den Tisch und lange Zeit dachte ich wirklich, auch ich hätte eine völlig weiße Weste.

Beispielsweise sprachen wir nie über die Alkoholsucht meines Bruders, oder dass er mit fast 30 wieder daheim einzog und seither auch dort wohnen blieb. Unangenehme Themen blieben unter dem Teppich, fein säuberlich und gut verborgen. Wir waren ja die Guten. In diese Kategorie fällt auch, dass meine Mutter, als sie durch die Chemo nach Ihrer Krebsdiagnose ihre Haare verlor, sich in der ganzen Zeit nie ohne Haare ansah. Sie vermied es, sich jemals im Spiegel und damit den Fakten ins Gesicht zu sehen. Klar, kann ich nicht beurteilen oder verurteilen, wie man sich in so einer Situation fühlt. Für mich steht diese Situation jedoch sinnbildlich für das, wie wir zu Hause Problemen oder Wahrheiten nie wirklich ins Gesicht gesehen hatten und was ich für mich erst mühsam lernen durfte: Probleme offen auszusprechen.

Ich habe mein Leben und Aspekte daraus rückblickend für mich analysiert, um mich besser zu verstehen und zu erkennen, warum ich so bin wie ich bin. Mit dem Ziel, mich schließlich irgendwann ganz annehmen zu können, ungeschönt und ohne Maske. Indem ich mein Leben reflektiere und erkenne, woher manche meiner Verhaltensweisen und Muster kommen, kann ich sie für mich auflösen. Ich erkenne mich dadurch und mache einen ersten Schritt, indem ich meine Sicht der Dinge ausspreche. Ich verurteile andere Sichtweisen ganz ausdrücklich nicht, das will ich an dieser Stelle betonen. Ich kann damit zulassen, dass ich einfach okay bin, ebenso wie jeder andere auch absolut okay ist. So hat schließlich jeder die Freiheit dazu, so zu sein wie er ist, ohne beschönigen zu müssen oder etwas wegzulassen. Und  wenn ich etwas in zahllosen Kreisen und Coachings erleben und erkennen durfte: Niemand ist perfekt. Alle sitzen wir im gleichen Boot. Und jeder hat sein Päckchen zu tragen, und die meisten Päckchen sind wirklich groß. Aber das geht wirklich jedem so. Niemand ist besser oder schlechter und dieses Wissen befreit, heilt und besänftigt so unheimlich! Und so kann Mitgefühl entstehen und Frieden für mich und für jeden.

So waren mein Bruder und ich auch völlig überrascht, als kurz vor meinem sechzehnten Geburtstag ein seltsamer Mann mit einer Frau rauchend in unserem Wohnzimmer saß. Meine Eltern verhielten sich sehr seltsam und wir waren froh, dass die komischen Leute dann auch irgendwann wieder gingen. Tagelang roch unser Wohnzimmer noch unangenehm nach dem kalten Rauch der Zigaretten, was mich gelinde gesagt ziemlich ärgerte. Hinterher ging es aber mindestens so komisch weiter.

Meine Mutter fragte „wie fandet ihr den Mann?" - Was sollte die Frage! Der war komisch, wie sollten wir den schon finden und vor allem hatte er bei uns zu Hause geraucht und wir waren ein absoluter Nichtraucherhaushalt! Umständlich wurde uns dann erklärt, dass das unser älterer Bruder gewesen sei, also Halbbruder vielmehr, und damit der uneheliche Sohn meines Vaters. Aber das sei alles lange vor unserer Zeit gewesen. Und geliebt habe mein Vater diese Frau sowieso nie, also war das eine reine Bettgeschichte, betonte meine Mutter sehr auffällig.

Ja, ok. Also damals beeindruckte uns bzw. mich das nicht so sehr. Hatten wir einen Halbbruder, das hatte ja nicht wirklich was mit uns zu tun. Komisch fand ich nur, dass wir das bis zu diesem Tag nicht wussten. Ein komisches Geheimnis war das, das ich aber schnell wieder auf die Seite legte. Wozu sollte ich mir auch Gedanken darüber machen und mit wem hätte ich darüber sprechen sollen. Viel später erst, als ich meinerseits mit meinem ältesten Sohn schwanger war, ging ich intensiv mit diesem Thema in Prozesse. Und noch viel später erst wurden mir auch systemische Zusammenhänge klar. Denn ich hatte das Gefühl, jetzt das Leben und die Fehler meines Vaters aufräumen zu müssen und aus der Perspektive der anderen, ungeliebten Frau zu leben, ohne je danach gefragt oder darum gebeten worden zu sein.

Ausgewählt hatte ich das natürlich auch nicht wirklich für mich und die Zustimmung hatte ich ebenfalls nicht dazu erteilt, so dachte ich. Aber meine Vorwürfe passten so wunderbar zu meiner damaligen Haltung, einfach ein Opfer zu sein. Denn schließlich hatte nur ich mich selbst in dieser Situation unverantwortlich verhalten und war in diese ganze Sache hineingeraten. Es gab genug innere Stimmen, die ich einfach nicht hören wollte! Ich hatte sehr wohl eine Wahl gehabt, aber hatte nicht nach meinem besseren Wissen gehandelt. Niemand anderen konnte ich dafür also zur Verantwortung ziehen als nur mich.

Besonders auch in meiner schamanischen Ausbildung, beschäftigte ich mich intensiv mit diesem Familienthema und löste und heilte es hoffentlich dauerhaft in unserem Familienfeld. Aus meiner heutigen Perspektive kann ich sehen, dass ich auf Seelenebene genau diese Erfahrung für mich in diesem Leben ausgewählt hatte. Auch wenn ich als junge Frau, die ich damals war, das wirklich niemals hätte anerkennen können. Und ebenfalls heute sehe ich, dass ich mich auf übergeordneter Ebene dazu bereit erklärt hatte, dieses Thema in unserer Ahnenlinie sichtbar zu machen und dann zu erlösen, und ich bin dankbar dafür.

Ich entwickelte in dieser Zeit meiner Ausbildungen eine überaus mutige innere Haltung. Nur was ich wusste, konnte ich anschauen und dann integrieren und heilen. Also wollte ich jetzt wirklich alles wissen. Fast schon besessen, will ich bis heute wirklich alles wissen und dem ins Gesicht blicken, was ist. Und eine der größten Entdeckungen während dieser scha-manischen Ausbildung war für mich, dass jeder, und ich meine wirklich jeder auf irgendeine Weise Dreck am Stecken hat oder dunkle und unerlöste Seiten in sich trägt. Seien es seine eigenen oder die aus seiner Familien- und Ahnenlinie oder auch die, die er mitbrachte aus vergangenen Inkarnationen. Jeder hat seinen Rucksack zu tragen, nur sehen wir im normalen, alltäglichen Kontakt mit anderen eben nur deren äußere Hülle und die Maske, die wir nach außen tragen.

So hatte ich stets das Gefühl, das Gras auf der anderen Seite des Zauns sei so viel grüner, als mein eigenes. Bei allen anderen wähnte ich alles wunderbar in Ordnung und toll, nur bei mir halt nicht. Aber jeder, das erkannte ich jetzt, hat auch genau hier seinen blinden Fleck, nämlich das, was er nicht selbst sehen und erkennen kann. Und diesen Fleck, gilt es zu entdecken und zusammen mit den dunklen Schatten in sich anzunehmen und zu akzeptieren.

Zufrieden war ich erst, als ich auch meine dunkelsten Ecken angeschaut hatte. Und ich kann sagen, ich habe sehr dunkle Ecken in mir entdeckt und angeschaut. Ich hatte und habe so ein tiefes Bedürfnis, fast schon einen Zwang, wirklich nichts mehr zu beschönigen. Es gruselte mich mehr als einmal vor mir selbst, und lange konnte ich mir auch nicht vergeben, was ich selbst in anderen Inkarnationen getan hatte. Tiefe Schuldgefühle begleiteten mich jahrelang und hielten mich davon ab, mich gut oder genug sein zu lassen sowie mir mein Potential oder Begabungen zuzugestehen. Heute bin ich auch mit diesen dunklen Anteilen und Schatten in mir im Frieden, ich kenne sie, damit haben sie ihre dunkle Macht verloren. Mehr noch, ich beginne das Potential und die darunter verborgene Kraft für mich zu spüren.

Zu erkennen, dass alles, was ich im Außen und in anderen sehe, nur das Spiegelbild meines inneren Selbst und meiner eigenen Zweifel und Themen ist, war mit dieser Erkenntnis eng verknüpft. Mitgefühl und Verständnis vor allem für mich und für andere in unserer menschlichen Unvollkommenheit konnte ich daraus entwickeln. Und so versuche ich mich in schwierigen Situationen stets zu reflektieren und zu hinterfragen. Was hat jetzt diese Situation genau mit mir zu tun und warum passiert sie mir? Gibt es eine tiefere Botschaft darin. Wo passierte mir bereits etwas ähnliches und was kann ich jetzt neu daraus lernen? - Und was würde die Liebe tun? Was wäre die Antwort der Menschlichkeit und des Mitgefühls auf dieses Geschehen.

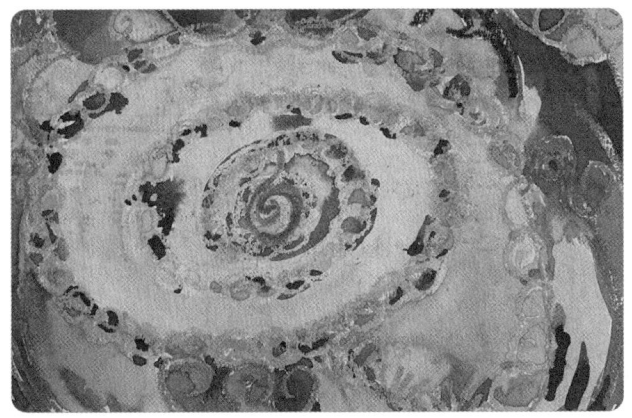

Coachingkarte 25:
Nicht besser oder schlechter.
Gut und Böse sind nur zwei
Pole im gleichen Spiel.

Ich weiß, ich bin nur ein unperfekter Mensch. Genau deshalb bin ich hier auf dieser Erde, um die fantastische Gelegenheit zu haben all diese Dinge zu erfahren und zu lernen. Nicht immer gelingt mir das und ich gehe in die Wiederholungsschleife, um weiter zu lernen. Aber es tut mir gut, mich immer wieder daran zu erinnern: Gut und Böse sind nur zwei Pole im gleichen Spiel. Der Gute und der Böse brauchen sich gegenseitig, um genau dieses Spiel aufrecht zu erhalten. Ohne den einen, gibt es den anderen nicht. Gelingt es mir, die Beurteilung der anderen und natürlich auch von mir außen vor zu lassen, so kann ich Mitgefühl entwickeln und das ist der einzig wahre Weg zu Heilung und Erlösung.

 Denn alle Eltern taten und tun das Beste, was sie in ihrer Situation tun konnten. Jeder Mensch tut das Beste, das er kann. Hätte er es anders gekonnt, hätte er Dinge bereits gewusst, dann hätte er anders gehandelt und das Ergebnis wäre ein anderes gewesen. Aber das konnte dieser Mensch einfach nicht. Und so musste alles genau so kommen wie es heute ist. Sich klar zu machen, dass in jedem Erwachsenen ein kleines, bedürftiges Kind steckt, das auch einmal schlimme Erfahrungen machte, hilft. Denn Verständnis und Mitgefühl sind der einzige Weg, um tatsächlich Frieden zu finden und sich nicht in ewigen, wenig zielführenden Gedankenkarussells zu verlieren.

In jedem unserer Mitmenschen steckt dieses kleine Kind, das damals nicht das bekommen hat, was es eigentlich gebraucht hätte. Also auch die Eltern dieses Kindes haben damals nicht genug Liebe bekommen, als sie als Kind bedürftig gewesen waren, wurden verletzt in ihrem Urvertrauen und den Tiefen ihrer Seele. Nicht aus Bosheit oder mit Absicht, sondern weil in ihnen eine lange, lange Linie ihrer Ahnen und der ganzen Menschheit aus Verletzungen und Mangel gipfelte.

Eine sich immer weiter fortsetzende Kettenreaktion, die einzig durch Mitgefühl und Verständnis zu durchbrechen ist. Das rechtfertigt deshalb noch lange keine Verbrechen oder Gräueltaten, solche Dinge zu tun ist immer falsch. Die einzige Möglichkeit, diesen Wahnsinn zu stoppen und sich selbst und damit andere zu heilen, ist der verantwortliche Umgang mit dem Geschehenen – jenseits von Rachegedanken, Anschuldigungen, Besserwissen oder Rechthaben – in Mitgefühl und damit in Verständnis und Vergebung.

Anleitung zum Glück: Mitgefühl und Verständnis

Das eigene Familiensystem taucht immer wieder als eine Ursache von tieferliegenden Störungen oder hinderlichen Mustern bei Menschen auf. Wobei man sagen kann, jedes Familiensystem ist in irgendeiner Weise gestört und bedarf der Heilung.

Denn unsere Ahnen haben durchgängig Verletzungen erlebt, wie:
- Hunger,
- Krieg,
- Katastrophen,
- Krankheiten,
- menschliche Verstrickungen,
- Flucht,
- Verlust der Heimat,
- Fehlgeburten,
- Verlust von Kindern,
- Traumata,
- Tod,
- Gewalt,
- Schuld (durch Betrug, Diebstahl, Missbrauch, schwarze Schafe in der Familie, Tabus irgendwelcher Art, Verbrechen, Vergewaltigung)

Und es gibt daraus resultierend einige wiederkehrende Muster, die in sehr vielen Familien zu finden sind:
- das Gefühl nicht zur Familie zu gehören und Ausgrenzung,
- das Gefühl von Entwurzelung und kein zu Hause zu haben,
- Einsamkeit,
- die unterschwellige Ansicht etwas besser zu wissen, zu verurteilen, über den Familienmitgliedern zu stehen, etwas „Besseres" zu sein,
- tiefsitzende Verletzungen durch Familienangehörige, die immer und immer wieder erzählt werden, fast wie in einer Wiederholungsschleife,
- Tabus oder unausgesprochene Geheimnisse, die förmlich an die Oberfläche drängen,
- Steine im Rucksack, die nicht die eigenen sind,

- energetische Abgeschnittenheit oder ungesunder Zustand des Energiefeldes,
- über Generationen wiederkehrende Themen wie uneheliche Kinder, Alkoholismus, psychische Erkrankungen,
- nicht an seinem systemisch passenden Platz in der Familie zu stehen,
- eine Verkehrung der Rollen innerhalb der Familie (Mutter ist Kind, Kind ist Mutter),
- Schuldthemen.

Ganz gleich welches Thema in einer Familie seit Generationen weitergegeben wird. Ganz gleich, ob Du dieses Thema bewusst kennst oder noch nicht. In einem Familiensystem wird dieses Thema in unterschiedlichen Ausdrucksweisen immer wieder auftauchen. Ob das der Alkoholismus ist, der immer wieder auftaucht, ein schwarzes Schaf in der Familie oder uneheliche Kinder, heimliche Liebschaften und auch Fehlgeburten können immer wieder im Familiensystem auftauchen. Und das wird sich so lange wiederholen, in jeder Generation, bis das eigentliche Thema gesehen, integriert und damit geheilt wurde. Hat diese Integration stattgefunden, muss dann das Thema in nachfolgenden Generationen nicht mehr auftauchen. Für ein intaktes Familiensystem gibt es außerdem Regeln und Gesetzmäßigkeiten, die für die Heilung wieder an den rechten Platz gerückt werden müssen. So hat jedes Familienmitglied ein Recht darauf, dazuzugehören.

 Man kann auch nicht, weil man beispielsweise seine Familie ablehnt, einfach aus diesem System aussteigen, man bleibt zu seinem Familiensystem zugehörig. Und es gibt eine Hierarchie (übrigens überall in der Natur und auch in Firmen), die eine natürliche Ordnung darstellt. Es herrscht eine Balance zwischen Geben und Nehmen, so geben Eltern und Kinder nehmen. Die Großeltern stehen vor den Eltern, die Eltern kommen im System vor mir, ebenso wie ein älteres Geschwisterkind vor dem jüngeren steht. Das hat nichts mit besser oder schlechter zu tun, sondern es ist einfach die Ordnung der Dinge, daran lässt sich nicht rütteln.

Damit die Energie von meinen Ahnen erst zu mir und dann durch mich hindurch zu meinen Nachfahren fließen kann, muss jeder an seinem richtigen Platz in diesem System stehen. Partner stehen nebeneinander, der Mann steht rechts, die Frau steht links. Sie blicken in Richtung ihrer Kinder. Oft erlebe ich im Coaching, dass die natürliche Reihenfolge und die Anordnung nicht mehr stimmt, dann passt auch der Energiefluss im Familiensystem nicht mehr. Oft haben Kinder einen Platz eingenommen, der ihnen nicht gebührt und plötzlich steht beispielsweise eine Tochter wie eine Partnerin neben ihrem Vater. Für diese naturgemäße Ordnung der Dinge muss ich nicht gut finden, was meine Ahnen möglicherweise getan haben. Das Familiensystem ist nicht von meinem Urteil abhängig, aber der Energiefluss darin von meiner mir angestammten Position. Erst wenn alle Familienmitglieder an ihrem richtigen Platz stehen, wird der Energiefluss wieder hergestellt und alle mit der notwendigen Energie der Ahnen versorgt, die das Geburtsrecht beinhaltet. Somit erlebe ich damit eine direkte, positive Auswirkung und den Lohn dieser systemischen Arbeit für mich und meine Kernfamilie.

Auch Verhaltensmuster in Familiensystemen werden so lange wiederholt oder „warmgehalten", bis sie gesehen und geehrt wurden, erst dann können sie erlöst werden. Es existiert ein Familienfeld, in dem quasi alle Themen „geschrieben" stehen. Übrigens, überall wo Menschen zusammenkommen, existieren solche Gruppenfelder mit diesen Themen. Dabei muss die Wahrheit des Familienfelds nicht der göttlichen Wahrheit entsprechen. Das Familienfeld erhält sich durch sich selbst und dadurch, dass seine Mitglieder nicht erleuchtet sind. Deshalb sind auch die Bestrebungen des Familienfeldes nicht immer zum höchsten Wohle von allem was ist.

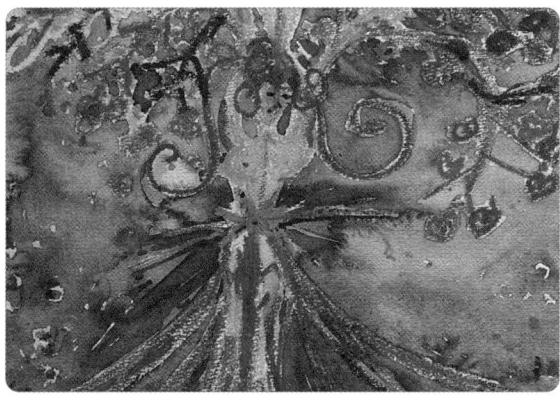

Coachingkarte 26:
Ehre Deine Herkunft. In dir mündet alles. Von Dir geht alles aus.

Heilung kann geschehen:
1. durch Sichtbarmachen und Aussprechen von versteckten und verborgenen Themen
2. durch die Ehrung der Gabe des Lebens, denn ohne Deine Ahnen wärst Du heute nicht da (das ist ein zentraler, wichtiger Punkt)
3. durch Liebe, Respekt und Wertschätzung
4. durch Verständnis und Mitgefühl
5. durch Vergebung
6. durch Entladen der darin gebundenen Emotionen
7. durch Ehrungen der Ahnen, beispielsweise durch Geschenke, kleine Zeremonien, einen Ahnenschrein, Kerzen, den Besuch der Grabstätte oder Besuche von wichtigen Stätten des Lebens und Wirkens
8. durch Herstellung und Leben nach der göttlichen Ordnung

Dabei betrachtet man die Ahnen sieben Generationen vor und sieben Generationen nach uns. Du fungierst dabei wie ein Nullpunkt, in dem alles zusammenläuft und von dem alles ausgeht. Haben beispielsweise die Vorfahren eine über mehrere Generationen andauernde Leidensgeschichte, ein Verhaltensmuster oder eine Erkrankung an Ihre Kinder und Kindeskinder mitgegeben, sind es meist die schwarzen Schafe in der Familie, die dies in ihrem Leben auflösen müssen. Sie haben die jeweiligen Muster übernommen, nicht um zu leiden, sondern um daran persönlich zu wachsen. Sie sind ein großer Segen und wichtige Schlüsselfiguren im Familienkreis, da sie Kräfte und Möglichkeiten nutzen, die ein anderer nicht wagen würde. Erkennst Du wiederkehrende Themen in Deiner Familie? Beginne doch direkt, Deine Beobachtungen in Deinem Heft aufzuschreiben und Du wirst erkennen, wie sich Dir plötzlich eine neue Sichtweise auf die Dinge öffnet. Ich nutze immer wieder auch die Gespräche mit meiner 96-jährigen Oma, um solchen alten Themen auf die Spur zu kommen, indem ich sie über ihre Geschwister, Eltern oder ihre Großeltern befrage. Denn da bekomme ich ja Informationen quasi noch aus erster Hand, die ich für mich und die Heilung des Familienfeldes nutzen kann.

In einer schamanischen Familienaufstellung werden diese Muster im geschützten Raum angesehen und fühlbar gemacht. Dann wird das System harmonisiert und die kraftvollen Ahnenlinien wiederhergestellt. Bis zu sieben Generationen zurück kann man heilsam einwirken, so sagt man. Nach meinem Verständnis, stoppt aber Heilung nicht einfach irgendwo. Wie ein Kieselstein, den man ins Wasser wirft, zieht auch die Heilung im Familienfeld ihre Kreise und wird dorthin gelangen, wo sie notwendig ist. Am Ende wird die Verbindung zum göttlichen Ursprung wiederhergestellt, und die Kraft darf wieder frei fließen. Deshalb ist es so wichtig, dass Du etwas für Dein Familienfeld tust, denn Du beeinflusst und heilst von hier aus in beide Richtungen: Dich selbst und Deine gesamten Ahnen vor Dir und auch Deine Nachkommen.

Sinnvoll ist es außerdem, das Familienfeld als sogenanntes Kulladeva-Feld zu betrachten. Das heißt nicht nur die direkten Ahnen haben uns beeinflusst, sondern auch die, die zeitgleich in diesem System „unterwegs" waren. Damit werden also auch Onkel oder Tanten, eine heimliche Geliebte, oder Stiefeltern … im System wichtig, denn diese können Energieträger sein und Themen im Feld übernommen haben und darauf hinweisen.

Das ist besonders für heutige Patchwork-Familien ein wichtiger Gedanke und gibt auch den „Neuen" oder Dazugekommenen eine angemessene Bedeutung. Denn selbstverständlich hat beispielsweise nicht nur der leibliche Vater und seine Familie einen Einfluss auf ein Kind, sondern auch der Patchwork- oder Adoptiv-Vater mit seinen Angehörigen und den mitgebrachten Kindern. Beim Kulladeva-Feld wird zwischen der familiären Abstammung in irdischer „körperlicher" Weise und der spirituellen Herkunft unterschieden.

Den Fluss der Ahnenlinie wiederherzustellen und die Ahnen zu ehren ist ein ganz entscheidender Faktor für die Heilung im System. Darum besorge Dir am besten noch heute Blumen und entzünde eine Kerze für Deine Ahnen, die irdischen und die spirituellen. Danke ihnen für Dein Sein, dafür, dass sie vor Dir waren und durch ihr Leben und ihre Erfahrungen erst Deines heute möglich machten. Danke für Deine Gaben, Deine Potentiale und auch für Deine Aufgaben und die Möglichkeit nun Heilung in Deine Familie zu bringen.

In meiner Familie pflege ich seit einigen Jahren ein kleines Ritual zu jedem anstehenden Geburtstag eines Familienmitglieds. Wir haben einen großen Tonteller auf dem 8 dicke Kerzen stehen: Rot, Orange, Gelb, Grün, Türkis, Lila, Pink und Weiß. Jede Farbe steht für ganz unterschiedliche Aspekte, Begabungen und Aufgaben aus unseren Ahnenlinien und entsprechen gleichzeitig den Chakren, ohne dass wir genau wissen müssen, welche das sind. Die Acht ergibt sich aus der Unendlichkeit des Universums und allem was ist und als Zahl und Symbol von Werden und Vergehen. Zum Geburtstag schmücken wir diesen Teller unter anderem mit Blumen und entzünden zum Dank für unser Sein diese Kerzen. Wir gedenken der Ahnen, ohne die wir heute nicht wären. Wenn ich auch unter dem Jahr das Gefühl habe, ich möchte mich mit meinen Ahnen verbinden oder es stehen Ahnenthemen an, so mache ich das mit unserem Ahnenteller. Kreiere doch Deine eigene Weise, wie Du Deinen Ahnen danken kannst und ihnen einen festen Platz in Deinem Leben gibst.

Dieses Gebet kannst Du dazu für Dich anpassen und auch für Deine ganze Ahnenlinie oder einzelne Personen daraus sprechen:

Liebe/r Mama/Papa,
Ich nehme das Leben von Dir, Alles, das Ganze mit allem Drum und Dran und ich nehme es zum vollen Preis, den es Dich gekostet hat und den es mich kostet. Ich mache was draus, Dir zur Freude und zum Andenken. Mein Leben soll nicht umsonst gewesen sein. Ich halte es fest und in Ehren, und wenn ich darf, gebe ich es weiter, so wie Du. Ich nehme Dich als meine/n Mutter/Vater und Du darfst mich haben als Dein Kind. Du bist für mich die/der Richtige und ich bin Dein richtiges Kind. Du bist die/der Große und ich die/der Kleine. Du gibst und ich nehme. Liebe/r Mama/Papa, ich freue mich, dass Du den Papa/die Mama genommen hast. Ihr Beide seid für mich die Richtigen. Nur Ihr.
(Gebet von Stefan Mandel)

Vergebung ist ein Anfang

Ja, einen langen Weg bin ich bis hierher gegangen. Vieles habe ich gelernt, weil es das Leben mir zeigte. So lange und immer wieder, bis ich den entscheidenden Schritt hinaus gemacht habe, hinaus aus dem unverantwortlichen Handeln und den zwischenmenschlichen Dramen. Oft hätte ich mir einen Lehrer gewünscht, der mir sagte, was ich lernen sollte. So übernahm das Leben die Rolle, mich zu lehren und mich daran zu erinnern, was ich so lange vergessen hatte.

Vielleicht ist das ja auch für Dich der Fall, dann ist das vermutlich der Grund, warum Du jetzt dieses Buch in der Hand hältst. Damit Du jetzt die Anregungen beginnst zu verstehen, die Dein Leben Dir gibt? Denn jede Medaille hat immer zwei Seiten. So wie der Täter ganz offensichtlich etwas tut, so tut es das Opfer auch, aber eben mehr im Verborgenen. Das eine funktioniert ohne das andere nicht. Ein Täter braucht immer jemanden der mitspielt. Ein Opfer benötigt immer jemanden, der ausführt.

Und so erkannten mein Mann und ich in unseren langen nächtlichen Gesprächen, welchen Anteil wir beide am Scheitern unserer Ehe hatten. Oft waren es Missverständnisse zwischen uns, oder dass wir in den anderen hineininterpretierten, was nicht offen kommuniziert worden war. Keiner von uns hatte mehr oder weniger Schuld. Das konnten wir ganz klar erkennen. Nur im gemeinsamen Reigen aus tun oder nicht tun, waren wir genau hier an diesem Punkt in dieser Krise gelandet. An diesem Punkt in unserer Partnerschaft, der jetzt wirklich das Ende bedeutete? Wann hatten wir aufgehört, wirklich zu sprechen und uns zuzuhören und vor allem warum?

Ich erinnere mich noch genau an unsere ersten Jahre, alles war so stimmig. Erst die gemeinsame Wohnung, dann heirateten wir nach zwei Jahren. Panik vor der Hochzeit tauchte bei keinem von uns auf. Im Gegenteil, ich wusste immer: Das ist genau das, was richtig ist! Hier bei diesem Mann bin ich zu Hause. Im Spaß sagte ich immer, ich hätte ihn von den Wikingern mitgebracht. Wer weiß, woher wir uns schon kannten. Aber sicher war für mich immer, dass wir bereits viele Inkarnationen, viele Leben gemeinsam verbracht hatten. Und diese Partnerschaft war einfach richtig. Das war mein Mann für dieses Leben.

Nach drei Jahren starteten wir unser Projekt „Hausbau": Zuerst mussten wir das alte auf dem Grundstück stehende Gebäude abreißen und bestimmt zwanzig riesige Bäume fällen. Vieles haben wir dabei in Eigenleistung oder zumindest in Mitarbeit bewerkstelligt. Eigentlich wollten wir uns nur mal informieren, was es so an Möglichkeiten gab und da hatten wir schon dieses tolle Grundstück in einer Lage gefunden, die uns absolut zusagte.

Ein Doppelhausprojekt entstand, bei dem wir meine Eltern als Baupartner gewinnen konnten und wir damit unseren Traum vom eigenen Heim realisierten. Körperlich kamen wir in der Bauzeit oft an unsere Grenzen. Wir kauften ja nur die äußere Hülle, also den Rohbau, und die für die Gewährleistung relevanten Gewerke wie Elektrik, Wasser und Heizung. Und bauten dann in acht Wochen in Eigenregie und Eigenleistung den Innenraum aus. Mein Mann erhielt in dieser Ausbauphase dann auch noch die Kündigung in seinem Betrieb und wurde vom Chef auf Montage geschickt. So, dass ich viele Arbeiten, wie beispielsweise das Legen der Leerrohre für die Elektrik auf dem Keller bevor der Beton eingegossen wurde, alleine erledigen musste. Auch den restlichen Ausbau vor Einzug absolvierte ich gemeinsam mit einem engagierten Maler. Das war oftmals wirklich hart und körperlich waren wir und besonders auch ich oft an der Grenze des Machbaren. Oft waren wir abends so müde und grau und dreckig vom Dämmen und Schleifen der Gipskartonwände oder dann auch vom Streichen, dass wir kaum mehr duschen konnten.

Mein kleiner Sohn war ein richtiges Baustellenkind und konnte sich wunderbar mit Baumaterialien beschäftigen oder half sogar mit. Nach dieser wirklich sehr intensiven Bauzeit konnten wir dann im November endlich mit Sack und Pack einziehen. Unsere bisherige Wohnung hatten wir bereits zeitig gekündigt, um keine finanzielle Doppelbelastung tragen zu müssen. So zogen wir also kurz vor Weihnachten in ein Haus ein, das noch ohne Türen und nur mit WC und Waschbecken ausgestattet war, das also fast noch ein Rohbau war. Immerhin funktionierte die Heizung. Im Wohnzimmer und Flur waren noch keine Fliesen verlegt und mein Mann musste weiterhin auf Montage unterwegs sein. Ich war mit meinem Sohn allein daheim im Rohbauhaus. Wochen- und monatelang schufteten wir in jeder freien Minute und versuchten das Haus gemütlich und bewohnbar zu machen. Das einzige Zimmer, das wirklich schon schön eingerichtet war, war das meines Sohnes, der damals sieben Jahre alt war. Nach und nach stellten wir die einzelnen Zimmer und Wohnräume fertig und waren uns einig, dass wir so etwas nie wieder tun wollten.

Nach kurzer Zeit wurde ich dann schwanger. Verlor das Kind aber, ein Mädchen, bevor ich beim Arzt zur Abklärung der Schwangerschaft gewesen war. Nach ein paar Monaten klappte es nochmals, und unser gemeinsamer Sohn kam im darauffolgenden Oktober zur Welt. Während der Schwangerschaft, die soweit normal und ruhig verlief, bauten wir noch unsere Einliegerwohnung im Haus aus. So dass, das war der Plan, ich nicht voll würde arbeiten müssen, wenn das Baby da wäre. Ich sehe mich noch hochschwanger auf Knien die Fugen im Bad der Einliegerwohnung verfugen, weil mein Mann im neuen Job, den er glücklicherweise gefunden hatte, zeitlich sehr eingespannt war. Aber wir wollten ja noch vor der Geburt vermieten, um unsere finanzielle Lage zu sichern. Also robbte ich mit der dicken Kugel, meinem Bauch, auf dem Boden herum, um meinen Teil zu unserer gemeinsamen Zukunft beizutragen.

Es war eine gänzlich andere Situation als bei der ersten Schwangerschaft. Ich war abgesichert, in einer glücklichen Beziehung und hatte einen Job bei der örtlichen Tageszeitung, der mir Spaß machte. Meine Eltern lebten nebenan, ich ging regelmäßig zum Sport und zum Joggen und wir führten ein schönes Familienleben. Auch die Geburt verlief völlig anders. Ich hatte mich dieses Mal mit Geburtsyoga darauf vorbereitet und ich konnte mich einfach in den Geburtsprozess fallen lassen. Auch wenn ich nie verstehen werde, wenn Frauen sagen, sie hätten eine schöne Geburt gehabt. Aber immerhin hatte ich eine Wassergeburt. Was ich mir, hätte ich es mir aussuchen können, auch ausgesucht hätte. Wir freuten uns gemeinsam über unser Baby und auch mein erster Sohn hatte einen guten Platz in unserer neuen Patchwork-Familie.

Doch nach der Geburt fingen unsere Missverständnisse an. Zwar war die Geburt gut gelaufen, aber mein Körper schien sich nicht so recht erholen zu können. Ich war müde und abgeschafft. Oft oder meist hatte ich kein Verlangen nach Körperlichkeit, Zärtlichkeit oder mehr. Mein Mann fühlte sich vernachlässigt und ungeliebt. Fast so, als ob ich ihn nicht mehr bräuchte, jetzt wo ich das, was ich mir mit einem zweiten Kind noch gewünscht hatte auch bekommen hatte. So interpretierte er zumindest die Situation. Er zog sich von mir zurück. Wenn ich seinem Wunsch nach Nähe nicht entsprechen konnte, zog er sich noch mehr zurück. Also gab ich oft nach, was in mir ein Gefühl von Druck erzeugte. Außerdem schwang oft der Vorwurf mit, „Du fängst nie an, also liebst Du mich nicht mehr!". Wir versuchten dieses Thema zwischen uns zu klären, es gelang uns aber nicht. Immer blieb ein kleiner Rest von Vorwurf, von Verletzung, von unerfüllten Wünschen, Unverständnis oder auch Druck und Pflicht.

Die Leichtigkeit, mit der wir bislang durch unser gemeinsames Leben gegangen waren, verlor sich mehr und mehr. Mein Mann war ein wundervoller Vater und kümmerte sich wirklich toll um unseren kleinen Sohn. Doch ich spürte Eifersucht, wenn er sich so liebe- und verständnisvoll um ihn kümmerte und mich nicht verstehen wollte oder konnte. Und andersherum fühlte er sich zurückgestellt hinter den Bedürfnissen des Babys und meiner Liebe zu diesem süßen kleinen Wesen.

Die vorangegangene Kündigung und Arbeitssuche motivierte meinen Mann, die Meisterprüfung in seinem Handwerk abzulegen. Er wollte nicht mit über fünfzig Jahren noch auf der Leiter stehen müssen und darüber hinaus den leitenden Positionen, die er immer innehatte, auch auf dem Papier eine Legitimation verleihen. Die wirtschaftliche Lage war gerade allgemein sehr schlecht. Die Menschen begannen die Auswirkungen der herbeigeredeten Wirtschaftskrise zu spüren. Sie bekamen Angst um ihre Zukunft. So entschieden wir uns also, dass mein Mann den Meister machen wollte. Drei harte Jahre begannen. Zweimal in der Woche abends und an Samstagen musste er nun in die Meisterschule und in der übrigen Zeit nachbereiten und lernen. Und ich musste seinen Part im Haushalt, in der Familie und vor allem seinen Teil mit dem Baby kompensieren. Davor war es so gewesen, dass wir eine sehr gute Aufteilung der Arbeiten im Haushalt gefunden hatten, bei der jeder das erledigte, was ihm am meisten Spaß machte. Doch jetzt übernahm ich die meisten seiner Arbeiten. Klar, aus Liebe und um ihn zu entlasten. Und es war eben doch wirklich sehr viel für mich.

Dann besonders in der Endphase, als es zu den Prüfungen ging, trafen sich mehrere Kollegen aus der Meisterschule zu einer Lerngruppe. Also war mein Mann noch seltener zu Hause oder alle waren bei uns, so dass ich mit dem kleinen Kind dann stundenlang außer Haus ging. Denn der Kleine, mittlerweile quasselte er und lief flink, sah es nicht ein, seinen Papa nicht unter Beschlag zu nehmen, wenn der Papa daheim war. Unser Großer war schon verständig, spielte in seinem Zimmer, hörte Hörbücher und konnte auch mal zu Oma und Opa nach nebenan. Also trieb ich mich auf Spielplätzen herum oder ging stundenlang joggen, um der Lerngruppe ein ungestörtes Arbeiten und Lernen zu ermöglichen.

Glücklicherweise bestand mein Mann auf Anhieb alle Prüfungen außer einer, so dass nach dreieinhalb Jahren und einer Nachprüfung, diese anstrengende Zeit vorüber war. Aber ich kam von meinen übernommenen Aufgaben nicht mehr weg ... und entfremdet hatten wir uns sowieso noch weiter.

Jetzt versuchte ich irgendwie und manchmal lautstark meine Haushaltsdienste wieder abzugeben, fand aber kein Gehör. Die Stimmung verschlechterte sich immer weiter zwischen uns. Er fand mich zickig und launisch. Ich verstand nicht, warum ich als Frau alles machen sollte. Ich hatte auf Dauer dazu einfach auch keine Lust. Nur weil ich eine Frau war, sollte ich alle bedienen, putzen und Spaß am Haushalt haben? Das leuchtete mir nicht ein und ich rebellierte leise in mir und immer wieder explodierte ich auch laut. Gehört wurde ich jedoch nie von ihm! Und unsere beiden Jungs stellten sich ganz automatisch auf die Seite meines Mannes. Sie waren sich einig, die Mama spinnt halt mal wieder. Natürlich verbesserte diese Situation auch nicht unsere ohnehin schon missverständlichen zweisamen Stunden. Stets blieb nach Zärtlichkeiten ein fahles Gefühl und die Einsamkeit begann.

Im darauffolgenden Jahr reagierte mein Körper mit einer heftigen Nesselsucht. Aus heiterem Himmel schwollen mein Gesicht und mein ganzer Körper an, als ob ich in die Brennnesseln gefallen wäre. Alles juckte schrecklich. Nach langem hin und her entdeckte man eine Allergie gegen Schweinefleisch. Der Schulmediziner empfahl mir Cortison und Antihistamin und auf meine Frage, ob ich vielleicht beim Essen aufpassen sollte, winkte er ab. Eine intensive Leidenszeit begann.

Morgens wenn ich in den Spiegel schaute, schaute mir regelmäßig Jabba aus Krieg der Sterne entgegen, so zugeschwollen war mein Gesicht durch die ständige, unterschwellige Allergie. Ich versuchte meine Ernährung umzustellen und das allergieauslösende Schweinefleisch zu vermeiden. Aber das ist in so vielen Lebensmitteln versteckt enthalten, dass das zunächst keine wirkliche Verbesserung brachte. Außerdem reagierte mein Körper mittlerweile auf fast alles, auf Tomaten, auf Käse, auf Brot, auf eigentlich alles … Täglich nahm ich Tabletten ein, aber das konnte ja aber kein Dauerzustand sein!

Coachingkarte 27:
Steige bewusst aus.
Ich richte mich auf die Fülle aus.

Von irgendwoher erfuhr ich von einem Ernährungsprogramm „Metabolic-Balance" und suchte mir eine Therapeutin, die das anbot. Diese untersuchte mein Blut und ich erhielt einen strikten Ernährungsplan, mit erlaubten und nicht erlaubten Lebensmitteln. Zuerst gab es sogenannte Entlastungstage, bei denen ich nach einem bestimmten System fastete. Dann eine genaue Anleitung was ich wann und wie zu essen hatte. Mein Leidensdruck war mittlerweile sehr groß, meine gefühlten Möglichkeiten gering, also hielt ich mich genau daran. Ich stellte von einem Tag auf den anderen um auf Kaffee ohne Milch und Zucker, aß keinen Zucker und keine Produkte aus Weißmehl mehr, und hatte zwei Hand voll Lebensmittel, die ich gemäß meiner Blutanalyse noch essen konnte. Strikt getrennt versteht sich. Gefühlt entbehrte ich alles und eine Zeit von dauerhaftem Mangelgefühl begann. Kaffee wurde in dieser Zeit mein Ersatz für alles Süße, das ich ja auch nicht mehr essen konnte und was ich ja auch im Leben und meiner Ehe gerade so sehr entbehrte. Weder ein Stück Kuchen noch einen Keks oder etwas anderes Leckeres ließ der Plan zu. Recht schnell stellte sich eine Verbesserung bei der Nesselsucht ein.

Ich hatte mir irgendwie vorgestellt, diese Ernährungsumstellung wäre auch schnell wieder vorbei, doch da hatte ich wohl ziemlich naive Vorstellungen. Denn nach der ersten sehr intensiven Phase von etwa vier Monaten, kam dann ein sehr langsames Aufweichen der strengen Regeln. Dabei durfte ich lediglich beginnen, die erlaubten Lebensmittel anders miteinander zu kombinieren. Ich begann mich vor den Lebensmitteln, die ich nicht mehr essen durfte zu ekeln. Gleichzeitig kochte ich jeden Tag für meine Familie. Und da ich drei Männer zu Hause habe, verlangten sie lautstark nach Fleisch. Das empfand ich wirklich als schwierig und oftmals als eine Zumutung für mich. Sie verstanden nicht, warum ich Fleisch nicht einmal mehr eingepackt beim Einkaufen anfassen konnte, oder auch nicht beim Zubereiten der Speisen anfassen wollte. Und sie hatten das Gefühl, sie würden ein ebenso großes Opfer für mich bringen, indem sie Gemüse aßen.

In diese Zeit fiel unser jährlicher Familienurlaub. Dieser Urlaub war der wohl schrecklichste, den ich und vermutlich auch wir als Familie je erlebt hatten. In keinem Urlaub habe ich so viele Regenbogen gesehen wie in diesem, täglich mehrere. Und kein Urlaub war je eine solch gefühlsmäßige Achterbahn gewesen wie dieser. Es ist wohl überflüssig zu sagen, dass mein Mann es irgendwie gar nicht richtig machen konnte. Stundenlang saß ich in irgendwelchen Strandkörben und starrte weinend an den Himmel, während er mit den beiden Kindern, ins Kino ging und andere schöne Dinge unternahm.

Ich war gefangen in einer Spirale aus Selbstmitleid, Mangel und Entbehrung und musste all meine Kraft aufwenden, dieses Ernährungsprogramm durchzuziehen. In der ersten Zeit der Umstellung hatte ich richtiggehend Entzugserscheinungen vom Essen, wohl vom Zucker und dem weißen Mehl. Oft suchte ich nur einen Grund zum Streiten oder, um total auszuflippen. Ich war total erschöpft und innerlich sehr unaufgeräumt, und projizierte munter all meine Themen auf meinen Mann und meine Umwelt. Wenn ich es heute betrachte, kann ich erkennen, dass sich das Thema Essen schon viel früher in meinem Leben etabliert hatte. Bei meiner Geburt, so erzählt meine Mutter, hätte es im Kinderkrankenhaus eine schlimme Epidemie gegeben und viele Babys seien sehr schlimm krank geworden. Ich war eines der letzten Babys gewesen, das noch nach Hause durfte. Dann wäre die Klinik geschlossen worden und niemand mehr raus oder reingekommen. So hatte sie mich auch nicht stillen dürfen und sie hatte mir eine spezielle Heilnahrung aus dem Fläschchen gefüttert. Und den Erzählungen nach, habe ich oft und viel geweint in dieser ersten Zeit. Heute weiß man, dass Urvertrauen, Selbstverständnis und Fülle in dieser ersten Zeit durch den intensiven Kontakt zwischen Mutter und Kind beim Stillen genährt wird.

Kurz zuvor hatte ich mich außerdem selbstständig gemacht, auch das kostete mich enorme Kraft. Und ab jetzt landete ich regelmäßig kurz vor Weihnachten in einem Zustand absoluter Erschöpfung. Ich konnte dann nur noch im Bett liegen und weinen. Ich wollte nichts mehr entscheiden müssen und nichts mehr tun. Wenn jemand was von mir wollte, fühlte es sich an, als ob er an mir zog und damit das letzte Restchen Energie aus mir aussaugte. Ich war dann einfach nur noch traurig und in einem Meer aus ungeweinten Tränen gefangen. Ich war unfähig mich zu bewegen und ich fühlte mich dadurch noch nutzloser und unfähiger irgendetwas richtig machen zu können. Ich fühlte mich, wie ein kompletter Versager.

Oft konnte ich mir nicht mehr anders helfen, als Theater mit meinem Mann oder meinen Kindern zu inszenieren. Ich hatte keine Kraft, auf irgendetwas angemessen zu reagieren oder etwas zu erklären und explodierte wegen jeder Kleinigkeit. Alles war mir zu viel und schon gleich wollte ich nicht reden. Noch heute spüre ich vermutlich wegen dieser Erfahrung sofort, wenn jemand Energie zieht. Und klar, dass dieser Zustand auch nicht gerade förderlich für unsere Partnerschaft war. Ich musste mich immer mehr auf mich konzentrieren und fokussieren, um irgendwie durch den Tag und meine Aufgaben zu kommen. Kraft, um meinem Mann dann auch noch die Geliebte oder Gespielin zu geben, hatte ich absolut keine mehr. Sollte er doch schauen, wie er für sich selbst sorgte, ich konnte das nicht mehr.

Zwischen Alltag, Familie und Business und den Ansprüchen meines Körpers hatte ich alle für mich verfügbare Energie aufgebraucht. Zumal ich mich durch die strengen Ernährungsvorgaben oftmals körperlich und energetisch unterversorgt fühlte, vergleichbar wie unterzuckert. Avocados und Macadamianüsse konnten diesen Mangelzustand zwar kurzfristig einigermaßen ausgleichen, doch oft war ich auch bei Kunden oder in Trainingssituationen so unterversorgt, dass mein Kopf absolut leer war. Mehr als einmal mussten meine Kollegen meine energetische Abwesenheit ausgleichen. Im schlimmsten Fall schob mein System direkt eine Migräne mit Aura hinterher. Dann konnte ich kaum mehr sprechen, nur noch partiell sehen und schon gar nicht unterstützend in der Businesssituation beim Kunden agieren.

> *Es ist besser,*
> *ein einziges kleines Licht anzuzünden,*
> *als die Dunkelheit zu verfluchen.*
> *(Konfuzius)*

Irgendwann erkannte ich, dass diese körperliche Reaktion nur ein Anzeiger von darunterliegenden Ängsten, Schutzmechanismen und meinen Verhaltensmustern war. Und ich lernte auf der einen Seite, diese anzunehmen und zu verstehen, was diese in gerade dieser Situation mir mitteilen wollten.

Auf der anderen Seite erkannte ich, dass ich aus diesen Mustern bewusst aussteigen konnte, einfach dadurch, dass ich sie kannte und ich aus der Opferrolle ging. Mein körperlicher Mangel und meine Probleme in der Ehe, das konnte ich sehen, waren nur der Anzeiger für das, was ich mir selbst nicht zu geben in der Lage war. Und ich erkannte, dass nur ich meine eigene Leere wieder würde füllen können. Nur ich würde mich füllen und nähren können. Die geeignete Medizin dafür waren Weichheit, Selbstwertschätzung, Achtsamkeit, Mitgefühl und auch Liebe für mich selbst.

Ich richtete jetzt meinen Fokus nicht mehr auf die Krankheit und die Nesselsucht mit dem damit verbundenen ständigen Mangel. Zwar behielt ich meine Ernährungsweise bei, schenkte ihr jedoch nicht mehr so viel Aufmerksamkeit. Jetzt veränderte sich maßgeblich etwas. Eher nebenbei erledigte ich das, was notwendig war, meine Energie steckte ich aber in das, was mir Spaß machte und mich erfüllte, weg von der Krankheit. Und damit grub ich sozusagen der Nesselsucht und dem damit verbundenen Drama den Saft ab.

Glaubenssätze und Muster auf dem Weg

Meine Eltern waren, soweit ich weiß, nie krank gewesen. Ich glaube, ich habe als Kind meine Mutter nicht einen Tag krank erlebt. Krankheit bei meinen Eltern gab es im Zuhause meiner Kindheit nicht. „Komm erst einmal in mein Alter, dann wirst Du schon sehen." „Wir sind halt schon alt, da ist es einfacher ein Körperteil zu finden, in dem es nicht zwickt.". Je älter ich werde, desto häufiger erlebe ich Menschen, die den scheinbar vorgegebenen Gang des Lebens mit solch gängigen Sprüchen zementieren. Ich möchte nicht das Werden und Vergehen des Lebens in Frage stellen. Auch akzeptiere ich die jeweilige Lebensabschnittsqualität und die Jahreszeiten des Lebens. Es ist natürlich, dass auf den Frühling der Sommer, der Herbst und schließlich der Winter folgt. Die Qualität des jeweiligen Lebensabschnitts ist verbunden mit Erlebnissen, Erkenntnissen, Weisheiten, ... die uns allen gegeben werden – mehr oder minder intensiv. Dazu hatte ich erst letztens ein lustiges Interview zum Thema „Altweibersommer" im Radio geben dürfen, bei dem der Redakteur wegen meiner vorne weißen Haare auf mich zugekommen war.

Was ich wirklich in Frage stelle ist der unbewusste Umgang mit Krankheit. Unbewusst reden die Menschen Krankheiten herbei, indem sie sie immer wieder und zu vielen Gelegenheiten aufwärmen und wiederholen. Damit halten sie unbewusst an ihren Krankengeschichten und damit an ihren Krankheiten fest. Warum ist das so, frage ich mich, dass ab einem gewissen Alter, die Menschen nur noch über ihre Krankheiten reden wollen oder können? Oder wenn das gerade nicht dran ist, von Erlebnissen anderer oder gar Geschichten, die man im Fernsehen über Krankheiten konsumiert hat.

Manche Dinge sind in der Gesellschaft so fest verankert, dass uns nicht einmal der Gedanke kommt, diese kritisch zu hinterfragen. Na klar, alles hat seinen Zyklus, aber warum nimmt es die Mehrheit der Menschen als gegeben hin, dass sie im Alter krank sein werden? Das Leben verläuft in Wellenbewegungen, es gibt Höhen und Tiefen, das ist normal.

Frustriert bin ich, wenn ich mit Freunden, Nachbarn oder Bekannten zusammenkomme und es keine anderen Gesprächsthemen mehr gibt als Krankheit. Denn das ewige Aufwärmen des kalten Krankheits-Kaffees bewirkt doch energetisch nur, dass wir damit immer wieder neu in diesen Gesprächen manifestieren, was wir doch eigentlich nicht mehr wollen. Dabei schwingen wir durch diese Gespräche niedriger, passen uns nach unten hin an eine niedere Schwingung an und öffnen damit der niedrig schwingenden Krankheit abermals unsere Tür ins System. Die Krankheit oder die Symptome werden mit einem solchen ungünstigen Verhalten festgehalten. Kein Wunder also, dass Menschen, die solch einen unbewussten Umgang mit ihren Krankheiten unterhalten, von einem schlimmeren Krankheitsszenario nach dem anderen heimgesucht werden. Sie fühlen sich als Opfer der Krankheiten und können nicht erkennen, dass sie selbst es sind, die diese immer und immer wieder aufwärmen. Als Gemeinsamkeiten in der fröhlichen Kaffeeklatsch-Runde werden diese Krankengeschichten kultiviert und unterhalten. Die unbewussten Menschen geben die eigene Verantwortung für die Gesundheit beim Arzt ab und erkennen nicht, dass sie mit einer kleinen Veränderung ihres Verhaltens schon einiges selbst für sich tun könnten. Auf den ersten Blick hört sich es sich richtig und weit verbreitet an, dass der Arzt uns gesund macht, aber eben nur auf den ersten. Auf den zweiten beinhaltet dies, dass die Menschen die Verantwortung nach außen, an eine höhere Instanz abgeben und an einen sogenannten sekundären Krankheitsgewinn. Das kann nicht zu Gesundheit führen!

Gemeinsames Jammern und gegenseitiges Bedauern. Gemeinsames Öl-Gießen in die Flammen, um das Feuerchen der Krankheiten weiterhin am Lodern zu halten. Und insgeheim ist jeder froh, doch nicht so schlimm dran zu sein wie der andere. Zugegeben, ich verstehe das nicht – es macht mich auf den ersten Blick wütend, und wenn ich hinter diese Wut schaue, sehr traurig, wenn es scheinbar nichts Erfreuliches gibt, über das man sich austauschen könnte: Erlebnisse, Freude, Erfolge, Leben... ?!?

Die unverantwortliche Handlungsweise zementiert den Ist-Zustand. Die Menschen tauschen sich über Medikamente, deren Wirkung und Nebenwirkungen sowie Gepflogenheiten von Ärzten und Krankenkassen aus. Wer wann und wie lange im Wartezimmer saß und wen man dort getroffen habe. Ich vermisse in diesen Gesprächen ganz klar, die aktive und selbstverantwortliche Suche nach dem tatsächlichen Grund und dem Schönen im Leben. Welche nicht förderlichen Gewohnheiten könnten gar im Leben verändert werden und welche hinderlichen Glaubenssätze bringen die Menschen dazu, sich auf krankmachende Themen in ihren Gesprächen zu reduzieren.

Wer also die Verantwortung für sich selbst und seine Gesundheit bei anderen abgibt, kann sich nicht selbst gesunden. Niemand wird Dich retten, außer Du rettest Dich selbst, das dürfen wir Menschen wieder begreifen. Es wird nicht funktionieren, ohne dass man eigene ungesunde Gewohnheiten, Denkweisen und Muster erkennt, an sich arbeitet und damit ändert. Bequem und am besten mit einer Pille erledigt, das gehört für einen bewussten Menschen der Vergangenheit an. Wir brauchen wieder echtes

Leben und wahren Inhalt, damit gesellschaftliche Ereignisse und sozialer Kontakt sich mit Freude, Spaß und bereichernden Erlebnissen füllen.

Ich selbst bin davon überzeugt, im Alter so gesund zu sein, wie mein ganzes Leben lang nicht. Und ich weiß, dass ich mit dieser Meinung des Öfteren ein mitleidiges Lächeln meiner Mitmenschen riskiere. Dieses Wissen, ist eine Gewissheit tief in mir, unumstößlich. Ich gedenke nicht, dem Tod zu trotzen... Ich pflege jedoch in mir diese Gewissheit, dass die viele persönliche Arbeit und meine Themen mich immer näher an meinen wahren Kern und damit zu Gesundheit und Wohlbefinden bringen – und das ganz gleich, wie alt ich bin.

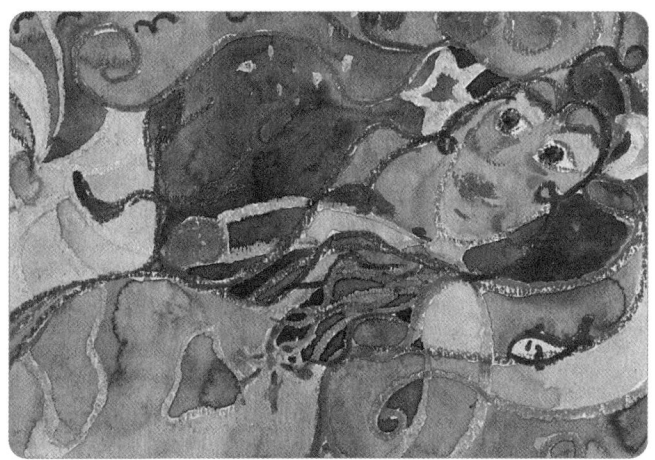

Coachingkarte 28:
Erkenne und nehme an.
Gehen und tun musst Du
selbst.

Deshalb habe ich es mir auch zur Gewohnheit gemacht, meine Krankheiten, Verletzungen, ... dort zu lassen, wo sie hingehören: In der Vergangenheit! Selbstverständlich mit der notwendigen Prise Reflektion. Was will diese Krankheit mir sagen? Auf welchen Aspekt will mich mein Körper freundlicherweise hinweisen, den ich bislang im Zwiegespräch mit meiner Seele nicht hören wollte? Damit erhalte ich eine neue Qualität von Dankbarkeit und eine Botschaft. Die Krankheit verliert ihren möglicherweise sich selbst bestätigenden, selbst nährenden und erhaltenden Zweck: im Mittelpunkt zu stehen, beachtet zu werden, versorgt oder bedauert zu werden... oder ein Opfer zu bleiben. Ich habe keine Ahnung, wohin mich mein Weg dabei führen wird! Sicher bin ich mir, dass ich auf diesem Heilungsweg mit meiner Seele keine Kompromisse eingehe.

Ich machte mich also an die ersten Schritte meiner eigenen Heilung, in dem ich mich meinen dunklen Ecken widmete. Unzählige tiefe Prozesse folgten, die allesamt dazu führten, dass ich für mich mehr Lebensenergie zur Verfügung hatte. Ich vergleiche das gerne mit einem Dampfkochtopf. Wenn es köchelt, kann ich den Deckel zwar mit viel Energie zuhalten. Aber sobald ich nachlasse, ist – schwupps – dieses unterschwellige Thema wieder auf dem Tisch, das ich die ganze Zeit weggedrückt und versucht hatte klein zu halten. Und es köchelt bei jedem! Das auch wenn ich mein Thema nicht bewusst kenne, denn dann zieht und bindet es meine Energie als Schattenspiel.

So ist das bei den meisten Menschen. Ich beobachte so oft, dass Menschen sagen, es ginge ihnen gut, dabei stehen ihnen die Tränen der Traurigkeit oder der Angst und ein unterdrücktes Thema quasi schon in den Augen. Sie können das Thema selbst gar nicht wahrnehmen. Es schwelt quasi unter der Oberfläche der eigenen Wahrnehmungsschwelle. Wir sind so geübt alles wegzudrücken, dass wir irgendwann die Dinge nicht einmal mehr selbst spüren können. Und so wird das ewig weitergehen, wenn Du es nicht endlich angehst oder ehrlich anschaust.

So ein unterschwelliges Thema zieht wahnsinnig viel Energie und kann damit auch zum Krankheitsauslöser oder -verstärker werden. Wie gesagt, vergleichbar mit einem Dampfkochtopf, bei dem Du kochend den Deckel zuhalten musst. Das geht eine Weile gut, sobald Du aber nachlässt, drückt der Dampf nach und Dein Thema explodiert! Ich drückte mich also die ganze letzte Zeit vor einer großen Entscheidung und versuchte wegzuschauen, war Meisterin im Verdrängen meiner Gedanken. Dann schmiss ich aus Versehen mein Handy in die Badewanne. Ich dachte ja, so ein Smartphone sei wasserdicht, aber es ging nichts mehr! Wahhhhhhh!!! Und schwupps war dieses Thema, das ich die ganze Zeit weggedrückt und versucht hatte klein zu halten, wieder auf dem Tisch. Obwohl jetzt mein Handy wirklich gar nichts mit diesem unterschwelligen Thema, meiner Unzufriedenheit in meiner Werbeagentur zu tun hatte.

Ich musste also ran ans Thema und etwas ändern! Ich habe zwar festgestellt, dass es sehr guttut, sich in solchen Phasen mit wohlwollenden Menschen, die auch auf dem Weg sind, auszutauschen. Nur gehen und etwas tun, musst Du immer selbst. Auch wenn es nur kleine Schritte sind, die Du vorankommst, es geht immer genau um diese kleinen Schritte, Erfahrungen und Erkenntnisse. Die kann Dir niemand abnehmen, denn dann würdest Du ja nicht persönlich reifen können. Das Leben gibt Dir sonst immer wieder ähnliche Herausforderungen, bis Du Dein Lernthema gelernt hast. Wenn Du also in Zukunft mal wieder lieber die Verantwortung für Dich oder eine Situation abgeben würdest oder jemanden suchst, der etwas Unangenehmes für Dich übernimmt, so nimm sie direkt lieber selbst an. Je eher Du gelernt hast, was es hier zu lernen gibt, je weniger Du Dich dagegen wehrst, desto eher kommst Du, wie in einem Computerspiel, ein Level weiter.

Anleitung zum Glück: Entscheide bewusst, wer Du bist

Immer wieder kommen solche Lernthemen in Deinem Leben vor, ob es Dir bewusst ist oder nicht. Gerade schien die Welt noch in Ordnung und alles ist Friede, Freude, Eierkuchen. Doch schon im nächsten Augenblick bist Du mit Wut, Ärger oder Trauer in Dir konfrontiert, wie Du sie schon lange nicht mehr erlebt hast. Meist kommt dann eins zum anderen. Äußere Umstände, die immer noch eins obendrauf packen, bis das Fass voll ist bis zum Überlauf oder bis zur Explosion. Oder es sind neue Lebensumstände, Entscheidungen, die längst Verdrängtes oder vermeintlich Bearbeitetes an die Oberfläche transportieren – wie bei mir dieses scheinbar unwichtige Mobiltelefon in der Badewanne.

Normalerweise hätte ich mich bei so einem Missgeschick schon ein bisschen geärgert, aber es wäre weiter nichts geschehen. Mein Thema explodierte! Ich hatte meine Reaktionen nicht mehr unter Kontrolle und flippte total aus. Nun ist es Deine Entscheidung, was Du in solch einer Situation machst: Schnell wieder alles in den dunklen Keller stopfen, erhöht nur den Druck im Dampfkochtopf und die Themen werden wieder auftauchen

und sich einen anderen Weg an die Oberfläche suchen. Heftiger dann allerdings. Übrigens: Auch Flaschen mit frischem Süßmost können explodieren und so eine leckere Dusche für Körper und Küche wirkt wahre Wunder, das weiß ich aus Erfahrung! Und wenn plötzlich Du selbst und alles um Dich herum explodiert, dann solltest Du endlich stehenbleiben und hinschauen. Dann stelle Dich mutig hin, begegne dem Thema, der Emotion von Angesicht zu Angesicht und lasse geschehen, was geschehen muss. Kein Wegdrücken mehr, kein Beschönigen oder Schuld bei den Anderen suchen – sondern einfach aushalten.

So musste ich jetzt also meiner Unzufriedenheit in der Agentur einfach endlich ins Auge sehen, sie aussprechen und mit den sich daraus ergebenden Konsequenzen umgehen. Und dann, wenn Du siehst, dass Du stark genug bist und das aushalten kannst, Du nicht stirbst oder sonst etwas anderes Schlimmes passiert, dann fragst Du: Was hat das mit mir zu tun? Was ist meine Lernaufgabe in dieser Situation. Und ehrlich wird eine Antwort in Dir aufsteigen. Diese gilt es dann zu integrieren, zu verarbeiten und sein zu lassen.

Da offenbaren sich also an diesem Mobiltelefon meine tief darunter liegenden Themen, meine Selbstzweifel, die unproduktiven Spiele, meine Unverantwortlichkeit und noch viel mehr. Und die Erkenntnis: Das was ist, ist. Einfach so. Wie bei jedem gibt es solche Themen, das ist normal! Auch bei mir. Keiner hat eine weiße Weste, alle haben wir Historien, Erlebnisse, Zeiten der Unbewusstheit aber auch Opfer- und Täterschaft erlebt, tragen Familiengeschichten, Traumen, Tabus und gesellschaftliche Prägungen in uns. Jeder, hat sein Päckchen zu tragen.

Vielleicht zeigt uns nicht jeder auf den ersten Blick sein tiefstes Inneres. Aber es ist gewiss, jeder hat seine Probleme und Themen! Der eine geht so damit um, der andere so. Die wenigsten stellen sich ihren Themen und wissen, was sie tun können. Und nur unsere eigenen Probleme können wir so annehmen und fühlen, denn ihnen sind wir am nächsten. Die anderen sind viel weiter weg. Ich habe in vielen Kreisen, Coachings oder Zeremonien beobachten können: Wenn ich die Geschichten der anderen sehe, dann bin ich über meine eigenen wieder sehr froh. Denn diese sind mir vertraut, und ich weiß, worum es dabei geht. Und ich bin ja schon einen guten Weg darin vorangekommen, während die Geschichten der anderen Menschen mir unbekannt und fremd sind.

Und so geht jetzt in diesen Zeiten darum, einen verantwortlichen Umgang mit unseren Päckchen, die wir tragen, zu etablieren. Jeder für sich, jeder muss nur vor seiner eigenen Haustür kehren – nirgendwo sonst. Das entlastet ungemein. Niemand muss die Welt retten, er muss nur daheim aufräumen. Mir gefällt der schwäbische Ausspruch „Räum daheim, d´Schublad auf!" in diesem Zusammenhang wirklich gut. Denn bevor ich im Affekt und unreflektiert handle, sollte ich lieber daheim erst einmal meine Schubladen aufräumen. Vielleicht gefällt mir das auch deshalb so gut, weil wir verschiedene Krimskrams-Schubladen in unserem Haus haben und ich mir vorstelle diese aufzuräumen oder wie ich hier tatsächlich tatkräftig anpacke. Denn in diese Schubladen kommt bei uns alles, was irgendwann, irgendwie herumliegt und weg muss.

So, wie es auch mit dem ganzen emotionalen Müll und Zeug passiert. Dann kommt das ganze Zeug einfach in jene Schublade, da ist schon lauter Gerümpel drin, nützliches und unnützes. Und wenn ich zuhause erst einmal diese Schublade aufräume und in mir im übertragenen Sinne eine Ordnung und Klarheit herstelle, kann ich in genau dieser Situation angemessen und vor allem verantwortlich handeln. Denn ich bin immer und zu jeder Zeit nur einzig und allein für mich verantwortlich und muss ganz allein für meine Handlungen die Verantwortung tragen.

Es ist immer nur meine Entscheidung, wie ich in einer Situation agiere, ganz gleich, was um mich herum die anderen tun. Ganz gleich, was ein anderer tut, es wirkt sich nur mein Handeln auf mich aus. Das ist das Gesetz von Karma und Anziehung sowie von Ursache und Wirkung.

Karma kann man im weitesten Sinne als Schicksal übersetzen. Es ist ein spirituelles Gesetz. Und es bedeutet vereinfacht, dass jede Handlung eine Konsequenz hat, auch für den Handelnden. Das, was Du gibst, erhältst Du zurück, wie ein energetischer Ausgleichsmechanismus. Du erntest, was Du säst und das nicht nur beschränkt auf dieses jetzige Leben, sondern und besonders in der Reihe der Wiedergeburten in verschiedenen Leben gesehen. Nur wenn Du Dich verantwortlich verhältst, kannst Du bei den Spielen anderer außen vor bleiben und damit sicher gehen, kein neues Karma zu kreieren – für dieses und für folgende Leben. Und Du kannst dann besser gewährleisten, dass Du nicht einem möglichen Angebot zu unproduktiven Spielen Deiner Mitmenschen an den Haken gehst.

Ich empfehle immer, vor einer Reaktion oder Entscheidung eine Nacht darüber zu schlafen. Die Wut oder der Ärger verebben oft schon über Nacht. Sonst helfen auch zwei Nächte ... Am nächsten Morgen spiegelt Dir Dein Körper ganz klar, ob Dein Verstand oder Deine Muster Dir am Tag zuvor weise Ratgeber waren. Oft erlebe ich in Gesprächen beispielsweise, dass der Verstand oder das Ego „ja" sagen, aber der Körper am nächsten Morgen „nein". Und da heißt es stets der Antwort und Empfehlung Deines Körpers zu folgen. Wenn Du das tust, stellt sich unmittelbar ein Gefühl von Leichtigkeit ein.

Folgte ich schon dem Rat meines Egos und nicht dem meines Körpers, blieben Zweifel und Widersprüchlichkeiten bestehen und fraßen mich im Anschluss energetisch auf. Solange, bis ich dem Körpergefühl schließlich doch folgte und damit dieser energieziehende Zustand unmittelbar ein Ende fand. So will ich Dir an dieser Stelle folgende nützliche Gedanken mit auf den Weg geben, die erklären, warum es sich lohnt, auf diese Reise zu Deinem wahren Kern zu gehen:

Achte auf Deine Gedanken, denn sie werden Worte.
Achte auf Deine Worte, denn sie werden Handlungen.
Achte auf Deine Handlungen, denn sie werden Gewohnheiten.
Achte auf Deine Gewohnheiten, denn sie werden Dein Charakter.
Achte auf Deinen Charakter, denn er wird Dein Schicksal.
(zugeschrieben Charles Reade, 1814 – 1884, englischer Schriftsteller,
geht möglicherweise auf ein chinesisches Sprichwort zurück)

Anleitung zum Glück: Lasse Deine Maske fallen

In dem Moment, in dem ich also meine schöne Fassade fallen lasse, und die Maske der Selbsttäuschung und -darstellung abziehe, vor mir und vor den anderen, öffne ich den Weg für meine Heilung und mein wahres Ich. In diesem Moment begegnen wir uns auf einer anderen Ebene: echt, authentisch und irgendwann auch frei von alten Verletzungen. Zunächst nur in wohlwollendem Rahmen, später immer häufiger und überall.

Je weiter Du ohne Maske gehst, desto stärker wirst Du. Desto mehr Energie hast Du für Dich zur Verfügung, da Du keine Schattenspiele mehr im Zaum halten musst. Irgendwann wirst Du gar keine Spiele mehr spielen und Dich nicht mehr verstecken wollen. Nirgendwo und in der Gegenwart von Niemandem mehr! Dann wirst Du Deine wahre Kraft fühlen und leben. Diese Freiheit wünsche ich Dir und mir

> *Wer hohe Türme bauen will,*
> *muss lange beim Fundament verweilen.*
> *(Anton Bruckner)*

Das Leben bietet Dir täglich Gelegenheit zum Wachstum und zur Entwicklung, Du darfst diese am Schopf ergreifen. Ganz einfach die nächsten Schritte tun, nicht mehr und nicht weniger. Denn Deine Themen kommen immer unerwartet, und als Geschenke, durch die Hintertür. Wenn Dich also in Zukunft jemand ärgert, Dich wütend oder traurig macht, tritt aus der Situation hinaus und beobachte das Ganze wie ein Theaterspiel. Als Zuschauer bleibe offen und bewerte weder Dich noch den anderen. Beginne zu reflektieren: Gibt es Dinge, die Dir in dieser Situation bekannt vorkommen und die Dir immer wieder so passieren? Wenn nicht, beginne diese Situationen zu sammeln und möglichst neutral in einer Art Kurzprotokoll in Deinem Schreibheft festzuhalten. Wenn ja, dann beglückwünsche Dich, Du hast den ersten Schritt bereits getan und kannst schon ein wiederkehrendes Muster erkennen.

Nun verabschiede Dich von Deinem Thema. Es hat niemand Schuld, weder Du noch ein anderer. Betrachte die Situation wie ein Dritter: Was würde er dazu sagen und was könnte er erkennen? Was ist das Kernthema? Und dann sei gut zu Dir, weich und nachgiebig und erlaube Dir, dass alles genau so passiert. Weil Du ein Mensch bist und unperfekt. Genauso, wie alle Menschen um Dich herum weder besser noch schlechter sind als Du.

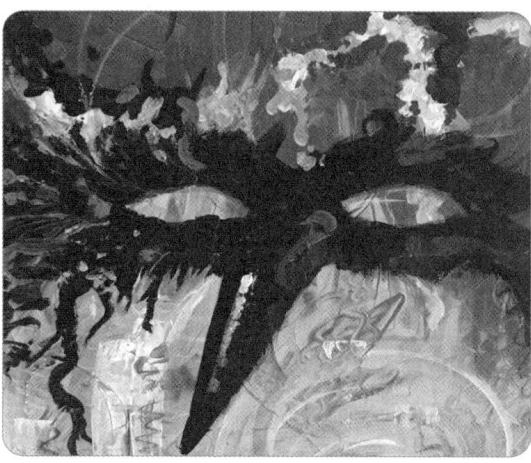

Coachingkarte 29:
Die Maske fällt. Das was ist, ist.
Einfach so.

Schreibe das Thema, Dein sogenanntes Lernthema fürs Erste auf einen Zettel oder in Dein Schreibheft. Du kannst später damit weiterarbeiten oder, wenn es für Dich stimmig ist, direkt ein großes Sinuszeichen darüber malen zur Auflösung. Trage diesen Zettel dann entweder irgendwo am Körper, beispielsweise in Deiner Hosentasche, oder stelle ein Glas Wasser darauf und trinke regelmäßig einige Schlucke von diesem Informationswasser, solange es sich für Dich richtig anfühlt.

Abbildung 4: *Dein Thema kannst Du mit einem Sinuszeichen auflösen. Wenn Du es regelmäßig als Informationswasser trinkst, integrierst Du eine neue Energie.*

Mit beiden Beinen fest auf dem Boden

Bis heute suche ich beispielsweise noch genau dieses mein Lernthema bei unserem zweiten Hund. Ich habe ja schon erwähnt, dass sie sehr speziell ist. Sie kam unerwartet zu uns (wir hatten nicht wirklich beabsichtigt noch einen zweiten Hund zu uns zu nehmen) und das kam so:
Regelmäßig waren wir bei Treffen unseres Tierschutzvereins dabei, um diesen tatkräftig zumindest aber auch mit Spenden zu unterstützen. Unser wunderbarer Sammy, also unser erster Hund, war jetzt etwa zweieinhalb Jahre bei uns. Anfang September waren wir auf einem solchen Treffen, dem Sommerfest, zu dem alle jemals vermittelten Hunde und ihre Besitzer eingeladen werden. Das ist ein großes Hallo und alle sind immer begeistert, wie toll sich die Schützlinge entwickelt haben. Dort unterhielten wir uns sehr nett mit einem Pärchen, das zwei Hunde dabei hatte.

Besonders die schwarzweiße Hündin gefiel uns irgendwie. Bildschön, und irgendwie schien sie in einer anderen Welt zu sein. Sie trippelte mit ihren Vorderfüßen, um dann mit einer energischen Bewegung vor sich Staub aufzuwirbeln. Wir fanden das süß, da hätten wir aber eigentlich schon stutzig werden sollen. Nach einer Weile sagte das Pärchen, „übrigens Fosca ist in der Vermittlung, sie ist erst vor zwei Tagen nach Deutschland zu uns gekommen." Fosca, so hieß unsere zukünftige Hündin damals noch. Mein Mann meinte nur zu mir, „dann mach!" Also machte ich und wir vereinbarten für den kommenden Tag einen Termin bei der bisherigen Pflegestelle von Fosca.

Gemeinsam machten wir einen Spaziergang mit unserem Sammy und Fosca. Direkt im Anschluss nahmen wir Fosca mit zu uns nach Hause. Da wir der Organisation bekannt waren, musste keine Vorkontrolle oder ähnliches stattfinden. Wir hatten also von einem Tag auf den anderen einen zweiten Hund. Ich hätte die Hinweise, dass etwas mit ihr nicht stimmt, schon im Vorfeld erkennen können. Denn auf dem Weg zum gemeinsamen Spaziergang mit der Pflegestelle im Nachbarort, leuchteten mit einem Mal alle Kontolllampen am Armaturenbrett in meinem Auto auf: Kühlung kaputt! Welch ein Zufall. Aber Zufälle gibt es ja nicht! Mit Müh und Not erreichten wir in gedrosseltem Tempo die nächste Tankstelle. Mein Mann schüttete literweise Kühlflüssigkeit nach, damit wir dann trotzdem noch pünktlich ankamen. Und auch war dieser erste Spaziergang sehr anstrengend gewesen, aber wir dachten, das bekommen wir schon hin. Die Hündin war ja gerade erst angekommen. Und ich wollte jetzt wirklich auch gerne einen zweiten Hund, der meiner war. Da ich manchmal auf die enge Beziehung zwischen Sammy und meinem Mann zugegebenermaßen eifersüchtig war und mir nun blauäugig vormachte, das könnte doch die Lösung sein!

Ob wir uns anders entschieden hätten, wenn wir gewusst hätten, was auf uns zukommen sollte? Ich glaube nicht. Mein Mann sagt eindeutig: „Nein!" Aber es lief mit der neuen Hündin dann wirklich alles anders als gedacht. Wir dachten ja eigentlich, wir könnten schon mit Hund... Mein Mann hatte immer Hunde gehabt. Und ich war durchaus tiererfahren mit Pferden, Eseln, Ponys und hatte auch beide Hunde meiner Eltern immer wieder betreut. Zudem hatten wir ja wie gesagt, bereits unseren ersten!

Die ersten Tage und Wochen, oder eigentlich das erste halbe Jahr waren der blanke Horror: Die neue Hündin rannte bei jedem Spaziergang mehrmals mit Vollspeed in die Leine. Zuhause wollte sie sich nicht anfassen lassen und hatte vor allem Angst. Also das genaue Gegenteil von Sammy und wie er damals bei uns einmarschiert war. Die Ruhe in Person, hatte er uns direkt zu Beginn mitgeteilt, dass er jetzt unser Hund sei und für immer bleiben werde. Schon in der ersten Woche lag er völlig relaxed bei einer Schulveranstaltung der ersten Klasse unseres Jüngsten inmitten der aufgereihten Ministühle, während Mitschüler über ihn drüber turnten. Das wäre mit unserer Hündin noch heute nach mehr als fünf Jahren undenkbar. Mit unserer Tosca, so hatten wir sie dann umgetauft, weil Fosca uns nicht gefiel, denn dieses mallorquinische Wort bedeutet „die Dunkle", erlebten wir also sämtliche Täler. Höhen eher wenige bis keine. Ich konnte sie draußen kaum halten. Ich stürzte jeden Tag mehrmals mit ihr. Am Anfang heulte ich täglich meinem Mann vor, dass ich das mit ihr nicht schaffen würde. Ich war verzweifelt. Überall hatte ich blaue Flecken, mein Rücken, meine Schultern, Handgelenke und Hände taten mir weh und waren gezerrt, gestaucht, verletzt und was sonst noch alles. Einmal hatte ich sogar eine Gehirnerschütterung, weil ich der Länge nach und dann auch noch mit dem Kopf aufschlug. Fosca hatte keinerlei Impulskontrolle und kannte weder Leine, noch Haus, noch sonst irgendwas. Also suchten wir uns Hundetrainer, versuchten ihr in der Hunde-Spielgruppe genügend Auslauf zu gewähren.

Langsam aber sicher dämmerte uns, dass mit dieser Hündin etwas nicht stimmte. Jedenfalls war sie nicht so herkömmlich „normal". Sobald sie in ungewohnten, für sie also stressigen Situationen war, begann sie zusätzlich mit einer Übersprungshandlung oder war es ein Tick? Mit beiden Vorderpfoten sprang sie kräftig auf, so als würde sie etwas jagen. Nur sehen konnte das, was sie da jagte, niemand. Oft werden wir von Fremden auf dieses Verhalten angesprochen, weil sie es süß finden und denken, sie spielt. Wir haben das mittlerweile aus unserer Wahrnehmung und dem Fokus ausgeblendet. Auch abends bei uns zu Hause im Wohnzimmer praktiziert sie das, oft stundenlang, ohne runterzukommen. Schnell merkten wir also, dass herkömmliche Trainingsmethoden für diese Hündin nicht funktionierten. Sobald zu viel Druck oder zu häufige Wiederholungen angewendet wurden, drehte sich ein vermeintlicher, kurzer Trainingserfolg ins Gegenteil.

Akahai, so nannten wir sie später auf Anraten eines hawaiianischen Lehrers, was so viel bedeutet wie Sanftmut, ist der wohl einzige Hund, den ich kenne, der an der Leine gleichzeitig Vollgas geben und die Handbremse ziehen kann. Wir überlegten gerade mal wieder, was wir weiter mit ihr, für eine Verbesserung der allgemeinen Situation, machen könnten. Nun kam dieser Hund aber außerdem mit einer ordentlichen Ladung schlechter Erfahrungen, mit besagtem Tick und extremem Jagdtrieb zu uns. Und sie kannte einfach keine Menschen oder ein Leben mit Menschen.

Wir haben wirklich ziemlich viel versucht. Inklusive diverser Hundetrainer, Tierkommunikation, Futterumstellungen, Homöopathie, Bachblüten, schamanische Heilreisen, ... ohne wirklich einschlägige und vor allem nachhaltige Veränderungen zu erzielen. Obwohl, das stimmt eigentlich nicht. Denn wir haben für sie und ihre Möglichkeiten sehr, sehr viel erreicht, nur eben nicht, wenn man sie mit einem „normalen" Hund vergleicht. Ein, zwei Mal kam in dieser ersten Zeit die Rückmeldung zu uns, es stimme etwas mit dem Namen nicht, aber das war vage und wir hatten keine Resonanz damit. Dann hatten wir Besuch von Dr. Maka´ala Yates, einem wundervollen Lehrer für verschiedene Heilmethoden aus Hawaii. Er sollte bei uns und mit uns zu Hause zu Abend essen und unsere Hündin führte sich wirklich schlimm auf. Sie flippte fast völlig aus, als er zur Tür hereinkam und da fragte ich ihn, ob er als Kahuna eine Idee für sie hätte. Ein Kahuna wird in Hawaii ein Ältester und ein hoher Gelehrter in seinem Fach genannt. Daraufhin erzählte er uns eine Geschichte von einem Tiger, der Satan hieß und sehr, sehr schwierig war. Erst als der Name geändert worden war, veränderte sich dessen Verhalten.

Coachingkarte 30:
Worte sind mächtig.
Sei achtsam mit
Deinen Worten.

 Namen sind Worte, Worte sind Energie und beeinflussen den Namensträger entscheidend. Namen haben eine große Wirkung. Namen können eine positive Entwicklung beeinflussen und initiieren oder eben auch verhindern. Es ist wirklich wichtig, achtsam mit seinen Worten umzugehen und Worte zu verwenden, die eine positive Schwingung beinhalten. Denn Worte sind Töne, sind Energie und Schwingung und bringen uns ganz automatisch das, was ihre Energie ausdrückt. Darum umgib Dich nur mit kraftvollen Worten und den Gedanken, die das ausdrücken, was Du wirklich in Deinem Leben haben willst. Ob das Dein Name ist oder ein Firmenname, beide sollten für das stehen, was Dich beflügelt und inspiriert oder Deinen wahren Kern trifft. Wenn es also absolut keine Verbindung zwischen Dir und Deinem Namen gibt? Dann fühl Dich doch frei und wechsle, denn vielleicht ist das genau der Impuls, der für Dein erfülltes Leben gerade noch gefehlt hat. Und auch die Worte dieses Bu-

ches schwingen auf eine bestimmte Art und Weise. Jeder Satz hat einen Rhythmus, einen passenden Klang und die richtige Reihenfolge der Worte damit sie die Informationen optimal übermitteln. Worte wirken um so besser, je klarer die transportierte Energie durch sie hindurch schwingen kann. Wir waren damals wirklich verzweifelt und nutzen alle Möglichkeiten. Deshalb änderten wir den Namen unserer Hündin also erneut. Auf Anraten unseres hawaiianischen Besuchs, wählten wir das Wort „Sanftmut" auf Hawaiianisch „Akahai". Die Energie um die Hündin veränderte sich mit Wechsel des Namens fast augenblicklich. Zwar sind viele der komischen Angewohnheiten nicht gänzlich verschwunden, aber es hatte sich schon am ersten Tag spürbar etwas verändert. Und die Hündin ist seither viel sanfter und liebevoller und weniger gehetzt.

Ich hatte zur Namensänderung eine kleine energetische Reinigungszeremonie mit ihr veranstaltet, bei der unsere Hündin die alten Erfahrungen mit dem alten Namen komplett ablegen und hinter sich lassen durfte. Und sie bekam dann ihren neuen Namen wie einen Ehrentitel übergeben. In einer Meditation sagte sie mir dann auch noch, dass sie außerdem den Namen Fiona führen wolle, was so viel bedeutet, wie „die Lichtbringende". Dieser Name könne aber auch nur energetisch zwischen uns beiden verwendet werden. Und ich habe jedes Mal Gänsehaut, wenn ich an eben diesen lichtvollen Namen denke. Denn so wurde sie von der Dunklen zur Lichtbringerin - und das ist sie wirklich für uns, nur draußen hat sie halt die ein oder andere Besonderheit. Drinnen in unserem Haus ist sie zuckersüß und man sieht nach mittlerweile guten fünf Jahren bei uns auch eine deutliche Veränderung an ihr. Und sie liebt uns alle wirklich sehr.

Wohingegen Trainingserfolg ein Wort ist, das bei ihr nur unter Vorbehalt zu verwenden ist – niemals kann man den Trainingserfolg bei unserer Hündin mit dem, bei einem normalen Hund vergleichen. Wo andere bei null mit dem Training starten, starteten wir bei Minus Fünfhundert. Null werden wir vermutlich draußen niemals erreichen, aber sie hat auch dort wirkliche Fortschritte gemacht. Sichtbare, und diese feiern wir und konzentrieren uns auf das, was das Leben schön macht und nicht die Schwere oder das was sie nicht kann.

Die Liebe, die sie uns zurückgibt, rührt mich ganz besonders am Herzen. Denn bei ihr sind die kleinen Dinge, die eigentlich großen. Und das Geschenk, dass sie diesen Weg mit uns geht, ist ein ganz besonderes. Manchmal, wenn sie so da liegt in ihrem Körbchen und uns beobachtet, sehe ich ihre Liebe für uns förmlich in ihren Augen blitzen. Ihr Gesichtsausdruck ist dann ganz weich und warm. Und sie liegt am liebsten bei mir auf dem Sofa auf meinem Schoß oder zumindest so neben mir, dass kein Blatt zwischen uns passt. Und es sind diese Momente, die uns dafür belohnen, dass wir uns der Verantwortung für dieses Lebewesen gestellt haben. Irgendwann in einer Meditation bekam ich außerdem die Information, dass nicht wir sie gerettet hatten, wie ich das immer dachte, sondern eigentlich sie mich. Und viele Beispiele wurden mir gezeigt, was sie für mich alles verändert hatte. Wir beide haben einfach ein ganz besonders enges und inniges Verhältnis. Sie hat sich mir geschenkt und sie ist einfach mein Hund.

Coachingkarte 31:
Übe die Liebe. Wenn es nichts zu
ändern gibt, akzeptiere was ist.

Wir lieben sie, und wir sehen gleichzeitig auch, dass es definitiv eine große Aufgabe ist, die wir da übernommen haben. Jemand anderes hätte sie vermutlich spätestens nach zwei Tagen wieder zurückgegeben. Und sie wäre ein Wanderpokal geworden und irgendwann im Tierheim oder in der Euthanasie gelandet, da sind wir uns sicher. Wie gesagt, wir haben viele Trainingsmethoden kennengelernt und immer eben das kleine bisschen, das wir mit ihr anwenden konnten, für uns genommen. Viel habe ich auf der schamanischen Ebene unternommen, energetisch mit ihr gearbeitet, war bei Heilpraktikern, bei der Physiotherapie, erlernte Massagetechniken, wie Tellington Touch, und vieles mehr.

Wie oft sie einem von uns abgehauen ist, kann ich gar nicht mehr zählen. Das erste Mal schmiss ich mich noch auf sie, um sie irgendwie festzuhalten.

Das zweite Mal war ich tief verzweifelt und konnte kaum mehr einen klaren Gedanken fassen. Aber mit jedem Mal mehr, habe ich gelernt ruhig zu bleiben, einen kühlen und überlegten Kopf zu bewahren, zu spüren wo wir sie finden würden oder was jetzt zu tun ist. Ich habe gelernt meine Energie in mir zu beruhigen, um sie dann auch wirklich wieder einfangen zu können. Denn wenn ich sie innerlich aufgeregt wiederfand, schaute sie mich an und nahm Anlauf, um noch weiter wegzurennen. Wo es mir zu Beginn schwer fiel, sie in einer solchen Situation ruhig zu mir zu locken und nicht ärgerlich zu sein oder eben aufgewühlt, kann ich jetzt in meiner Mitte bleiben. Und je ruhiger ich wurde, desto seltener rannte sie davon und jetzt schon wirklich sehr lange nicht mehr.

Wir sind gleichzeitig zu einer inneren Haltung gekommen, mit der wir sie losgelassen haben. Also natürlich wollen wir, dass sie bei uns bleibt, solange es eben für sie vorgesehen ist. Aber wir sagen: Es ist wie es ist! Wenn es vorbei sein sollte, dann haben wir unser Bestes getan und sie hatte ein schönes und erfülltes Leben bei uns. Mittlerweile haben wir fast schon so etwas wie Routine erlangt und das Drama ums Fortlaufen hat sich geglättet.

Akahai trägt einen Tracker, so dass wir wissen würden, wo sie sich gerade aufhält. Denn sie hat eine absolute Leidenschaft, eigentlich zwei, Rennen und Vögel. Ach ja, und Wasser, also drei. Wenn sie also losrennt, dann vergisst sie alles und gerät in einen völligen Rausch, wie in einen Tunnel. Dann weiß sie nicht einmal mehr, wie sie heißt. Dann kann es sein, dass sie irgendwann aus ihrem Film aufwacht, aber nicht mehr weiß, wie sie jetzt an diese Stelle gekommen ist und schon gar nicht mehr, wie sie jetzt wieder zurück zu uns kommen soll. Es ist also nie der Wunsch von uns fortzulaufen, sondern diese fast schon an Besessenheit grenzende Reaktion auf die besagten Reize. So ist sie beispielsweise am Wasser völlig von Sinnen und an der Nordsee im Urlaub würde sie einfach aufs offene Meer hinausschwimmen, wenn wir sie nicht an der langen Leine zurückhalten würden.

Unser erster Hund, ein Pointersetter-Mischling, hat, um uns zu gefallen, eine Technik entwickelt, sie wieder zu uns zurück zu bringen. Wir sagen im Spaß, er sei ein „Hütepointer", also ein Jagdhund, ein Pointer, mit Hüte-

Eigenschaften. Was an sich ja schon ein Widerspruch und völlig unmöglich ist. Wir haben zwar, wie gesagt einiges erreicht mit ihr, aber sie wird immer ein besonderer Hund bleiben. Draußen ist und bleibt es anstrengend und von der Leine lassen können wir sie nur während unserer Nordurlaube und sie in einem der wundervollen, riesigen Hundefreiläufe frei rennen lassen. Wir für uns sind zu dem Schluss gekommen, dass auch Hunde autistisch sein können. Und Autismus beim Menschen, kann man ja auch nicht einfach nur wegtrainieren, sondern darf diesen als Besonderheit und als gegeben akzeptieren, um zu lernen damit umzugehen.

Coachingkarte 32:
Fest auf dem Boden.
Ich stehe jederzeit sicher.

Ich habe viel mit unserer „Verrückten" gelernt, besonders auch mit beiden Beinen fest auf dem Boden zu stehen. Jetzt stehe ich jederzeit so sicher, dass ich, auch wenn ich nicht vorbereitet bin, nicht mehr stürze, wenn sie einen Vogel sieht und losprescht. Auch habe ich mir so eine gewisse Egal-Haltung erarbeitet, wenn ich mit den Hunden rausgehe. Damit befinde mich nicht mehr die ganze Zeit mit ihr in einem Kräftemessen oder will sie ändern. Sie ist einfach, wie sie ist, und so gehen wir halt zusammen draußen spazieren. Viele Menschen wollen uns, direkt wenn sie sie kennenlernen, ihre erfolgreichen Trainingsmethoden aufquatschen und erzählen, was wir nur ändern müssten. Lächelnd kann ich das mittlerweile hinnehmen, denn ich weiß, keiner von ihnen wäre so weit mit Akahai gekommen, wie wir. Und sie ist einfach kein Hund für 08/15.

Ein Mensch für 08/15 war auch ich eigentlich noch nie. Früh begann ich zu schreiben und zu malen. Wobei ich in der Schule und nicht nur im Kunst-Leistungskurs oft aneckte. Waren Dinge ungerecht, war ich es, die diese beim Lehrer ansprach. Waren davor noch alle Mitschüler einer Meinung gewesen und vor allem gegen die des Lehrers, hielten dann plötzlich alle mit ihrer eigentlichen Meinung hinterm Berg und keiner war´s gewesen ... Wie ich überhaupt Ungerechtigkeit generell, und insbesondere an Kindern und Tieren bis heute fast nicht aushalten kann. So fand ich mich oft in Situationen wieder, in denen ich mich für andere einsetzte, ohne je einen Auftrag dafür erhalten zu haben. Noch heute muss ich wirklich sehr genau schauen, ob ich jetzt in einer Situation zuständig bin, oder ob sie mich nichts angeht. Aber ich übe und lerne beständig mich abzugrenzen und bei mir zu bleiben. Aber ich wollte ja von 08/15 erzählen.

Als junges Mädchen sammelte ich Sprüche aller Art und in allen möglichen Sprachen und schrieb diese in ein Buch. Dazu gestaltete ich wundervolle Kunstwerke. Während der Trennungsphase vom Vater meines ersten Kindes, begann ich eigene Gedichte zu verfassen und eigene Fotografien künstlerisch zu bearbeiten. Als mein damaliger Mentor dann selbst einmal Liebeskummer hatte, stellte ich ihm dieses gesammelte Werk zur Verfügung, woraufhin er mir vorschlug, einen eigenen Gedichtband zu veröffentlichen.

> *Ändere was Dir nicht gefällt.*
> *Und wenn es nicht zu ändern ist,*
> *akzeptiere was ist.*
> *(überliefert)*

Dieses Gedichtbändchen war wie „Schokolade für meine Seele" für die Verarbeitung meiner Trennung und so entwickelte sich daraus meine Idee, eine Veranstaltung zu kreieren, rund um das Buch und die Idee mit der Schokolade. Ich fand eine Musikerin, die sich auf Schokoladensongs spezialisiert hatte, und wir beschlossen, einen Abend gemeinsam zu gestalten. Es entstanden zwei wunderschöne Veranstaltungen mit der Musik von Christina Rommel und ihrem Gesang sowie der Lesung meiner Gedichte. Eine hier in einem schönen Restaurant und eine in einer Weinhandlung in einem Nachbarort. Für mich zwei unvergessliche Abende, und auch ein krasses Erlebnis, die Zuschauer beim Lesen meiner Gedichte so tief in mein Leben und meine Seele blicken zu lassen.

In diesem Restaurant „Steiner am Fluss", in dem wir Jahre zuvor schon unsere Hochzeit gefeiert hatten und später auch die Taufe unseres jüngsten Sohnes, sollte auch einige Jahre später meine erste Ausstellung „Explosion der Farben" meiner eigenen Gemälde stattfinden. Auch meine Ausstellungen heute sind wie der Blick in mein persönlichstes Tagebuch, denn sie dokumentieren mein Leben, meine Erlebnisse, meine Prozesse und die Themen, die mich gerade tief im Inneren beschäftigen. Diese Gemälde und Bilder sind für mich eine sehr wirksame Art und Weise geworden, mich mit diesen Themen auseinanderzusetzen, sie ans Licht kommen zu lassen und sie von ihrem Schattendasein zu befreien.

Ich bin jedes Mal sehr aufgeregt vor einer Ausstellung, denn schließlich zeige ich mein Innerstes in diesen Gemälden. Das, was normalerweise ja niemand Fremdes so einfach im Vorbeigehen zu sehen bekommt. Wenn jemand meine Bilder schrecklich findet, so findet er ja auch irgendwie mich schrecklich. Ich habe einen Weg gefunden, das was auch immer der Betrachter meiner Bilder für sich empfindet, bei ihm zu lassen. Schließlich spiegelt er ja immer nur seine eigenen Themen im Außen und an meinen Gemälden und glücklicherweise nicht meine.

Wenn Menschen also etwas zu meinen Gemälden sagen wollen, sie interpretieren oder irgendwelche schlaue Kommentare tätigen, so trete ich innerlich höflich einen Schritt zur Seite und frage, was denn ihre Meinung dazu wäre. Dann lasse ich sie reden. Ich selbst sage nichts dazu oder nicht viel zumindest. Damit komme ich mittlerweile gut zurecht. Immer wieder gestalte ich also Ausstellungen in unterschiedlichen Räumen und staune jedes Mal, was meine Bilder in ihrer tollkühnen Farbigkeit dort bewirken. Es ist fast so, als hätten meine Bilder einen Heilauftrag für einen Raum oder die Menschen in diesem Raum übernommen.

Im Seniorenwohnheim in Westerheim auf der Schwäbischen Alb war die Energie plötzlich viel fröhlicher, lichter und klarer, nachdem meine Bilder dort ausgestellt waren. Und die Bewohner waren viel stärker in ihrer Energie. An einem anderen Ausstellungsort war die Wirtin richtiggehend schockiert, als ich die Bilder wieder abgehängt hatte. Die Räume wirkten plötzlich total leer und leblos. Meine Gemälde sind also sehr farbig. Auch gestalte ich sehr frei, ohne mich an bestimmte Techniken oder Darstellungsweisen gebunden zu fühlen.

Kunst gibt nicht das Sichtbare wieder,
sondern macht sichtbar.
(Paul Klee)

Mir geht es nicht um das detailgetreue Abmalen oder Kopieren, sondern um die Energien dahinter. Wenn ich die Augen schließe, ist es bunt, sehr bunt, in mir. Diese Farben bringe ich auf Papier oder eben auf die Leinwand. Um die Weihnachtszeit belegte ich einmal vor vielen, vielen Jahren, während der Anfänge meiner Selbstständigkeit, einen Kurs mit dem Titel „Male Deine Jahresvision". Nachdem ich einige Jahre keinen einzigen Pinselstrich mehr getan hatte, war dieser Kurs wie der Stich mit einer Nadel in einen prall gefüllten Luftballon. Die Bilder flossen nur so aus mir heraus und bis heute ist diese Bilderflut nicht erloschen.

Coachingkarte 33:
Drücke Dich aus. Deine Intuition weiß.

Ich male und male und schreibe und schreibe, was durch mich hindurchfließen und durch mich in diese Welt gelangen will. Die Kreation erschafft sich durch mich und ich fühle mich, besonders auch wenn ich Seelenbilder im Auftrag für Klienten male, wie ein Werkzeug. Wie durch ein hohles Knöchelchen, fließt die Energie durch mich hindurch. Je leerer ich bin, desto besser kann ich meine Aufgabe erfüllen. Ich tue nichts hinzu und lasse nichts weg. Ich male, was ansteht. Ohne zu beschönigen oder zu verlieblichen. Ich bin nur das Werkzeug, die Dinge geschehen nicht wegen mir, sondern nur durch mich. Denn das ist das größte Geschenk der künstlerischen Betätigung, das Erschaffen und neuen Ideen Raum zu geben, ob ich diese jetzt verstehe oder nicht, spielt dabei keine Rolle.

Anleitung zum Glück: Finde Deinen Weg Dich auszudrücken

Wie ist das eigentlich bei Dir, kennst Du Deine Weise Dich künstlerisch auszudrücken? Die Intuition, Deine innere Stimme, die sicher weiß, was für Dich das Richtige ist, gilt es hierfür zu hören. Jeder Mensch trägt diese Stimme in sich. Oft sind wir aber nicht mehr sehr geübt, auf diese Stimme zu hören. Sie ist sehr leise und muss regelmäßig geschult werden, damit Du sie wahr- und vor allem ernst nehmen kannst.

Dazu empfehle ich Dir eine kleine Übung, um herauszufinden, wie Du Dich am besten und einfachsten mit Deiner Intuition verbindest. Ich schlage Dir dazu ein paar Vorgehensweisen vor. Wähle nun die Methode für Dich, die Dich als erstes angesprochen hat. Es drängt Dich auf eine andere Weise, Dich auszudrücken, dann fühle Dich frei und tu es und passe diese Anleitung entsprechend für Dich an. **Intuitives Malen** – Dazu brauchst Du ein großes Blatt Papier und Buntstifte. **Intuitives Schreiben** – Besorge Dir ein paar Blätter und einen Stift in Deiner Lieblingsfarbe. **Intuitives Reden** – Du brauchst ein Handy mit Sprachmemo- oder Videofunktion, das Dein Reden aufnimmt.

Vorgehen:
1. Nimm Dir 10 bis 15 Minuten ungestörte Zeit und Raum für Dich.
2. Dann stelle Dir eine aktuelle sehr konkrete Frage, für die Du noch keine Antwort hast. Zum Beispiel: „Soll ich Fortbildung XY machen?" oder „Warum habe ich mit XY ein Problem?" oder „Was sagen mir meine Knieschmerzen?"
3. Nun stelle Dir diese Frage laut und beginne jetzt. Male, schreibe oder rede einfach drauf los – oder was es eben für Dich ist.

Bei allen diesen Möglichkeiten ist es wichtig, dass Du in eine Art Flow kommst, in dem Du ohne den inneren Bewerter, ohne Leistungsdruck oder weil Du etwas erwartest, einfach malst, schreibst oder redest, … Oft braucht es ein paar Minuten, bis Dein innerer Bewerter oder Beobachter still werden kann. Bleib einfach dran und geh über diesen Punkt hinaus, es lohnt sich! Wiederhole diese Übung regelmäßig für Dich, denn Dein System

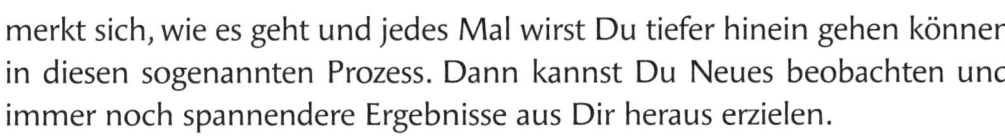

merkt sich, wie es geht und jedes Mal wirst Du tiefer hinein gehen können in diesen sogenannten Prozess. Dann kannst Du Neues beobachten und immer noch spannendere Ergebnisse aus Dir heraus erzielen.

Heilung auf vielen Ebenen

So viele Bilder, so viele Visionen. Erst Anfang November war ich mit der sogenannten Träumergruppe, der Lerngruppe einer Schamanin, auf Lanzarote zur Visionssuche gewesen. Wenn ich zurückblicke, wirklich unglaublich, wie ich dazu gekommen war. Als ich mich damals mit einem Knoten in der Größe eines Hühnereis in meiner linken Brust, zur schamanischen Ausbildung bei Stefan Mandel im Schloss Oberbrunn am Chiemsee entschlossen hatte, konnte ich noch nicht ahnen, wohin mich mein Weg führen würde. Schon davor war ich regelmäßig zu einem Schamanen zum Lernen gegangen und hatte viele Seminare, Workshops und Vorträge zu unterschiedlichen Themen besucht. Dann folgten dreieinhalb intensive Jahre Ausbildung mit vielen Prozessen, tiefer Heilarbeit und unzähligen Erkenntnissen. Diese ließen mich eine neue Ebene erreichen. Denn nach jedem der vielen Wochenenden, nach jeder Intensiveinheit über mehrere Tage war ich völlig durchgewalkt zurückgekehrt. Immer wieder war ich eine Zwiebelschale tiefer auf meiner Reise zu meinem wahren Kern gereist. Und irgendwann ging mir auf, dass das wohl als Mensch immer so weiter gehen würde.

Immer ein bisschen tiefer, ein bisschen echter, ein bisschen näher an dem, was ich irgendwo und irgendwann auf einer meiner vielen Lebensreisen verloren hatte. Das Labyrinth wird gerne als Sinnbild für diese Reise genommen. Und ich finde, es passt wirklich sehr gut. Immer wenn ich dachte, jetzt bin ich durch mit diesem Thema, kam es in anderer Gestalt wieder zu mir zurück. Immer wieder dachte ich, ich müsse nur noch um die nächste Kurve gelangen, dann würde diese ganze Arbeit an mir und meinen Themen enden und ich könnte endlich ankommen, dabei kam ich nur zu einem anderen, neuen Aspekt, den ich in dieser Weise und aus dieser Perspektive an meinem Problem so noch gar nicht gesehen hatte. – Eben wie in einem Labyrinth.

Dann erkannte ich, dass es genau darum ging, um diesen Weg und diese unterschiedlichen Stufen und Sichtweisen in der eigenen Entwicklung. Die Lernwochenenden während der Ausbildung waren niemals entspannend, immer sehr, sehr anstrengend und konfrontativ die Lernblocks. Tief führte uns unser schamanischer Lehrer in Schatten, vergangene Leben und Themen, die wir noch zu bewältigen hatten. Meist brauchte ich mehrere Wochen und Monate, um die gelernten Inhalte und die durchlebten Prozesse zu verarbeiten und zu integrieren. Oft zweifelte ich, ob das wirklich der richtige Weg für mich sein konnte.

Wie wertvoll, als sich dann schließlich gegen Ende endlich der Sinn und die Absicht hinter all der Plackerei zeigten. Der Spannungsbogen reichte weit, über dreieinhalb komplette Jahre und schließlich, nach absolvierter schriftlicher Prüfung, praktischen Prüfungselementen, Jahresarbeit und neun intensiven Abschlusstagen, … endlich fühlte es sich an, als ob ich den wahren Schatz für mich gehoben hätte. Ich tanzte zur Abschlussprüfung die Heilenergie der einzelnen Gruppenmitglieder. Eigentlich wollte ich Farben tanzen, aber das hatte sich während der Vorbereitungszeit irgendwie verselbstständigt. So tanzte ich an meinem Abend, einfach das, was da war und was in mir an die Oberfläche drängte. Ich hatte für jeden ein eigenes Lied herausgesucht, das zur jeweiligen Energie passte. Dann hatte ich mir ein einfaches Kostüm mit Maske und Flügeln aus Rabenfedern angefertigt und mit einem schwarzen Abendkleid kombiniert. Barfuß schritt ich zu Glockenklang und bei Kerzenschein in unseren Seminarraum ein. Was dann folgte, weiß ich eigentlich nicht mehr genau. Es war, als ob ich den Raum zu einer, bis dahin verborgenen, Tür in mir öffnete. Ich tanzte wie entrückt, es tanzte durch mich. Ich tanzte zunächst die Geschichte der Hexenverfolgung und meine Heilung damit.

Dann verkörperte ich die Energie der Heilung und deren Qualitäten für die anwesenden Teilnehmer. Und meine Kollegen saßen im Anschluss da und waren sprachlos, so etwas hatten sie noch nie gesehen. Und ich muss zugeben, ich auch nicht! Auch wenn zwischendurch das Ziel in so weiter Ferne schien, unerreichbar und unfassbar – so gipfelte die Ausbildung in diesem Tanz für mich und so haben wir, so hatte ich es bis zum Ende der

Ausbildung geschafft! Oft zeigt sich zu Beginn das Ende noch nicht und nur durch Gehen und Tun kommen wir an unserem eigentlichen Ziel an.

Mit mir noch dabei, waren drei weitere Teilnehmerinnen, die durchgehalten hatten bis zum Schluss und ebenso reich belohnt wurden, wie ich. Wenige nur sind wir geblieben. Denn oft, wenn es ans Eingemachte ging, wir an unangenehmen Themen kratzten, Schatten oder persönliche Muster bearbeiteten, bescherte die Angst, die Komfortzone zu verlassen und Dinge anders als gewohnt zu machen, uns heftige Prozesse. Und manchmal verloren wir damit auch einen Kollegen oder eine Kollegin im Kreis.

Persönlich wirklich weiterzugehen und sich seinen Themen wirklich zu stellen – das, so mussten wir erfahren, ist nicht für Jedermann oder Jederfrau! Und das sehe ich weitverbreitet: viel zu schnell aufgeben und nicht dranbleiben. Die, die wir bis zum Ende gegangen waren, konnten uns auf die Schulter klopfen und uns gegenseitig Anerkennung zollen: Mutig seid ihr, unerschrocken und ausdauernd! Kaum jemand kennt mich so gut, wie diese meine Gefährten, die bis hier her diesen Weg mit mir teilten. Schon bald zeigten sich auf unserem gemeinsamen Weg die besonderen Potenziale und Begabungen eines jeden, immer klarer wurden Stärken und Aufgaben. Tiefes und altes Wissen, starke heilende Fähigkeiten und so viele unglaubliche Möglichkeiten entdeckten wir in uns und in den anderen.

Und immer stärker wurde der Ruf für jeden von uns auch selbst mit Menschen zu arbeiten, zu heilen und den vorgesehenen Platz einzunehmen. Und die Erkenntnis, dass all die Fragmente und Einzelteile der letzten Jahre sich plötzlich und wie von Zauberhand zu einem stimmigen Ganzen formten. Plötzlich fühlte ich mich so reich beschenkt und so sicher in der Führung und im Umgang mit all den Werkzeugen, Erkenntnissen und Prozessen, ...

Ja, es braucht den kompletten Zyklus und man muss ihn bis ans Ende gehen, um zu verstehen. Ja, ich bin eine andere, als die, die losging, um Heilung für mich selbst zu suchen. Ja, es hat sich gelohnt! Und ja, ich weiß – ich glaube nicht nur, dass dies der wahre lichtvolle Weg ist! Es erfüllt mich mit Ehrfurcht, Dankbarkeit und Demut, in diese Schuhe, die noch ziemlich groß sind, hineinwachsen zu dürfen, meinen Dienst anzutreten und zu entdecken, was genau das jetzt für mich ausmacht.

Und so beginnt der Kreis aufs Neue. Ich lerne weiter, bleibe nicht stehen, ich hatte darum gebeten, die nächsten Schritte gehen zu dürfen. Bei unserer gemeinsamen Abschlusszeremonie, bei der sich unser Lehrer als Medium für die geistige Welt zur Verfügung stellte, hatte ich neben meiner Ernennung in mein Amt, eine persönliche Einladung in den Urwald erhalten. Doch was dann geschah, hätte ich im Traum nicht für möglich gehalten.

Ich muss sagen, ich war wochenlang wie im Taumel. Im Neuen Jahr 2018 erhielt ich die Meldung über meinen Gewinn: die Teilnahme an einem schamanischen Retreat mit Sonia Emilia Rainbow in Mexiko. Lange konnte ich diese wundervolle Fügung und dieses unglaubliche Geschenk an mich kaum fassen. Zugegeben, da hatte ich bei der letzten großen Zeremonie im vergangenen Jahr diese ausdrückliche Einladung der Spirits in den Dschungel erhalten. Irgendwann, so mein Plan, wollte ich das auch wirklich umsetzen. Wenn ich es mir mit der Familie leisten, erlauben und freischaufeln konnte. Insgeheim dachte ich für mich, das dauert bestimmt noch ziemlich lange!

Das X-MAS Gewinnspiel auf Facebook hatte ich aus einem kurzen Impuls heraus mitgemacht, ganz leicht folgte ich einer Eingebung. Sonia Emilia Rainbow folgte ich schon lange auf Facebook, empfand sie als tolles Vorbild und dachte, irgendwann mache ich mal ein Seminar bei ihr. Kaum drei Monate nach dem Ruf war also jetzt klar, ich reise im März mit dieser tollen Frau und Schamanin, einer Regenbogenfrau nach Mexiko! Unglaublich und doch so wunderbar.

Noch nie hatte ich zuvor etwas gewonnen, und jetzt gleich so eine Reise! Es gab einige Zweifler, die an dem Gewinn zweifelten und mir einreden wollten, dieses unglaubliche Zeichen aus der geistigen Welt nicht anzunehmen. Ich begann verzweifelt meine Führung zu fragen, was ich tun sollte, und um ein Zeichen zu bitten. Irgendwann erbarmten sich die Spirits und antworteten sehr deutlich: „Das ist das Zeichen!" Und so folgte ich also der Fügung nach Mexiko. Wenn Dinge geschehen sollen, so werden sie geschehen. Die geistige Welt findet einen Weg! Ich fühlte mich so dankbar, so demütig und so aufgeregt. Etwas, das ich mir selbst niemals erlaubt hätte, wurde mir als Geschenk in den Schoß gelegt.

Pflege Deine Wurzeln
damit Du hoch fliegen kannst.
(frei nach Ernst Ferstl)

Früher habe ich nie etwas gewonnen, doch seit diesem Jahr und meinem Mexiko-Gewinn scheint sich das geändert zu haben. Letztens der Gewinn eines tollen Tees, dann mein kosmischer Name und damit der Zugang zu meiner persönlichen Herkunft, ein Coaching und noch vieles mehr. Wie bin ich mittlerweile gesegnet und wie wundervoll, dass die Fülle des Universums durch mich Ausdruck finden darf. Für mich die Bestätigung davon, dass ich mit dem Fluss der Dinge schwimme und das Universum die notwendigen Mittel hat, einem genau das zukommen zu lassen, was es gerade in diesem Moment braucht.

Coachingkarte 34:
Das ist das Zeichen!
Reichtum drückt sich durch
Dich aus.

Jetzt da diese Ungeheuerlichkeit als Gewinn möglich geworden war, konnte ich die Wartezeit auf die bevorstehende Reise fast nicht mehr aushalten. Fast schon konnte ich spüren, wie meine Hand diese uralten Bauten berührte, wie mein Körper auf dem Boden meiner Ahnen lag und die Energie aufsaugte, mit jeder Faser und jeder Zelle, tief in mich hinein. Ich war aufgewühlt, sah Masken, Menschen, Wesen und Bilder aus einer anderen Zeit, ... Und ich träumte jede Nacht. Etwas, das tief verborgen lag, kam nun Stück für Stück zurück an die Oberfläche. Nie hätte ich mir erlaubt, solch eine Reise überhaupt auch nur zu träumen. Und jetzt war ich so berührt, mein Herz sehnte sich so sehr nach dieser verlorenen Heimat. Es fühlte sich an, wie nach Hause zu kommen, willkommen zu sein, wieder Anschluss zu finden an verloren Geglaubtes.

Heimat finden und integrieren

Fast fünfzig Jahre lang hasste ich meinen Zweitnamen – Ul-ri-ke! – Ich fand ihn völlig unpassend, altmodisch, hässlich, ungelenk und noch vieles mehr. Nie identifizierte ich mich mit ihm und verschwieg ihn lieber. Nun kam vor einigen Wochen in einer Heilsitzung die Frage nach meinem Zweitnamen auf. In altem Reflex nannte ich ihn und wollte direkt hinterher sagen, wie blöd ich ihn finde. Und plötzlich war da nur noch Licht und so ein warmes Gefühl, ankommen und ganz viel Strahlkraft. Und die Botschaft war, diesen Namen gilt es jetzt zu integrieren. Stell Dir vor, ich wusste nicht einmal, was Ulrike bedeutet. Mit dieser Heilsitzung kam verloren Geglaubtes, oder etwas von dem ich nicht mal wusste, dass ich es verloren hatte, wieder zurück zu mir. Mittlerweile führe ich den Namen sogar auch offiziell. Und es fühlt sich so gut an! Sehr spannend, dass so ein ungeliebter Name so eine Wirkung hat.

Ulrike bedeutet übersetzt „reiche Erbin", „Herrscherin der Heimat" und „Herrscherin des Reiches". Der Name Ulrike ist die weibliche Form von Ulrich. Besonders unter Adligen war der Name im 18. Jahrhundert weit verbreitet. Der Name Ulrike kommt aus dem Althochdeutschen und setzt sich aus den Wörtern „uodal", was übersetzt „das Erbe" bedeutet und aus „rihhi", was übersetzt „reich", „mächtig" und „die Herrschaft" bedeutet, zusammen. Die beliebtesten Interpretationen von Ulrike sind daher „die reiche Erbin" und „Herrscherin der Heimat". Der Namenstag für Ulrike ist am 8. Mai und 4. Juli.

Lange Zeit war ich auch mit meinem Vornahmen Clau-di-a im Zwist gewesen. Für mich fühlte sich dieser Name immer sperrig an. Wenn ich ihn irgendwo nennen sollte, nahm er gar kein Ende. Außerdem hatte mein Vorname in meinen Augen auch noch eine negative Bedeutung. Claudius kommt aus dem Lateinischen und bedeutet „lahm" oder „hinkend" und es ist schon fast selbstredend, dass ich mich ständig an meinen Füßen verletzte. Ich konnte mir beim besten Willen nicht vorstellen, wie meine Eltern so einen Namen für mich auswählen konnten.

Ich habe die Namen meiner Kinder und auch der Hunde ganz bewusst nach Klang und Bedeutung ausgewählt. Außerdem fühlte sich in meiner Kindheit mein Vorname so lang an. Musste ich mich irgendwo vorstellen, wurde ich kaum fertig diese endlosen Silben auszusprechen. CLAU-DI-A - ich fand es einfach schrecklich. Claudia Müller – Ein Allerweltsname also, allein bei Google gibt es heute dazu 40.500.000 Ergebnisse. Gefühlt jede Zweite heißt also so.

Seit ich denken kann malte ich. Und für meine kleinen Gemälde suchte ich schon früh ein Kürzel, ein Zeichen, mit dem ich meine Werke signieren konnte. Ich schrieb die ersten drei meines Vor- und vier Buchstaben meines Nachnamens als ein Wort ClaMuel, viele viele Jahre lang. Immer in der Ansicht, meine Eltern hätten mir den fürchterlichsten Namen der Welt gegeben, denn auch mein Zweitname erfreute mich nicht sonderlich, wie ich ja schon berichtete. Clamuel stand also überall in meinen Schulheften, auf Zeichnungen und Gedichten meiner Kindheit und Jugend.

Namen sind nicht nur Schall und Rauch.
Es hat einen Grund,
warum Du Deinen Namen trägst.

Als ich dann begann, mich mit spirituellen Themen zu beschäftigen, kam ich auch in Kontakt mit den Erzengeln. Und als ich das erste Mal den Namen von Erzengel Chamuel las, durchzuckte mich die Gewissheit, das ist der Name, den mir meine Eltern eigentlich gegeben hatten. Und als ich dann sah, mit welchem Zeichen dieser wundervolle Engel der Liebe oft symbolisiert wird, liefen mir die Tränen, das war genau das Zeichen, das ich verwendete als Kürzel für meinen Namen.

Seither freue ich mich sehr, dass ich so ein Glück habe und diesen Erzengel wohl schon immer an meiner Seite habe und bin dankbar, so viel von ihm lernen zu dürfen. Und mit meinen weltlichen Namen habe ich schon längst Frieden geschlossen, auch weil ich ja mittlerweile den Nachnamen durch meine Heirat gewechselt habe und ich damit in Deutschland und der Welt einzigartig geworden bin. Wie ein uraltes Lied, das ich mal kannte und an das ich mich, nur durch meinen Namen, nun wieder erinnern durfte.

Anleitung zum Glück: Was bedeutet Dein Name

Mach Dir doch heute einfach mal Gedanken über Deinen Namen. Was bedeutet er, wo kommt er her. Recherchiere in einem Vornamenbuch oder im Internet. Gibt es Geschichten, die über Deinen Namen in Deiner Familie erzählt werden? Gibt es Aspekte, die Du besonders liebst oder ablehnst? Nutze nun ganz bewusst Deine Schöpferkraft und integriere auch alle ungeliebten oder bislang unbekannten Anteile Deines Namens.

Coachingkarte 35:
Heimat finden. Bist Du am richtigen Platz?

 Erfinde oder schreibe einfach Deine Geschichte zu Deinem Namen neu, so dass Du alles an Deinem Namen und damit auch an Dir toll und schön finden kannst. Erschaffe, kreiere, erfinde neu, so dass das Geschenk Deines Namens Dich mit all seiner positiven Energie in Deinem Leben jetzt und heute unterstützen kann. Vielleicht malst Du ein Namensbild? Fami-

lienwappen geben durch ihre bildliche Darstellung den Nachkommen das Geschenk der Kraft des Familiennamens. Diese Idee kannst Du jetzt auch für Dich und Deine Vornamen nutzen.

Zeichen findest Du überall

Wohlwissend, dass ich ziemlich leicht in meinen alten Trott wieder würde zurückfallen können, hatte ich mir bereits kurz vor Ende der dreieinhalbjährigen schamanischen Ausbildung, eine neue Möglichkeit zum Lernen gesucht. Ich hatte eine alte Bekannte ausfindig gemacht, die ich immer wieder bei sibirischen Schamanen getroffen hatte, bei denen ich regelmäßig zum Lernen war. Diese alte Bekannte bot einen Jahreskurs an „Ritueller Tanz", was mich sehr interessierte. Also bewarb ich mich zum angebotenen Stipendium, wofür ich dann im Auswahlverfahren zugelassen wurde. Somit sollte ich diese Ausbildung zu einem deutlich bevorzugten Preis erhalten.

Ich freute mich sehr darauf. Aber irgendwie schien von Anfang an, der Wurm drin zu sein. Schon beim ersten Wochenende war ich verhindert und musste darum die Einführungsveranstaltung irgendwie nachholen. Dann kam mein Mexikogewinn dazwischen, so dass ich auch beim ersten regulären Treffen der sich formenden Gruppe nicht würde dabei sein können. Ich spielte von Anfang an mit offenen Karten, jedoch die Kursleiterin versuchte mir die Mexikoreise auszureden und verlangte von mir, mich zwischen Lateinamerikanischem und Sibirischem Schamanismus zu entscheiden, was ich weder konnte noch wollte. So richtete ich es mir immerhin ein, dass ich einen Tag vor meiner Abreise nach Mexiko am ersten Seminartag mit der Gruppe teilnahm.

Es fühlte sich komisch an, ich bemühte mich aber, mich ganz einzubringen und an diesem einen Tag Teil der Gruppe zu werden. Warm wurde ich mit den anderen Teilnehmern an diesem Tag jedoch irgendwie nicht. Beim Steinorakel, das wir im Rahmen des ersten Tages mit 13 kleinen Edelsteinen warfen und gegenseitig interpretierten, eckte ich mit einer Teilnehmerin ordentlich an. Irgendwas, das ich gesagt hatte, lag ihr quer, sie projizierte munter all ihre Themen auf mich. Das konnte ja heiter werden.

Und dann warf ich meine Steinchen. Alle Steine waren von der gleichen Art und Farbe, nur einer war völlig anders und bunt. Alle die gleichen Steine lagen eng zusammen, während der orangefarbene Stein weit, weit aus dem Spielfeld kullerte und quasi völlig außen vor lag. Rückwirkend weiß ich heute, was mir das Orakel damals mitteilte, doch damals interpretierten die Teilnehmer so allerlei Unzutreffendes. Dann reiste ich am nächsten Morgen nach Mexiko.

Liquid – Aufweichen des Möglichen

Unglaublich, da war ich also wirklich in Mexiko. Und die Zeit dort fühlte sich so intensiv, so unglaublich kraftvoll und jenseits von allem jemals Erfahrenen an, dass ich lange damit beschäftigt war meine Erlebnisse zu sortieren. Liquid, flüssig – fast haltlos, so fühlte ich mich die ersten Wochen nach meiner Rückkehr. Alles war anders. Ich war anders – bin es noch!

Zur Erklärung:
Liquid state, flüssiger Zustand – beschreibt das Aufweichen von allem, was die Box, also das Selbsterhaltungssystem eines jeden Menschen, als ihre Wahrheit für sich festgeschrieben hat. Dieser Zustand, so ungewohnt er sich anfühlt, ist die Chance auf Wachstum, sprunghaft mitunter. Jedoch erstrebenswert ist alles, was über die Grenzen der Box hinausgeht und diese aufweicht und damit erweitert. Denn die sogenannte Box ist daran interessiert, stets den aktuellen Zustand zu erhalten, also sich selbst zu erhalten. Die Box ist bestrebt, nichts anderes gelten zu lassen und damit auch keine anderen Wahrheiten oder Möglichkeiten als die eigenen zu akzeptieren.

Boxen gibt es so viele, wie es Menschen gibt. Und damit ist keine Box absolut und auch keine Wahrheit wirklich wahr. Die Sicht eines jeden Menschen ist damit immer nur, ein durch die Box gefärbter Teil der Wirklichkeit. So wie seine Box ist, so sieht der Mensch die Welt. Somit ist dieser flüssige Zustand „liquid" für alle Menschen, die persönlich wachsen und sich entwickeln wollen, absolut erstrebenswert. Denn dieser Zustand bedeutet, dass Dinge, die wir als gegeben hingenommen haben sich verschieben können und die Wirklichkeit und unser Einblick davon wirklich größer werden kann.

Mexiko – ein unglaubliches Land. Von den Spirits geführt bin ich also wirklich zur Äquinox, der Tagundnachtgleiche also dem 21. März, in Mexiko. Und ich hatte zuvor noch so einige Prozesse zu absolvieren, von der Gehirnerschütterung zwei Tage vor Abreise, der betrügerischen Internetseite für den Transit in den USA, bis hin zu dem vermeintlich gestohlenen Geldbeutel, der nach einem Tag wieder auftauchte.

Das alles gemischt mit der wilden Magie Mexikos auf der Halbinsel Yucatán: Farben, Gerüche, Geräusche, die Energie und all ihre neuen Möglichkeiten. Das Meer, der Strand, die Cenote direkt am Resort, die Tiere, die Spirits, die Sonne, die Geschichte – einfach alles war und ist anders, als alles was ich jemals zuvor in diesem Leben erlebte.

Ja, ich gebe zu, ich habe keine große Übung im weit und alleine reisen. Schon das für sich gesehen war eine Reise außerhalb meiner Komfortzone. Mit vielen meiner Ängste wurde ich direkt bereits bei der Reiseplanung konfrontiert. All das war außerhalb meines üblichen Bewegungsradius'. Tausende von Kilometer sollte ich reisen und sprach nicht einmal die Sprache. Aber vom ersten Moment an, hat mich dieses Land tief im Herzen berührt. Auch wenn ich kein Spanisch spreche, so habe ich doch jedes einzelne Wort verstanden. Und es gab zahlreiche Momente, die sich tief in mein System eingebrannt haben und alte Verbindungen und Erinnerungen wachriefen. Unvergleichlich war es für mich, auf den Spuren der Maya zu wandeln und ihre Stätten mit diesen unglaublichen Energien heute zu besuchen. Der Pilgergang, als wir barfuß um das Weltkulturerbe wandelten, die Pyramiden in Chichén Itzá, um im Anschluss zur Tagundnachtgleiche also der Sonnwende, im Synchronisationsstrahl der großen Pyramide zu stehen.

Die Legende sagt, dass im Frühling und im Herbst, der Schatten von Kukulcán, dem Gott der gefiederten Schlange, die Treppen besagter Pyramide herabsteigt. Wer zum richtigen Zeitpunkt an den Stufen diesem Schauspiel beiwohnt, synchronisiert sich und seine Lebensaufgabe mit dem höchsten Ziel seiner Bestimmung. Was wir dabei gemeinsam in der Gruppe erlebten, war unbeschreiblich magisch.

Auf der höchsten Pyramide in Cobá beim Blick über dem Urwald erkannte ich: Mein System erinnert sich an diesen Ort! Wo ich vor dem Aufstieg über die alten Steine noch Schwindel und Höhenangst verspürt hatte, wich diese der Gewissheit beim Abstieg: Hier war ich schon einmal gewesen. Leicht und behände kannte mein heutiger Körper genau die Technik des sicheren Tritts beim Abstieg, schwindelfrei! Und ich erkannte, dass die Höhenangst nur mein Gedankenkonstrukt gewesen war. Es bedurfte nicht mehr als einer Entscheidung, diese gänzlich hinter mir zu lassen.

Diese Reise war wie ein Traum ins Paradies und doch so real und gleichzeitig unbeschreiblich. Menschen, Worte, Bilder, Träume, Wege, … neues Weltbild, geänderte Wahrnehmung, eine wilde Mischung Ursprünglichkeit … und eine tiefe Dankbarkeit erfüllten mich für diese neue Kraft. Ich konnte mich aufladen mit dem, was mir, ohne es je zu ahnen, immer gefehlt hatte. Ich füllte mich mit Farben und Wärme und dem Gefühl, endlich angekommen zu sein.

Wer mich noch im Winter vor der Mexikoreise kannte, weiß, wie verfroren ich damals war. Stets mit Wärmflasche und vielen Decken ausgerüstet, war mir eigentlich immer kalt. Doch diese Wärme, die weiche Luft und das Wasser des Meeres und der Cenote am Haus, in Tulum Beach, umschmeichelten mich und luden meine Zellen tief mit Wärme und Licht auf, die mir so lang gefehlt hatten. So hat diese Reise auf jeden Fall nachhaltig mein Temperaturempfinden verändert, oder mein System so aufgeladen hat, dass ich nicht mehr ständig in Wärmeunterversorgung friere.

Feinste Schokolade, Mayamedizin unterstützte mich noch wochenlang bei der Transformation der Emotionen von tiefer Traurigkeit und Tränen, die ich aus der Linie meiner Ahnen unreflektiert genommen und getragen hatte. So viele Bausteine für meinen eigenen Weg habe ich auf dieser kurzen, intensiven Reise für mich gefunden und immer wieder spüre ich die tiefe Dankbarkeit für die erfahrene Liebe, den Frieden und das Licht. Alles war genauso, wie es sein sollte. Unglaublich! Und auch als ich schon längst wieder daheim bin, weisen mir die Spirits den Weg, um Unbegreifliches und Unfassbares zu integrieren, um meiner Lebensaufgabe immer näher zu kommen. Sie flüstern mir Worte und Einladungen ins Ohr, hauchen mir ihr goldenes Wissen ein. Die Verbindung zu dieser neugefundenen alten Heimat ist tief in meinem Herzen verankert und so intensiv. Diese Reise hat mich nachhaltig verändert.

Wieder zurück in Deutschland meldete ich mich eifrig bei der Kursleiterin, um meine versäumten Inhalte beim rituellen Tanz aufzuholen. Denn auch an der nächsten Unterrichtseinheit würde ich nicht komplett teilnehmen können, da ich in den Tagen eine große Mittelalterveranstaltung begleiten würde. Ein großes Projekt von mir und meinem Kunden, und auf diese Einnahmen konnte ich nicht verzichten. Aber das hatte ich der Kursleiterin von Anfang an mitgeteilt.

Ich war guter Dinge, mich jetzt voll in diese Ausbildung zu stürzen, alles nachzuholen und freute mich sehr darauf. Ich spürte aber bereits beim folgenden kurzen Telefonat eine gewisse Ungeduld und Ablehnung. Trotzdem vereinbarten wir Einzelstunden, zu denen ich das Versäumte nachholen sollte und konnte. Während des nächsten Ausbildungsblocks wollte ich jeweils abends nach meiner Veranstaltung zur Gruppe stoßen und so wenigstens in Verbindung bleiben.

Am ersten Abend der Veranstaltung hatte ich mich also pünktlich aufgemacht, um zur Abendlektion in die Nachbarstadt zum Tanzstudio zu fahren. Ich blieb der Einfachheit halber in meiner mittelalterlichen Kleidung als einfache Marktfrau. Ich war früher vor dem Studio, als die anderen aus ihrer Abendpause zurück waren. Es war eine sehr seltsame Situation. Es fühlte sich eisig an als die anderen ankamen und mehr als ablehnend! Was war hier los? Ich bemühte mich redlich, öffnete mein Herz und ließ Wärme strahlen, die aber scheinbar niemanden erreichte. Hmmm!

Dann setzten wir uns in einen Kreis für die Check-In-Runde und die Kursleiterin begann in einem vernichtenden Ton: „Die Gruppe ist so gut, das wirst Du niemals mehr aufholen können! Das Krafttier dieser Ausbildung ist die Harpyie. Dieses Krafttier teilte mir mit, dass sie einen Teilnehmer oder eine Teilnehmerin in der Luft zerreißen wird – und das bist DU!"

Ok? Ich war schockiert, was passierte hier? Und dann gab sie mich gefühlt zum Abschuss frei: Jeder aus der Gruppe sollte nacheinander einzeln sagen, wie er oder sie zu mir stand und sich mit mir schlecht fühlte. Und „ich habe kein Gefühl zu Dir, Du bist mir egal", war noch wirklich das Freundlichste, das ich zu hören bekam. Einer entschuldigte sich schließlich sogar und sagte „ich kann jetzt gar nichts Negatives mehr zu Dir sagen."

Dein Leben
verstehst Du
nur rückwärts
(frei nach Sören Kierkegaard)

Mir begannen die Tränen zu laufen. Ich versuchte zu verstehen, was jetzt hier an dieser Stelle von mir gefordert war. Brav bedankte ich mich bei jedem einzelnen für seine Worte und zu seiner „Meinung" zu mir. Die Teilnehmenden spiegelten mit dieser Legitimation der Kursleiterin munter all ihre eigenen Themen in mich. Ich versuchte mich in Demut und sprach innerlich immer und immer wieder die Worte: „Ich verstehe nicht, warum das passiert, aber ich nehme diese Erfahrung an und versuche daraus zu lernen." Ich widerstand sowohl dem Impuls aufzustehen und zu gehen, als auch dem Impuls die Hand zu heben und die anderen an der Wand zu zerschmettern und zu verfluchen. Und ich weiß, ich hätte es mit Leichtigkeit gekonnt. So saß ich still weinend da und bedankte mich bei jedem einzelnen im Kreis, nach jeder weiteren Gemeinheit, die sie über mich und zu mir sagten. Aber, so wurde mir bewusst, ich war so stark geworden! Ich zerbrach nicht an dieser Situation. Ich konnte das aushalten, auch wenn ich nicht verstand, wofür diese Erfahrung notwendig war.

Völlig fertig fuhr ich heim und am nächsten Tag auf meine Veranstaltung, wo in mir die Erkenntnis reifte, dass ich das nicht nötig hatte. Keiner meiner wirklichen Lehrer, würde je so mit einem Schüler oder Menschen umgehen. Ich überlegte mir, wie der hohe tibetische Meister gehandelt hätte, der regelmäßig nach Plochingen kam. Wie würde der Hawaiianische Lehrer sich verhalten haben, wie mein schamanischer Lehrer? Ich überprüfte in Gedanken bei jedem einzelnen die mögliche Reaktion und kam zu dem sicheren Wissen: So behandelte man keinen Schüler mit Respekt und auf Augenhöhe. Ich wusste, ich wollte und konnte niemanden meine Lehrerin nennen, die so mit einem Menschen umging.

Ich entschied, dass ich in einem Gespräch mit der Kursleiterin, meinen Entschluss nun aus dieser Ausbildung auszusteigen, noch bevor ich eigentlich wirklich dabei war, würde kundtun müssen. Ich rief sie an, und holte mir meine Würde zurück. Sie hatte meinen Argumenten wenig entgegenzusetzen. Meinte nur, dass ich gerne auch die Meinung und Einschätzung der anderen zu mir noch hören könnte, sie hätten noch lange über mich gesprochen. Als ich sie bat, mir diese mitzuteilen, sagte sie, dass sie das nur im Beisein der anderen könne. Komisch, über mich sprechen und urteilen ging in meiner Abwesenheit schon...

Coachingkarte 36:
Grenzen sprengen. So wie Deine
Box ist, so siehst Du die Welt.

Also zog ich einen Schlussstrich, was aber bedeutete, dass ich die komplette Kursgebühr, die ich bereits bezahlt hatte, in den Sand setzte und verlor.

Zu einem späteren Zeitpunkt erhielt ich aus der geistigen Welt noch eine genaue Anweisung, wie ich mein Geld einfordern sollte, da sie mich ja eigentlich implizit aus dem Kurs geworfen hatte. Aber sie stieg auf dieses Angebot nicht ein. Und wie mir später nochmals aus der geistigen Welt gezeigt wurde, wäre das für sie eine große Chance und ein sehr attraktives Angebot gewesen, sehr dunkle Ecken aufzuräumen, um wirklich mit ihrem Tanzprojekt groß durchzustarten.

Die Verbindungsfäden, die noch bis dahin immer von ihr aufrechterhalten worden waren, konnte ich damit endgültig abtrennen. Ich habe in Frieden losgelassen und bin mir sicher, dass ich einige wirklich sehr wichtige und wertvolle Lektionen in dieser Episode für mich lernen und erkennen durfte. Rückblickend verstehe ich heute, was mir mein Steinorakel damals schon vorausschauend mitteilte: Du bist nicht Teil dieser Gruppe!

 ## Anleitung zum Glück: Deine Box

Die Box ist also ein Selbsterhaltungssystem, das jeder Mensch hat. Es ist wichtig, sich nicht mit der Box zu identifizieren. Wichtig ist zu erkennen, dass Du nicht die Box bist, sondern dass Du eine Box hast. Der Mensch kommt bereits mit einer Box in dieses Leben und bringt damit bestimmte Voraussetzungen und Möglichkeiten mit. Diese Box beeinflusst Dich grundlegend. Sie beeinflusst Dein Denken, Deine Sprache, Deine Verhaltensweisen, wie und was Du wahrnimmst, wie Du Deine Beziehungen gestaltest, was Du magst und was Du ablehnst, was Du hast und bist, oder was Du nicht hast und nicht bist und vor allem auch wie, Du Deinen Lebensweg gehst.

All das und noch viel mehr stammt aus Deiner Box. Kurz gesagt entwirft die Box alles, was für Dich in diesem Leben möglich ist. Das kannst Du Dir vorstellen wie einen Filter vor einem Scheinwerfer: Ein grüner Filter vor einem Scheinwerfer erzeugt grünes Licht, ein roter Schweinwerfer macht rotes Licht. Die Filter, gleich welcher Farbe, sind jedoch nicht das Licht. Die Box, färbt also ähnlich wie ein Betriebsprogramm unsere Möglichkeiten in ihrer eigenen Farbe. Hätten wir eine andere Box, dann hätten wir auch andere Möglichkeiten. Hättest Du die Box eines Multimillionärs oder die eines erleuchteten Meisters, dann würdest Du die entsprechenden Entscheidungen und Handlungen tätigen und damit auch andere Resultate erzeugen als  jetzt. Aber die Box bist nicht Du. Diese Unterscheidung ist wirklich sehr wichtig. Die Box färbt nur in ihrer Farbe, was Du bist. Die meisten Menschen sind sich allerdings ihrer Box nicht bewusst. Damit kommt dann ein farbiger Filter in die Position, das Leben seines Menschen zu steuern.

Die Box an sich ist weder gut noch schlecht. Nur ist die Box nicht Dein wahrer Kern und unabhängig von ihm und führt damit ein gewisses Eigenleben. Die Box tut, was sie denkt tun zu müssen, um sich selbst am Leben zu erhalten. Die Box handelt folglich nicht zu Deinem höchsten Wohle oder dem von allem was ist, sondern zum Selbstzweck. Die Box, also Dein Betriebssystem, erzeugt Probleme durch Muster, Glaubenssätze, Gefühlsschlamm und unbewusstes Handeln, die sie speichert. Durch die Fähigkeit sich negative Vorstellungen zu machen, zu kombinieren und daraus Schlüsse zu ziehen, erzeugt sie aus sich heraus unproduktive Spiele, um sich zu erhalten und zu bestätigen. Diese Erkenntnis ist hier sehr wichtig, jede dieser Sichtweisen ist nur immer die einer Box, farbig eingefärbt durch den eigenen Box-Filter. So müssen Boxvorstellungen nicht der Realität entsprechen und in Wirklichkeit tun sie das in den seltensten Fällen.

Probleme zwischen Menschen entstehen damit immer zwischen einer und der anderen Box, von Box zu Box sozusagen. Damit kann man behaupten, dass alle menschlichen Herausforderungen und Probleme der Erde Box-Probleme sind. Hätten wir keine Box, gäbe es keine Probleme. Da wir aber solange wir in einem irdischen Körper leben, immer eine Box besteht, haben wir nur eine einzige Möglichkeit, um glücklich und erfüllt zu leben, nämlich unsere Box zu erweitern.

Dein wahrer Kern, Dein wahres Wesen, ist also nicht Deine Box. Damit kannst Du Dein wahres Wesen auch nicht in oder über Deine Box kennenlernen. Um Dein wahres Wesen kennenzulernen, ist es deshalb wichtig, die Identifikation mit Deiner eigenen Box loszulassen. Um Deinen wahren Kern zu erfahren, musst Du aus der Box heraustreten und sie hinter Dir lassen. Die Box sieht das jedoch als Bedrohung und wird alles unternehmen, um das zu verhindern oder Dich davon abzulenken. Das können die bereits genannten Muster vor der Brücke ebenso sein, wie plötzliche Unglücke oder Vorkommen im Außen oder Innern, die die Box zu diesem Zwecke inszeniert. Ich habe immer wieder bei mir und anderen beobachtet, dass vor dem entscheidenden Schritt aus der Box heraus, einige kleinere meist aber größere Hindernisse umschifft werden müssen. Und so hatte ich auch beispielsweise berichtet, dass immer, wenn es ans Eingemachte und wirklich zum entscheidenden Schritt für eine Person während unserer Ausbildungsgruppe gekommen wäre, die Personen ausgestiegen sind. Für jemanden von außen leicht zu erkennen, für jemandem, der seiner Box und deren Tricks ausgeliefert ist, eine echte Herausforderung dabei zu bleiben. Im Erkennen, wie die Box wirkt und dem Entwinden des Griffes aus der Tiefe Deiner Box, kannst Du Dich Deinem tiefsten Kern und Deiner wahren Seelenaufgabe zuwenden. Außer der individuellen Box gibt es noch die Boxen der Beziehungen, Freundschaften, Familien, Boxen in Firmen und Nationen...

In dem Du Dich aus Deiner Komfortzone begibst und Dich selbst möglichst Situationen stellst, die nicht Deinem Alltag entspringen, kann sich ein Wachstum Deiner Box vollziehen. Deshalb will die Box auch am liebsten immer in Routine und dem ewig Gleichen verharren. Alle Änderungen und alles Neue bedeutet für sie eine Bedrohung außerhalb ihrer gewohnten Abmaße. Man sagt auch, dass diese drei großen Ks Dich unweigerlich aus Deiner Komfortzone katapultieren: Krise, Krankheit und (eigene) Kinder. Und ich kann das aus meinem Leben nur bestätigen. Wachstum außerhalb der Komfortzone kann sich deshalb auch vollziehen, wenn Du ein Seminar besuchst, eine Reise machst oder Du Dich in mentale oder körperliche Grenzsituationen wie einen Marathonlauf, eine Visionssuche oder ein Schweigeretreat begibst.

Das Ausdehnen der Box vollzieht sich sprunghaft und ist begleitet von dem sogenannten liquiden Zustand. Dieser fühlt sich ziemlich halt- und orientierungslos und durchaus beängstigend an, da die bislang bekannten Begrenzungen und damit gleichzeitig der gewohnte Halt wegfallen. Bei mir fühlte sich interessanterweise auch der Austritt aus der Kirche so an. Ein gewohnter Rahmen, den ich aber bis dahin gar nicht aktiv und bewusst wahrgenommen hatte, fiel einfach weg und ermöglichte damit ebenfalls Wachstum. Dem geübten Boxerweiterer, ist dieser Liquidzustand sehr willkommen und durchaus erstrebenswert. Weil er ja weiß, dass der Lohn, den er dafür bekommt, die sprunghafte Erweiterung seiner Möglichkeiten beinhaltet. Diesem Zustand, in dem man oft nicht mehr genau weiß, wer man selbst gerade ist, folgt dann als Belohnung eine Phase der Klarheit und Aktivität.

Ich hatte also nach Mexiko einen liquiden Zustand erreicht und ich schlingerte wochenlang so durch mein Leben. Auch im Prozess der Loslösung von meiner Agentur war ich wochenlang liquid. Wenn man aber weiß, wie sich das anfühlt, kann man mit einer gewissen inneren Gelassenheit den vollen Entwicklungsschritt für sich im Feld integrieren, ohne diesen aus Angst oder Ungeduld vorzeitig abzubrechen. Wenn Deine Wahrheiten gerade mal wieder alle nicht mehr stimmen und Deine Welt Kopf steht, sage Dir: „Ja ich weiß, ich bin liquide! Nichts ist mehr, wie es war. Kein Grund zum Drama. Das ist ein guter Zustand. Hinterher werde ich mit Wachstum belohnt."

Coachingkarte 37:
Verlasse die Komfortzone. Du
wächst, wenn Bekanntes wegfällt.

Seid aber nett!

Nach dem Ausstieg aus der Tanzausbildung arbeitete ich in diesem Jahr noch für mich und ohne eine Gruppe an verschiedenen Themen, bis ich dann in den Rauhnächten so intensiv träumte und konkret aufgefordert wurde, mich zur Träumergruppe anzumelden. Diesem Hinweis der Spirits kam ich selbstverständlich nach. Vor dem ersten Mal war ich zugegebenermaßen sehr nervös. Ich fuhr die über 700 Kilometer nach Kärnten in Österreich und wurde schon auf dem Weg immer aufgeregter. Was würde mich da erwarten, wie würden mich die anderen aufnehmen, die ja alle schon seit einem Jahr gemeinsam lernten und sich alle gut kannten. Würde ich Anschluss an die Gruppe finden? Und ich bekam direkt beim ersten Wochenende eine rückwirkende Bestätigung meines schockhaften Erlebnisses mit der Tanz-Ausbildungsgruppe. Die Schamanin stellte uns Neulinge kurz im großen Kreis vor und sagte dann: „Seid aber nett, dass sich unsere Neuen leicht in unsere Gruppe einfinden!" Das war's und schon am Ende dieser ersten zweieinhalb Tage fühlte ich mich, als ob ich immer in diesem Kreis und mit diesen Menschen gelernt hätte. So einfach und sanft kann es also auch gehen, war meine Erkenntnis. Und die Ausbildungseinheiten waren so wohltuend und ich wurde bei jeder mit wundervollen Geschenken und Erkenntnissen aus der geistigen Welt gesegnet.

Coachingkarte 38:
Entscheide bewusst. Es kann
einfach und sanft gehen.

Im Rahmen dieser Lerngruppe mit Sonia Emilia Rainbow war ich also im November auf Lanzarote zur Visionssuche gelandet. Eine wundervolle Insel, ungestüm, echt und pur. Hier kommt alles an die Oberfläche, nichts kann verborgen bleiben. Intensive acht Tage, von denen wir zwei Tage und Nächte fastend draußen auf dem Lavafeld zwischen Sturm und Wellen, Sonne und Feuer und der Stimme unseres eigenen Herzens verbringen sollten. Noch immer habe ich nicht alle Bilder und Visionen zu Papier gebracht. Noch immer habe ich nicht alle Erlebnisse und Prozesse in der Tiefe und ihrer kompletten Bedeutung für mich und mein Leben erfasst.

Rückblickend kann ich es gar nicht fassen, dass das nur zwei Tage und Nächte waren. Schon im Vorfeld erschien mir diese Visionssuche so wichtig und so bedeutsam für meinen bevorstehenden fünfzigsten Geburtstag rund einen Monat später. Jetzt, so hatte ich schon lange das Gefühl, beginnt meine eigentliche Aufgabe, für die ich auf diese Erde gekommen bin. Alles andere war Vorbereitung. Gleichzeitig hatte sich, durch mein ungelöstes Geldmangelthema, in mir die Gewissheit geformt, dass ich leider im kommenden Jahr die Lerngruppe nicht würde weiterführen können. Wollen schon, aber bezahlen konnte ich es nicht, das war mein Thema. Was ich den anderen Teilnehmenden auch so mitteilte, ohne ein Blatt vor den Mund zu nehmen. Und, diese Ungeheuerlichkeit macht mich immer noch sprachlos, eine der Medizinfrauen hatte in Ihrer Vision sogar den Auftrag ihrer Spirits erhalten, mir einen Umschlag mit Geld für meinen Altar zu geben. Damit ich auch im dritten Jahr der Lerngruppe würde weiter teilnehmen können: Unfassbar!

Coachingkarte 39:
Gib Dich hin. Wenn Du ganz
im Moment bist, fliegt die Zeit.

Immer wieder erfüllt es mich mit so tiefer Demut, wie die hohe geistige Welt uns unterstützt und Nachrichten überbringt, damit wir unsere gewählte und uns zugedachte Aufgabe erfüllen. Seither liegt also dieser Umschlag auf meinem Geldaltar und ich sehe zu, wie sich das Geld dort mehrt. Diese Visionssuche endete mit einem grandiosen Sonnenaufgang und dem freundlichen Eichelhäher, der mich darauf aufmerksam machte, mich umzudrehen. Und da war ein Regenbogen von so vollkommener Schönheit, ganz und so tief berührend, als Antwort auf all meine Fragen und meine Träume und Visionen, dass es mir fast den Atem nahm.

So begleitete mich von Anfang bis Ende der Visionssuche meine langjährige Vision, wie ich auf der Bühne des Olympiastadions stehe und zu Tausenden von Menschen spreche. Viele Informationen mehr wurden mir gegeben. Wann ich wachte und wann ich zwischen den Welten hin und her sprang, die Realitäten verschwammen. Ein grandioses Schauspiel von Sonne, Mond und Sternen in ihrer Unendlichkeit des Universums untermalten meine intensiven Träume. Ich gab mich ganz dem Augenblick hin, die Zeit flog.

Coachingkarte 40:
Finde Deinen Kern.
Das Feuer Deiner Natur brennt
urtümlich und unbändig in Dir.

Am zweiten Tag folgte ich der Empfehlung von Sonia, uns mit der Erde des Platzes eine Spirale auf den Unterleib zu malen, um mich und meine Gebärmutter noch tiefer zu verbinden mit Mutter Erde und meiner Aufgabe. So völlig versunken, folgte ich dem Impuls mich anschließend ganz zu entkleiden und sogar am ganzen Körper mit der roten Vulkanerde einzureiben. Es begann zu regnen, der Wind pfiff um meine Ohren, die Hitze der Sonne brannte auf meine Haut und in mir erwachte ein altes Feuer. Das Feuer der Urfrau, der „Wolfsfrau" in mir, urtümlich und unbändig. Diese alte Kraft, die Verbindung zu allen Frauen vor und nach mir, undomestiziert und wild. Ich hatte etwas in mir gefunden, von dem ich zuvor kaum ahnte, dass es existierte. Spannend, dass ich genau dieses Buch von Clarissa Pinola Estés noch auf dem Flug nach Lanzarote hatte zu Ende lesen sollen.

Von Ferne hörte ich plötzlich Geräusche und hob den Blick. Da standen sie, zwei staunende Podencos, spanische Jagdhunde, an meinem Kreis. Ein Ruf! Ich blickte über mein kleines Mäuerchen, hinter dem ich vor Sturm und Wetter Schutz gesucht hatte. Oh? Ich bedeckte mich ungelenk mit meinen Armen: „Hola!" versuchte ich freundlich zu wirken. Englische Worte am Mobiltelefon, gesprochen von einer genervt wirkenden Frau: „And she´s naked!" In der Nachbesprechung im Kreis erfuhr ich dann, dass die englische Frau schon bei mindestens fünf weiteren Visionssuchenden mit Ihren Hunden vorbeigekommen war und sich damit die Geschichte wohl bis zu meinem Höhepunkt zugespitzt hatte.

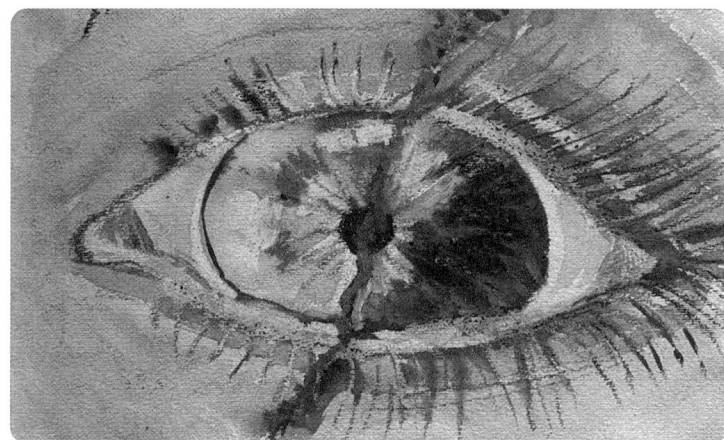

Coachingkarte 41:
Lasse Mitgefühl zu.
Der Weg liegt in
gemeinsamer Trauer
über Verluste und
Verletzungen.

Dann folgte am nächsten Tag das Interview, das ich mit Sonia zu ihrem neuen Buch führen durfte. Ich war nach unseren gemeinsamen Vorbereitungen, dem Interview und dem Tag irgendwie noch total aufgedreht und auch die Visionssuche wirkte noch stark in mir. So wälzte ich mich im Bett hin und her und fand keinen Schlaf. Kurz vor dem Morgengrauen fand ich dann doch noch ein Stündchen Schlaf. Ich erwachte von einem Schmerz in meinem Herzen und in meinem Körper, schluchzend unter Tränen. Es schüttelte mich, ich hatte noch nie so tiefe Trauer empfunden. Ich befand mich in einem Zustand zwischen Träumen und Wachen, spürte deutlich meinen Körper und hatte trotzdem vollen Zugang zum Traum, der sich nun weiterentwickelte. Ich widerstand einem Impuls mein Herz zu schließen, oder mich zurückzuziehen oder abzubrechen und beobachtete nur. Ich war in einer Situation zwischen zwei verfeindeten Familien, einer Blutfehde. Zwei junge Menschen waren gerade verstorben. Mein Herz tat so weh und ich weinte. Dann bahnten sich plötzlich Worte durch mich ihren Weg in den Traum. Ich sprach zu den verfeindeten Parteien, schrie sie an, rüttelte an ihnen und ihrer Weltsicht, dem Hass und den unsäglichen Taten. Sprach aus, was sich in Jahrhunderten aufgebauscht und angestaut hatte, jeder in der vermeintlichen Gewissheit im Recht zu sein. Gleichzeitig spürte ich weiterhin all den Schmerz und die Trauer in meinem Körper und weinte und weinte. Ich sang pausenlos dazu ein Lied „Shalom Alechem!", was übersetzt bedeutet „Friede sei mit Dir". Nach einer Weile begannen sich die Herzen mancher anwesenden Menschen angesichts meiner Worte und des Gesangs ein wenig zu öffnen, erste Anzeichen von Verständnis zeigten sich und, dass keine Blutfehde je gerechtfertigt sei.

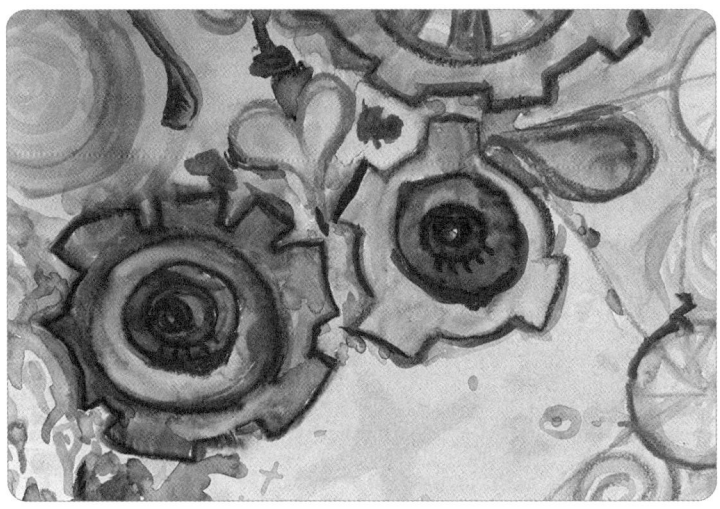

Coachingkarte 42:
Nimm Dich selbst
nicht so wichtig.
Nicht immer
bekommst Du das,
was Du Dir wünscht.

Es ging weiter und weiter, ich war wie ein leeres Gefäß, das weitergibt, was aus anderer Ebene eingefüllt wird. Ich musste nichts tun, die Worte formten sich einfach aus mir heraus. Die Gefühle, die durch mich hindurchflossen, veränderten sich dadurch, transformierten sich durch mich, ohne mich oder meinen Körper jedoch zu verändern. Ich nahm mich und meinen Körper in dieser Situation als sehr biegsam und stark wahr, ich konnte einfach nur geschehen lassen. Ich war nicht diese Gefühle. Ich war nicht diese Worte. Ich war nur wie ein Werkzeug, das in der geübten Hand seines Meisters arbeitet, wie vorgesehen. Langsam veränderte sich die Situation im Traum, die Worte erzeugten bei den Menschen vereinzelt Mitgefühl für die eigene Trauer, die Verluste und Verletzungen und schließlich auch für die anderen. Dieses Mitgefühl breitete jetzt sich immer weiter aus, bis jeder Anwesende irgendwann davon ergriffen wurde. Und endlich standen alle nur noch in gemeinsamer Trauer vor dem Autowrack. Jetzt sollte ich einen Segen sprechen: „Friede sei mit Euch und Euren Familien bis ans Ende Eurer Tage. Ich bin Liebe, Frieden, Licht!" Dann war diese Sequenz zu Ende und es wurde gesagt: „Das ist, was durch Dich geschieht." Und ich stand ein bisschen ungläubig und fassungslos da und fühlte mich wie der Zauberlehrling bei Goethe.

Okay, so hatte ich mir mein Wirken oder meine Medizinkraft irgendwie nicht vorgestellt, mehr so mit Blumen und goldenen Lichtern und Engeln, aber doch nicht wirklich so!? Mittlerweile habe ich mich aber wieder gefasst und dieses intensive Erlebnis als wahren Segen angenommen. Ok, es ist also wie es ist. Nicht mehr und nicht weniger. Nicht immer bekommen wir das, was wir uns hinter einer rosafarbenen Brille wünschen, sondern das, was für uns vorgesehen ist. Unaufgeregt. In Demut nehme ich also an, was für mich vorgesehen ist und für was ich kam. Ich muss es ja nicht schön finden, dem großen Ganzen soll es dienen, da bin ich und unrealistische Blümchenfantasien nicht so wichtig. Ich hatte einmal ein Erlebnis in einer meiner ersten Schwitzhütten. Da war es so heiß, dass alle sogar der Schwitzhüttenleiter sich heftig übergeben mussten. Und ich bekam eine Lehre, mich selbst nicht so wichtig zu nehmen. Ich musste dazu ganz durchlässig werden und mich der Hitze völlig hingeben, ohne dagegen anzukämpfen. Durchlässig, mein Ego ganz loslassen und gleichzeitig in der Annahme von allem was ist. Ich bin alles und ich bin nichts.

Durchlässig werden.
Einfach eintauchen in das was ist
und den Fluss des Lebens.
- Alles darf, nichts muss
Ich bin dankbar für das, was ist.
Ob es meinen Vorstellungen
und denen meines Egos jetzt gefällt oder nicht.
Ich bete, Ich danke, Ich nehme an:
Meine Aufgaben für Wachstum in meinem Leben.
Ich kenne den göttlichen Plan nicht und doch folge ich ihm
in tiefer Demut für meinen Dienst für Mensch
und Schöpfung, und allem was ist.

Alles ist, wie es sein soll

Annehmen was ist, ist gar nicht immer so einfach. Denn Höhepunkte, gab es im wahrsten Sinne des Wortes in unserer Partnerschaft auch immer seltener. In unserem täglichen Leben war der Alltag immer mehr zur Routine und Langeweile abgeflacht. Herausragendes gab es kaum mehr. Es kam vor, dass wir mehr als ein halbes Jahr nicht mehr als Mann und Frau zusammen gewesen waren. Oder länger, ich wusste es kaum mehr. Und wenn, waren diese kurzen Zwischenspiele verhuscht und kaum der Rede wert. Oft klappte auch irgendwie gar nichts. Ich fing an, massiv an mir zu zweifeln, als Ehefrau und Frau. Zwar versuchte ich auch mal, meinen Mann zu verführen, es gelang mir mehr schlecht als recht. Ich begann mich alt und unattraktiv zu fühlen. Ich versuchte mir zwar einzureden, dass das ja eigentlich nicht mein Problem sein könne, aber die Stimme in mir wusste es besser. Wenn es zwischen Eheleuten im Bett nicht mehr funktionierte, waren doch immer beide daran beteiligt. Die Situationen wurden peinlich und höchst unbefriedigend für uns beide. Schließlich vermieden wir sie ganz. Ich begann mir Geschichten auszumalen und vermutete eine andere Frau.

Tiefe Trauer breitete sich in mir aus. Was sollte ich tun? Ich war am Ende meiner Möglichkeiten. Die Streitereien und Nörgeleien zwischen uns wurden immer unerträglicher. - Wir konnten doch so nicht bis ans Ende unseres Lebens nebeneinander herlaufen.

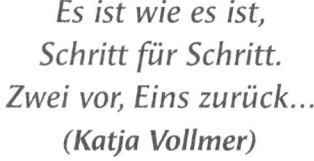

Es ist wie es ist,
Schritt für Schritt.
Zwei vor, Eins zurück...
(Katja Vollmer)

Hatte ich doch im vergangenen Sommer dieses besondere Ritual für mein Leben unternommen: Mein eigenes Labyrinth. Vom Anfang bis zum Ende, ICH. Mit allen Höhen und Tiefen des Lebens, mit Freud und Leid und am Ende mit der Gewissheit: Was für ein gesegnetes, reiches Leben ich leben durfte. Ich erkannte: Ich bin die Unendlichkeit und doch nur ein Wimpernschlag, ich bin alles und ich bin nichts. Alles ist so wie es sein soll! Ein wunderschönes Liedchen, eingeflüstert vom Universum an meine Begleiterin: „Es ist wie es ist, Schritt für Schritt. Zwei vor, Eins zurück"... Manchmal braucht es deutliche Impulse, um wieder weiter zu kommen oder den entscheidenden Schritt zur eigenen Berufung und zum Potential zu gehen. Ein solcher fand für mich definitiv in meinem eigenen Labyrinth hier in den örtlichen Streuobstwiesen statt.

Nachmittags ging es los, am zuvor ausgewählten Platz, mein eigenes Labyrinth aus Maismehl zu malen. Ein Bussard hatte mir den Platz gezeigt und mir dort seine Feder abgelegt. Der Platz, die Tiere, erste Erinnerungen zeigten sich von Anfang an, noch bevor es eigentlich losging, begleitet von zwei Freundinnen. Schon am Nachmittag kündigte sich an, im Labyrinth würde ich völlig verloren sein. Die Kontrolle und Orientierung würde ich komplett abgeben müssen und nur Schritt für Schritt vorwärts gehen können. Die Vorbereitung war abgeschlossen, dann noch ruhen und meditieren.

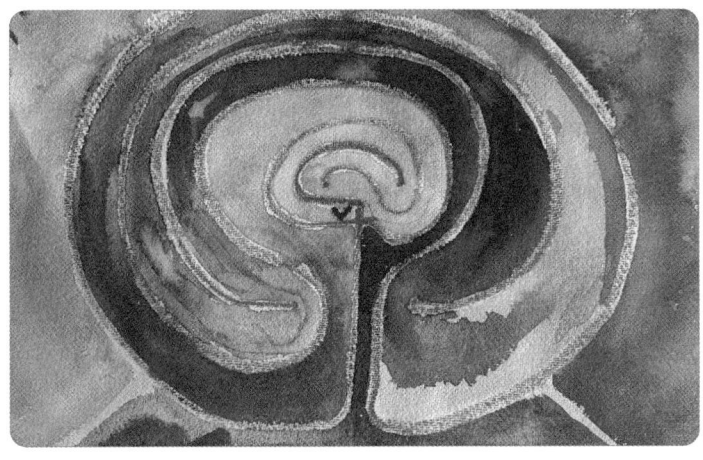

Coachingkarte 43:
Immer näher. Es ist wie es ist, Schritt für Schritt. Zwei vor, Eins zurück ...

Schließlich am Abend, in der Dämmerung ging es los, hinein in die Dunkelheit. Unmittelbar da, die Bilder aus den verschiedenen Phasen meines Lebens, einschneidende Ereignisse, Wendepunkte, Erkenntnisse und dann vorbei am Jetzt in die Zukunft gegangen. Die Bilder werden weniger detailliert, Gefühle, Emotionen, Farben, Lieder, ... bestimmen den Weg. Geführt, beschützt, gesegnet und begleitet von zahlreichen Spirits, der wohlwollenden Natur und den Brüdern und Schwestern, den Tieren. Direkt in den Ästen über meinem Kopf landet ein Rabe, wie magisch!

Einschneidend die Zeit mit meinen Kindern und besonders mit meinem Mann. Und die dringliche Botschaft: „Genieße jede Sekunde mit Deinen Liebsten, Du weißt nicht, wie lange sie an Deiner Seite sein werden!" Ich war so berührt und wurde von den Ereignissen förmlich durchgeschüttelt. „Wir sind füreinander bestimmt!" Und am Ende war da nur noch die tiefe Erfüllung und Gewissheit, alle sind wir verbunden. Das ist kein Ende, das ist nur der Übergang in eine andere, viel größere Wirklichkeit und Dimension. Reich beschenkt vom Leben und seinen Wegen, die oftmals unüberschaubar und langgezogen scheinen. Erst gegen Ende, wenn das Ziel schon vor Augen ist, taucht Deine Ahnung vom Eigentlichen auf. Um was geht es hier eigentlich? Dann werden die Schritte bewusster, die Zeit fliegt dahin und Du versuchst jeden verbleibenden Moment aufzusaugen, auszukosten und maximal zu genießen, bis dann irgendwann die Zeit gekommen ist ...

Anleitung zum Glück: Dein Labyrinth

Heute ermuntere ich Dich, Dir Dein Labyrinth zu malen, ganz intuitiv nach Deinen Wünschen und nach Deinen Visionen auszumalen. Nimm die Farben, die Dich momentan ansprechen und male es aus. Versuche Dich ganz auf das Malen einzulassen, ohne zu denken und ohne zu werten. Wenn Du es anmalst, stelle Dir eine Frage zu Deiner Lebensaufgabe und lausche auf die Antworten, die aus der Tiefe Deiner Seele kommen. Sie sind voller Weisheit und oft sehr überraschend.

Das Labyrinth ist ein uraltes Symbol des Lebensweges. Wenn Du es beschreitest, gehst Du mal nach innen zum Kern, mal kommst Du ganz schnell wieder aus dem Mittelpunkt nach außen. So ist es auch im Leben. An manchen Punkten hast Du das Gefühl, ganz bei Dir angekommen zu sein. Doch dann passiert was und Du wirst buchstäblich aus der Mitte katapultiert. Dann stehst Du da und meinst überhaupt nichts gelernt zu haben. Doch in Wirklichkeit bist Du mit jedem Schritt – ob er nun ins Zentrum weist oder aus dem Zentrum heraus - einen Schritt weiter gelaufen auf Deinem ureigenen Lebensweg. Auf der ganzen Welt gibt es Labyrinthe. Besonders kraftvoll ist das Labyrinth von Chartres, das größte Labyrinth der Welt ist das Ananas-Hecken-Labyrinth auf Hawaii. Vielleicht gibt es in Deiner Nähe auch ein Labyrinth, das Du begehen kannst. Beispielsweise ist in Plochingen auf dem Landesgartenschaugelände auch ein kleines.

Abbildung 5:
Arbeite mit Deinem eigenen
Labyrinth.

Innen wie außen

Ja, es war die Zeit endlich für mich gekommen. Es dauerte zwar eine ganze Weile, bis ich meine grauen Haare wirklich aus vollem Herzen mochte. Doch bei all der inneren Arbeit und dem Weg mich immer echter zu erkennen und zu zeigen, passte es irgendwann nicht mehr, meine Haare zu färben. Viele Jahre hindurch hatte ich meine ersten Grauen sorgsam verborgen, hatte Nuancen von Rot bis Braun ausprobiert. Nun trage ich die Haare seither wieder lang und natürlich, vorne an den Schläfen eine breite weiße Strähne, hinten am Kopf noch braun. Wenn die Haare offen sind, sieht man noch viel von der „alten, braunen Farbe", binde ich einen Pferdeschwanz, sehe ich komplett weiß aus.

Und mir begegnen die einen, die sagen „Wie schön, aber ich könnte das nie, weil ..." und die anderen, die diesen Look total ablehnen. Dabei reichen die Gründe von „Mir steht das nicht." bis hin zu „Ich habe den

Zeitpunkt verpasst." oder auch „Es ist noch zu früh.". Und zugegeben, es dauerte eine Weile, bis ich selbst in den Spiegel schaute und das, was ich sah, voll und ganz akzeptierte und sogar schön finden konnte.

Ich hatte mich also dazu entschlossen, dass es an der Zeit sei, und ich begann die Farbe herauswachsen zu lassen. Ein radikaler Schnitt mit „Haare komplett ab", kam für mich nicht in Frage. Auch immer heller bleichen bis schließlich weiß darunter hervorkommt, war für mich nicht stimmig. Also blieb nur der Weg, Schritt für Schritt über einen langen Zeitraum von fast 2 Jahren, mein wahres Ich hervortreten zu lassen. Zwischendurch zweifelte ich immer wieder. Zum einen hatte ich das Gefühl, dass ich für das andere Geschlecht immer unsichtbarer zu werden schien, je mehr die Grauen zum Vorschein kamen. Spannend, dass ich doch so sehr auf die Spiegelung und die Bestätigung im Außen angewiesen war. Wie sehr doch Äußerlichkeiten den eigenen Wert bestimmen.

Obwohl ich immer dachte, ich sei unabhängig und was interessierten mich andere Männer. So lau es in unserer Partnerschaft lief, so sehr kratzte die Situation zwischen meinem Mann und mir an meinem Selbstbewusstsein. Und auch der Blick in den Spiegel erschreckte mich immer wieder und ich meinte ich sähe krank und müde mit den grauen Haaren aus. Kein Wunder also! Außerdem kam mir meine eigene Haarfarbe so langweilig vor, irgendwas zwischen Mausgrau und Einheitsbraun.

Je weiter ich eintauchte in Energiearbeit, die Welt der Spirits und der Arbeit an mir selbst, ... desto klarer war auch, dass es keinen Weg zurück mehr gab. Die einzige Möglichkeit für mich noch echter zu werden, führte für mich über das Äußere. Heute bin ich mit meinen Haaren im Einklang. Schon längst habe ich auch meinen passenden Kleidungsstil und eine gewisse „Istmirdochegal"-Haltung sonst im Leben etabliert. Ich bin unabhängiger vom Modediktat und trage, was mir gefällt. Ich fühle mich jung und attraktiv. Ich sehe jetzt überall und immer mehr ganz wundervolle Frauen, die ebenfalls ihre Haare natürlich tragen. Und oft ist es fast so, als ob man sich erkennt: „Eine Schwester im Geiste. Wie schön sie ist!" Die Seelenfarbe der Frau kann ich dann viel klarer erkennen. Wie im

Außen so im Innen. So freue ich mich an Jeder, die auf dem Weg ist und sehe ihr Leuchten, ihr Glitzern, ihr Potenzial und Ihre ganz eigenen Möglichkeiten - und manchmal auch ihre Aufgabe im großen Ganzen!

Mit mir hat das alles nichts zu tun

Im Großen und Ganzen waren meine Kindheit und die Zeit als Teenager normal. „Normal", wie „langweilig" – dachte ich immer. Fast wie ein Schläfer hatte ich weder Visionen noch sah ich Geister oder Anderswelten. Ich war total Mainstream und auf Leistungskurs. Erst mit Ende dreißig bin ich plötzlich in einer Geschwindigkeit, die mich schwindelig machte, auf den spirituellen Weg gekommen.

Dinge, die ich vorher von Grund auf abgelehnt hatte, wurden plötzlich möglich. Und nicht nur das, sie wurden sehr real. Ich erinnere mich noch genau an meine erste Reiki-Einweihung an einem ganz wundervollen Kraftort bei Ruth Powerful am Chiemsee. Was für ein wundervoller Name für eine Frau mit so einem Angebot! Damals dachte ich wirklich, dieses Seminar würde ich nur wegen meiner besten Freundin besuchen. Mit mir hatten die Inhalte so überhaupt gar nichts zu tun, davon war ich überzeugt. Die Kursleiterin sprach von Chakren und Engeln und für mich war das der gequirlteste Blödsinn, den ich je gehört hatte.

Spiritualität war in meinen Augen etwas für die Midlife-Krise und unerfüllte Frauen, die auf der Suche nach einem Mann waren oder sonst etwas, was sie halt nicht mehr hatten. Die Energien bei der Einweihung konnte ich allerdings als sehr bunte Farben wahrnehmen, davon war ich dann doch ziemlich beeindruckt. Und auch hinterher wurde der Einsatz dieser Reiki-Energie schnell Teil meines Alltags, im Privaten und im Business. Der Wandel meiner Wahrheiten vollzog sich so schnell und unumstößlich, dass ich mir das bis heute nur so erklären kann: Zu diesem Zeitpunkt wurde ein Schalter umgelegt, der mich aus dem Zustand des Schläfers anknipste ... und mich verband mit dem, was schon immer da gewesen war. Häufig plagten mich in meiner Jugend heftige Wutausbrüche und ich perfektionierte den Weitwurf irgendwelcher Gegenstände aus Fenstern oder Fluren. Meine Eltern, insbesondere meine Mutter, wollte mich immer zu etwas formen, das ich nicht war. Mit subtilem, beständigem Druck versuchte sie es doch zu erreichen. Gute Noten in der Schule. Nur wer etwas tat, genügte. Nur herumsitzen war ausgeschlossen und nutzlos. Man tat immer etwas, was sollten denn die anderen sonst sagen?

> *Sei stolz auf Deine Fähigkeiten.*
> *Verstecke sie nicht,*
> *lerne die Balance zu leben.*

Ich denke, dass sie irgendwie schon spürte, dass ich da etwas mitbrachte, das anders war. Eine Kraft, vor der sie vielleicht unbewusst auch Angst hatte. Sie bemühte sich, mir einen guten Start zu ermöglichen und mir das Beste für mein Leben mitzugeben. Aus ihrer Sicht eben – und das war nett und angepasst! Ich erinnere mich an heftige Emotionen und immer das Gefühl von Zwang. Ich hatte mich so zu verhalten oder so, regelmäßig eckte ich an. Ich passte einfach nicht. Wenn ich versuchte auszubrechen, wurde ich schnell wieder an meinen Platz zurückgestutzt. Und so lernte ich, mich klein zu machen, unsichtbar zu halten und vor allem mir selbst nicht mehr zu vertrauen. Die anderen, meine Eltern, meine Mutter wussten es eh viel besser als ich. Ich wusste nichts! Ich war nichts. Ich flüchtete, indem ich mich energetisch entzog oder ich versuchte dagegen zu kämpfen und flippte total aus.

Coachingkarte 44:
Lerne die Balance.
Das Wie und die
passende Art und
Weise sind wichtig.

Diese Selbstzweifel – immer wieder brachten sie mich zum Straucheln. Sorgsam achtete ich darauf, unter der Sichtbarkeitsgrenze zu bleiben. In der Schule wurde ich rot, sobald mich ein Lehrer aufrief. Erschütternd die Reaktionen dieses einen speziellen Lehrers, der mir mit dummen Sprüchen begegnete: „Du kannst jetzt wieder auf Grün schalten." oder „Was kostet das Kilo Tomaten heute?", um nur eine kleine Auswahl zu geben. Nicht gerade sehr förderlich für mich.

Und so bemühte ich mich weiterhin, ja nicht groß zu werden, und war gleichzeitig doch getrieben vom ständigen Streben etwas zu tun. Ich definierte mich so sehr durch etwas tun, dass ich es mir noch heute ganz bewusst vornehmen muss, wirklich nichts zu tun. Multiple Verabredungen und ineinander geschachtelte Termine waren zu Beginn der Partnerschaft mit meinem Mann an den Wochenenden mehr als üblich. Nur nichts verpassen. Immer in Bewegung und gleichzeitig immer irgendwie auf der Flucht vor meiner eigenen Wahrheit, konnte erst die gemeinsame Zeit mit meinem Mann mich zum Verlangsamen meiner Schritte bewegen.

Und lange Zeit rannte ich mir und meiner inneren Stimme davon auf meiner täglichen Joggingrunde. Noch heute liebe ich es, mit riesigen Schritten und vor allem Siebenmeilenstiefeln an meine Ziele zu kommen. Ich bin schnell und umsetzungsstark. Nur kann ich mittlerweile in Situationen angemessen reagieren und bin nicht mehr getrieben. Erst kürzlich hatte mir doch diese nette Ameise bei der Visionssuche erzählt, dass Schnelligkeit nichts sei, wofür man sich schämen müsse. Nur sei es eben auch wichtig, die Langsamkeit der Dinge zu beherrschen.

Schnelligkeit und Erfolg

„Zieht schneller als ihr Schatten", bemühte mein Geschäftspartner viele Jahre lang den Wildwest-Helden Lucky Luke aus dem gleichnamigen Comic, um meine Arbeitsweise und Geschwindigkeit in unserer gemeinsamen Firma zu beschreiben. Diese Firma führten wir mittlerweile im siebten Jahr gemeinsam. Gegründet hatte ich sie vor rund 15 Jahren allein.

Ich hatte ein Hörbuch als Co-Autorin geschrieben, hatte mich an diversen Veröffentlichungen in Gemeinschaftswerken beteiligt und sogar ein Marketingfachbuch über die fünf Säulen der Sichtbarkeit im Handwerk geschrieben, das ein Verlag in der Branche veröffentlichte.

Viel haben wir in der gemeinsamen Zeit unserer Geschäftstätigkeit erreicht, uns persönlich und miteinander entwickelt und wir sind aneinander gewachsen. Doch der große Erfolg, den wir eigentlich immer gesehen hatten, war nicht eingetroffen. Wir haben uns zwar im Branchendurchschnitt einen guten Stand erarbeitet, aber der ganz große Wurf war stets unerreichbar geblieben.

Damals, als ich in meiner ersten großen Krise als Selbstständige mit dem Rücken an der Wand stand, waren ein Mentor und er in meine Firma eingestiegen. Wir gründeten zu dritt eine GmbH. Nach einem Jahr war dann zwar unser Dritter im Bunde aus dem gemeinsamen Unternehmen wieder ausgestiegen, aber seither machten wir als geschäftsführende Gesellschafter im Duo gemeinsame Sache.

Zu Beginn noch voller Elan hatten wir an Konzeption und Schärfung der Positionierung des Unternehmens gearbeitet. Doch mittlerweile hatte sich Ernüchterung eingestellt und eine gewisse Resignation, ob der weiteren Potentiale und Möglichkeiten. Schon unsere Ausgangssituationen waren damals völlig unterschiedlich gewesen. Während mein Geschäftspartner zig Beteiligungen und Unternehmensfelder bediente, war mein Wunsch eigentlich immer der Fokus auf ein Unternehmen gewesen.

Durch diese Ausgangslage bildete sich ein Ungleichgewicht. Zwar beherrscht mein Geschäftspartner das Spiel mit den vielen Hüten, will sagen, er ist immer der, dessen Hut er gerade trägt. Dann ist er voll da. Zieht er den Hut aus, versiegt in dem Moment auch die nachfließende Energie im gemeinsamen Projekt. Projekte und Ideen kommen dadurch nur stockend zum Laufen. Oder der Spannungsbogen ist schon zu Ende, bevor er überhaupt angefangen hat. Das ist eine Begabung, die Segen und Fluch zugleich ist. Denn so wie er stets die Hüte wechselt und der ist, dessen

Hut er gerade trägt, so bringt es dieses Hütchenspiel mit sich, dass man eben eigene Inhalte aus sich heraus oft nicht zur Verfügung hat. Sprich, sind keine fremden Hüte da, die man tragen kann, fehlt es an wahren und echten eigenen Überzeugungen, Visionen und Werten.

Coachingkarte 45:
Tue es ganz.
Wie im Außen so im Innen.
Wie im Innen so im Außen.

Er spielte in unserer gemeinsamen Zeit aber stets den Ball mit dem größten Geldfluss für ihn. Was ja eine weitverbreitete Vorgehensweise ist, aber keine, die einen aus meiner Sicht dauerhaft glücklich und zufrieden machen kann. Geld ist nie ein starkes Motiv für Engagement und vor allem auch nichts, das einen beflügelt oder brennen lässt für eine Sache. Kein Investor würde in eine Firma sein Geld geben, in dem die Menschen nicht für das eine Unternehmen brennen, wenn sie gleichzeitig noch zwanzig andere Dinge tun. Denn zahlt einer mehr, wechsle ich als Lohnempfänger meinen Hut und verkaufe mich eben dann an einen anderen Meistbietenden.

Das Geld war also seine Entscheidungshilfe, in welches Projekt er jetzt als nächstes seine Energie und seinen Fokus setzen wollte. Ich fühlte mich zunehmend, als ob ich am ausgestreckten Arm mit der Karotte vor der Nase verhungern sollte. Anfänglich gab ich viel Engagement in unsere gemeinsame Firma. Doch er bremste oft. Und ich war mittlerweile so ausgebrannt und hatte das Gefühl, dass meine Energie in der Firma irgendwie immer verpuffte. Ich entwickelte sogar zwischenzeitlich Vermeidungs- und Fluchtstrategien, um nicht mehr in der Firma die Dinge vorantreiben zu müssen, da meine Energie, die ich in die gemeinsame Unternehmung einbrachte, auf seiner Seite gleich wieder hinausschwappte. Ich war irgendwann nur noch ausgelaugt, hatte keine Lust mehr zu arbeiten und erfand ständig neue Ausreden, um mich nicht an meinen Arbeitsplatz am Schreibtisch setzen zu müssen. Ein konkretes Projekt ja, aber nicht mehr die Firma voranbringen.

Einmal hatte er mir vorgeworfen, dass das Marketingbudget, das ich für die Firma an Tätigkeiten einbrachte, umgerechnet ein riesiger Luxus war, den wir uns eigentlich nicht leisten konnten. Also hörte ich damit auf. Das brachte aber schließlich unseren beständigen Fluss an neuen Anfragen und Aufträgen zum Erliegen. Und es lief zwischen uns persönlich dadurch zunehmend schlechter. Unser gemeinsamer Engpass, die Zeit um Projekte abzuarbeiten und insbesondere auch seine knappe Zeit zwischen den vielen Hüten und gleichzeitig seine Auffassung, keiner könne Projekte so gut abarbeiten wie er, verhinderten oft, dass wir aus guten Anfragen mehr Aufträge generierten.

Auch hatten wir besonders in der letzten Zeit immer wieder festgestellt, dass wir zwar durchaus ähnliche Werte teilten, aber nicht gemeinsame Visionen zu formulieren in der Lage waren. Er sagte sogar bei einem dieser Meetings, als ich meine inneren Bilder und was ich für die Zukunft sah mit ihm teilte, das seien keine Visionen. Mein Engagement als ausgezeichnete Vorbildunternehmerin des Bundeswirtschaftsministeriums seit 2014, sah er eher als Belastung. Reiste ich nach Berlin für Veranstaltungen, war er eher widerwillig bereit, diese Kosten in der Firma zu übernehmen und konnte nicht erkennen, dass es eine Investition in die Sichtbarkeit der Firma war. Gleich war er wieder bestrebt, ein Gleichgewicht der Ausgaben herzustellen, indem er dann für Weiterbildung oder ähnliches das Gleiche für sich beanspruchte. Gleichzeitig war er aber nicht willens, sich auch nur für eine zusätzliche Netzwerkveranstaltung aufzuraffen ebenfalls im Namen der Sichtbarkeit unserer gemeinsamen Firma.

Aktionen, die mir wichtig waren, trug er zwar irgendwie mit, aber eher halbherzig und mit deutlichem Stopp, sobald irgendwo ein bisschen mehr gefordert war. Ob das bei der Organisation einer Roadshow und damit verbundenen Abendveranstaltungen war, oder auch eine Spendenaktion bei einem befreundeten Unternehmen. Die Ausrichtung war und blieb: „Solange es kein oder wenig Geld kostet ja, und vor allem kann ich keinerlei zeitliche Zusagen machen." Im Gegenteil, eher wurde dann die Zeit, die ich unproduktiv durch Marketing ausfiel im Unternehmen, so verbucht, dass er das ja dann noch mittragen und meinen Part übernehmen müsse. Ich will nicht sagen, dass es keinerlei gemeinsame und fördernde Energie gab, aber eben in der letzten Zeit zu wenig und dann immer sparsam und wohlüberlegt dosiert und vor allem nicht so, dass Dinge schnell wachsen oder sich entwickeln konnten. Auch zusätzliche Veranstaltungen oder mal ein Vortrag oder Netzwerken waren zu viel und wurden bereits im Keim durch heftiges Abwinken erstickt. Andersherum wurden die Auszeichnung als „Sozial engagiertes Unternehmen" durch unsere und von mir vorangetriebene Teilnahme am LEA-Mittelstandspreis gerne entgegengenommen und man schmückte sich in Gesprächen mit Werten, die ich mit meinem zusätzlichen Engagement und Ehrenamt ins Unternehmen einbrachte.

Coachingkarte 46:
Anfang vom Ende.
Anerkennung und
Interesse motivieren zu
Höchstleistungen.

Seit Beginn des zurückliegenden Jahres, hatte sich also unsere Auftragslage nicht so entwickelt wie erhofft. Erst in diesem Jahr hatten wir durch die Insolvenz eines großen Kunden viel Umsatz einfach so abschreiben müssen. Und das war irgendwie sinnbildlich für die Entwicklung unserer Firma. Sobald wir ein bisschen Fahrt aufnahmen bremste sofort eine gegenläufige Bewegung. Eine Sache, die mir in dieser unruhigen Zeit immer wieder klar wurde, war, wie wichtig es ist, dass Menschen gesehen und respektiert werden. Mehr als jedes Geld ist es die gegenseitige Anerkennung und das wirkliche Interesse am Menschen, die uns zu Höchstleistungen auflaufen lassen. Fehlt das, fehlt ein entscheidendes zwischenmenschliches Bindeglied, das für Motivation, Spaß und Freude im Team sorgt. Ich fühlte mich nicht mehr gesehen und wertgeschätzt. Und das war der Anfang vom Ende.

Anleitung zum Glück: Lösungsorientiertes Vorgehen

Ich möchte ganz bewusst an dieser Stelle betonen, dass ich kein Schuldspiel spielen möchte. Die Geschehnisse und die Motive hinter den Motiven aufzudröseln, sind für mich eine Möglichkeit durch diese Sache hindurch zu gehen und abzuschließen. Und mir ist klar, dass aus einer anderen Perspektive die Dinge anders aussehen. Aber, ich kenne an dieser Stelle einfach meine Sicht der Dinge und ich versuche sie mir so zu erklären, dass ich etwas für die Zukunft lernen und mitnehmen kann. So wie ich in meinem ganzen Leben immer versucht habe, die Ereignisse zu reflektieren und für mich weiterzukommen. Wenn ich jetzt meinen Lerninhalt gelernt habe, werde ich ins nächste Level kommen und neue Aufgaben finden. Falls nicht, werde ich eine Wiederholungsschleife machen und mit ähnlichen Aufgaben die gleichen Themen nochmals üben. So lange, bis ich ins nächste Level komme.

 Weitverbreitet sind Schuldspiele oder das sogenannte exogene oder endogene Erklärungsmodell, also das innere oder äußere Erklärungsmodell. Keines davon ist jedoch zielführend. Weder zu sagen „die anderen sind schuld" also die Auffassung, dass alle anderen Schuld an meiner momentanen Situation haben und alle so böse sind, die Regierung, die Nachbarn ... noch sich selbst die Schuld zu geben an der Situation, weil ich halt so klein, so doof oder so unfähig bin... Keine dieser Schuldzuweisungen bringt eine Änderung oder einen Lösungsansatz für ein Problem.

Diese beiden Erklärungsmodelle halten jedoch nur das auf Gegenseitigkeit beruhende Schuldspiel am Laufen. Und wie „Spiel" schon suggeriert, braucht es dafür immer zwei Seiten, einen der spielt und einen der mitspielt. Einer, der dem anderen Verantwortung für etwas zuschiebt, Täter und Opfer, aber keiner, der wirkliche Verantwortung übernimmt. Daraus resultiert eine Pattsituation, und aus der betreffenden Position sieht wirklich der eigene Standpunkt, wie der einzig wahre aus. Eine wirkliche Handhabe oder die Möglichkeit für eine konstruktive Herangehensweise bringt dieses Schuldspiel nicht, es ist ein unproduktives Spiel.

Eine spürbare Veränderung bringt nur ein lösungsorientierter Ansatz. Diesem kommt man mit einer schlichten Frage auf die Spur: Was hat in dieser Situation funktioniert und was hat nicht funktioniert? Ganz bewusst konzentriere ich mich dabei auf das Tun, denn ein konkretes Handeln kann man verändern. Während Schuldzuweisungen den Zustand verfestigen, konzentriere ich mich beim lösungsorientierten Ansatz auf das, was konkret verbessert oder anders gemacht werden kann. Damit suche ich Lösungen, nicht Schuld. In dem Moment, in dem ich dadurch wieder ins Handeln komme, steigt die Energie und eine wirkliche Verbesserung des Problems ist möglich. Schuldspiele kann ich damit getrost hinter mir lassen und ich beginne aus einer Situation für die Zukunft zu lernen. Reflektiere also für Dich, wo Du Schuldspiele spielst und wie Du diese für Dich umformulieren kannst in Deinem Schreibheft. Wem gibst Du wofür die Schuld? Wie kommst Du hier zum lösungsorientierten Vorgehen?

Ich befand mich also in der letzten Zeit in seiner Sackgasse, fühlte mich blockiert und gelähmt und nichts kam mehr in Fluss. Weder in meinem eigenen Unternehmen mit spirituellen Themen, das ich seit April systematisch aufbaute, noch in unserer gemeinsamen Firma tat sich auftragsmäßig gerade etwas. Und ich hatte sogar ein Coaching bei einem bekannten Erfolgscoach zuerst gewonnen und dann ein Anschlusscoaching nur dafür gebucht, um jetzt endlich wieder erfolgreich durchzustarten. Ich war durch alle Höhen und Tiefen des Programms gegangen und hatte auch wirklich mit der Umsetzung der Sichtbarkeitskampagne in den Social-Media-Kanälen begonnen. Regelmäßige Posts, Online- und Life-Interviews, …

Ich war zwar irgendwie von einigen Menschen angesprochen worden, die mit mir Projekte starten wollten, aber Kunden hatte ich dadurch nicht gewonnen. Und seit dem letzten Sommer tauchte bei mir ein immer wiederkehrender Gedanke auf: „Du musst Deinen Knoten auflösen und der einzige Weg ist, aus der Firma auszusteigen! Du hast alles reingegeben, was Dir in dieser Konstellation möglich war". Und ich wollte wieder zu einer Handlung gelangen, ins Tun kommen, um aus diesen Schuldzuweisungen, die nichts veränderten, sondern nur den Moment konservierten, auszusteigen.

Coachingkarte 47:
Fluss des Lebens. Schuldzuweisungen bringen niemals Bewegung.

Bussard, fliege hoch und beobachte genau.
Verbunden mit Himmel und Erde, dem Mond und den Sternen,
tauchst Du ein in das große Alleins.
Tanze Dein Leben, flieg leicht in alle Höhen und Tiefen des Seins.
Verbinde Dich mit meiner und Deiner Kraft
und sieh wie alles zur rechten Zeit zu Dir kommt.
Tanze Dein Leben, leicht und unbeschwert und in Verbindung mit der
Schöpfung und dem höchsten Vatermuttergott.
Und Du wirst sehen Du bist gesegnet, behütet und geführt!

Wenn Du Dich nicht bewegst, kann das Universum Dir nichts anbieten

Zu vertrauen und den Hinweisen der Spirits zu folgen, oder dem Leben, oder wie auch immer man das nennen mag, ist einfach, wenn alles save ist, also alles sicher ist. Bete hier ein bisschen, diene dort, mache eine Zeremonie, male ein Bild, reise nach Mexiko und auch, schreibe ein Buch. All den Hinweisen aus der geistigen Welt war ich stets gerne nachgekommen. Aber ich war immer sicher gewesen und konnte dabei nicht wirklich etwas verlieren! Ich bewegte mich wie mit einem doppelten Boden oder Netz auf dem Hochseil meiner Spiritualität. Alle Risiken konnte ich im Vorfeld abschätzen und Eventualitäten und Gefahren abwägen. Ja, ich tue, was mir aus der Anderswelt gesagt wird – aber sicher!

Jetzt war plötzlich von mir gefordert, zu springen ohne diese doppelte Absicherung. Meine Agentur, die ich so lange führte, aus der sollte ich plötzlich als Geschäftsführerin aussteigen, weil Erfolg und Glück von so viel mehr abhängen als nur davon schön auszusehen. Ein großer Schritt, denn die Agentur war mein Baby, vierzehn Jahre lang. Und ich wusste noch nicht, was danach kommen sollte. Loslassen kann ganz schön weh tun. Aber ich konnte meine Visionen nicht mehr klein halten, um sie in die von uns gelebten Strukturen und Mechanismen im gemeinsamen Business zu pressen. Und ich wusste, wenn ich mich nicht bewege, heraus aus dieser Stagnation, kann mir das Universum auch nichts anbieten als Alternative. Und ich tat mich wirklich schwer. Ich wusste nicht was passieren würde, konnte mir in keiner Weise ausrechnen, wie es weiter geht. Eines nur wusste ich sicher, jetzt befand ich mich in einer totalen Sackgasse. Nichts ging mehr! Einen Schritt zu wagen und sei er noch so klein, ist unbekannt und unsicher. Da war es doch viel einfacher, weiterzumachen wie bisher, auch wenn Dinge dadurch stagnierten und mich unglücklich machten. Klar, ein Schritt ins Unbekannte macht schon mal Angst oder bereitet schlaflose Nächte.

MUT jedoch bedeutet, sich genau diesen neuen Herausforderungen zu stellen und auszuprobieren. Vielleicht funktioniert es, vielleicht auch nicht. Das weiß ich jedoch nur, wenn ich es wirklich tue. Sonst bleibt eine Chance immer nur eine theoretische Möglichkeit – und kann niemals ihr volles Potential, ihre Kraft, ihre Energie und Magie... entfalten. Nur, etwas nicht zu tun, bedeutet Stillstand und Stagnation, bringt keine Veränderung und auch niemals eine Verbesserung. Indem ich einen Schritt nach dem anderen gehe und wieder in Bewegung komme und etwas anbiete verändert sich was. Dann können zwar Irrtümer oder Fehler geschehen, diese werden jedoch zu meinen Erfahrungen, ich lerne und ich verbessere mich und nur so kann ich schließlich auch gegensteuern, um dorthin zu gelangen, wo ich es mir wünsche.

Versuche doch mal zu schaukeln, ohne selbst etwas zu tun! Viele versuchen genau das in ihrem Leben: Sie wollen Veränderung, tun jedoch jeden Tag immer und immer wieder das Gleiche. Dann wundern Sie sich, dass das Ergebnis immer nur das Gleiche ist! Es kann sich so nichts verändern. Nur wenn Du also in Bewegung kommst und Deinen Teil aktiv beisteuerst, kannst Du wirklich ein Ziel oder auch Deine Lebensaufgabe erreichen. Festhalten an Vertrautem ist dabei oft hinderlich. Besser Du agierst selbst und bewusst in Deinem Leben, als dass Du bewegt wirst oder nur reagierst.

Coachingkarte 48:
Komme in Bewegung. Wenn Du Dich nicht bewegst, wird sich nichts verändern.

Also musste ich springen, ins Bodenlose. In ein Loch, das sich gefühlt auftat und gegen mein sonstiges Sicherheitsbedürfnis stand. Die Hinweise von außen häuften sich, die sagten: „Spring! Vertraue! Du weißt, Du bist ge-

tragen und geführt, versorgt und erst, wenn Du Dich wieder bewegst, kann sich Dein Weg zeigen! Jetzt ist die Zeit, weiterzugehen und wirklich einen großen Entwicklungsschritt weiterzukommen, indem Du Dich diesen Deinen Ängsten, Glaubenssätzen, Mustern und Barrieren stellst und gleichzeitig lernst, Deiner inneren Stimme und Intuition noch stärker und ohne Absicherung zu vertrauen und vor allem dann auch danach zu handeln."
Ich war trotzdem ratlos. Alles fühlte sich so unsicher und so ungewohnt an. Aber ich blieb dieses Mal wirklich dran, arbeitete intensiv daran loszulassen. Und was soll ich sagen, so kam meine Agentur wieder zurück zu mir. Denn zuerst wollte ich aussteigen und meine Anteile verkaufen, hier konnten wir uns nicht auf einen stimmigen Preis einigen. Dann war der Plan, die GmbH zu liquidieren. Was aber bedeutet hätte, nach dem Gläubigeraufruf durch den Notar wäre das Unternehmen ein Jahr lang auf Eis gelegt und mein Geschäftspartner und ich aneinander gebunden, aber in noch größerer Stagnation. Und nach einem Jahr wäre dann alles einfach abgestellt worden, das konnte ich nicht. Zu viel von mir war noch in dieser Firma.

Dann erzählte ich einer langjährigen Geschäftsfreundin von der ganzen Situation. Der Zufall wollte es, dass wir uns in der darauffolgenden Woche zu einem Interview trafen. Und bei diesem Termin machte sie mir das Angebot, dass sie und ihr Partner bei mir einsteigen würden, die Energie stieg sofort. So wurde mit einem Mal wieder möglich, dass ich in der Agentur blieb und wir doch noch erfolgreich werden konnten. Nach einigen Treffen und einem intensiven Workshop war die Partnerschaft also ausgemacht, und ich verhandelte mit meinem Noch-Geschäftspartner um seine Anteile.

Ich kam mir vor wie bei einem Jackpot-Hauptgewinn. Und dann boten die neuen Geschäftspartner mir auch noch an, den Hauptsitz ihrer Firma in gute Lage in einer nahen Stadt zu verlegen. Wirklich eine tolle Gegend, eine super Bürogemeinschaft und eine wahnsinnige Chance, so fühlte es sich für mich an. Und direkt begannen wir mit neuen, noch nie dagewesenen Ideen und frischer Energie der alten Firma Leben einzuhauchen. Und als der Notartermin verstrichen war und ich gemeinsam mit dem ehemaligen Geschäftspartner in Dankbarkeit noch der alten Zeiten gedachte, war es gleichzeitig so frei und leicht in mir. Ich wollte diese neue Partnerschaft wirklich, ich erhoffte mir endlich zu finden, wonach ich schon so lange auf der Suche war.

Seither hat sich so vieles verändert. Allem voran die Tatsache, dass ich wieder gerne arbeite und langsam aber sicher wieder zu schätzen lerne, was ich kann und bin. Mein neuer, innerer Kompass und Richtungsweiser bei allen Fragen, die dabei auftauchen ist jetzt: Habe ich das so noch nie gemacht? Dann tu ich es! Und es fühlt sich gut an. Neu. Anders. Und ich muss mich ganz schön strecken mitunter, aber gut! So geht Wachstum!

Anleitung zum Glück: Die Veränderung annehmen

Es gibt nie nur einen Weg, die Dinge anzugehen. 144 Lösungen, kannst Du finden, wenn Du lange und gründlich genug suchst. Für mich beinhaltet Annehmen immer diese Schritte:

- **Absolut ehrliches Erkennen und Fühlen**
  Dazu gehe ich auf viele unterschiedliche Weisen an das Thema heran. Ich male, schreibe, meditiere, träume, reise schamanisch, ... bis ich das Gefühl habe, ich habe alles dazu und aus vielen Perspektiven wahrgenommen. In dieser Phase spreche ich auch mit anderen, die auf einem ähnlichen Weg sind, um andere Sichtweisen zu bekommen.
- **Ich umarme und lasse alles daran zu,**
  auch Anteile, die mir über mich in diesem Zusammenhang nicht so gefallen. Dazu gehe ich immer und wieder an diesen unangenehmen Punkt, solange, bis ich spüre, dass ich das nicht mehr ablehne oder wegdrücke und ich diesen Aspekt integrieren kann.
- **Und dann sage ich ja zu mir**
  und handle nach meinem Gefühl und nach meiner Wahrnehmung. Ich tue, was getan werden muss. Wenn Lösungen gefunden werden wollen, dann suche ich Lösungen, so lange, bis es wirklich für alle Beteiligten passt. Und das immer in dem Bewusstsein, dass es 144

Lösungen für ein Problem gibt, aber die Lösung auch meine gute Lösung sein darf.

- **Und dann gewöhne ich mich an das Neue**
  auf unterschiedliche Weisen, das kann schon mal ein halbes Jahr dauern. Anders darf es dabei sein, muss es sogar auch, sonst könnte sich nichts wirklich Neues entwickelt haben. Wenn sich alles bekannt anfühlt, dann werde ich ziemlich sicher noch einen weiteren Lernzirkel zu diesem Thema gehen.

Ratlos waren wir auch, wenn mein Mann und ich uns jetzt allabendlich trafen, um eine Lösung zu finden. Wie schaffen wir es, uns zu trennen und jeder ist dabei trotzdem irgendwie zufrieden? Halt so zufrieden, wie es eben in dieser Situation möglich ist. Denn auch ich war in dieser Zeit tieftraurig und konnte kaum mehr etwas anderes denken oder tun, außer an unser Partnerschaftsthema und die verlorene Liebe. Nichts hatte mehr eine Bedeutung und auch die kurze Liebelei war mittlerweile völlig aus meinem Bewusstsein verschwunden. Wir chatteten nicht mehr, ich dachte nicht einmal mehr daran. Es gab nur noch jetzt, nichts anderes mehr, nur meinen Mann und mich!

Coachingkarte 49:
Veränderung annehmen. Ich nehme die neue Situation an, auch wenn sie Loslassen bedeutet.

Wenn alles andere unwichtig wird

Wirklich mein ganzer Fokus war auch notwendig, als vor wenigen Jahren mein Ältester von ganz schlimmen Depressionen geplagt wurde. Zugegeben, er spiegelte sehr deutlich meine frühere Opferhaltung, und auch er gefiel sich darin ziemlich gut. Zu diesem Zeitpunkt hatten sich die Situationen um ihn herum zugespitzt. Seine damalige Freundin hatte ihn kurz zuvor verlassen und es kamen noch einige weitere Faktoren dazu, und das zog ihn immer tiefer und tiefer in ein gefühlsmäßiges Schlamassel und zum völligen Stillstand.

Ich danke heute noch dem Universum, dass er sich irgendwie doch noch an uns Eltern wenden konnte. Alles stellte ich in diesem Moment hinten an, wir suchten Möglichkeiten, Ärzte, Wegbegleiter, um seinen dunklen Gedanken vom Ende seines Lebens entgegenzuwirken. Und ich neige mittlerweile in stressigen Situationen glücklicherweise nicht mehr zu Drama und Kopflosigkeit. Über eine sehr enge Begleitung fanden wir schließlich wieder einen Weg hinaus aus der Dunkelheit. Wir aßen täglich zusammen, wir gingen in der Sonne spazieren und redeten. Doch ich glaube, das Entscheidende in dieser Zeit war, dass er merkte, dass er uns und mir so wichtig ist! Denn immer schon fühlte er sich und benachteiligt, seit unser jüngerer Sohn geboren war.

Seine Eifersucht begann bereits, als er damals noch an den vereinbarten Wochenenden von seinem leiblichen Vater abgeholt wurde. Auf der einen Seite hatte er das Bedürfnis, ihn zu sehen und zu treffen und freute sich auch darauf. Auf der anderen Seite jedoch, hatte er immer das Gefühl in unserer Familie mit neuem Baby etwas zu verpassen. Die Tage vor den Treffen waren immer schon anstrengend, und hinterher war es wirklich oft unerträglich. Er war launisch und ungerecht und brach oft Streit vom Zaun. Irgendwann später bestätigte er uns einmal in einem Gespräch, dass er das absichtlich getan hatte, weil er nicht bei uns gewesen und eifersüchtig war. Achteinhalb Jahre betrug der Unterschied zwischen ihm und seinem jüngeren Halbbruder. Und auch mein Ex hatte mittlerweile eine Frau und zwei kleine Mädchen, die ja folglich die Halbschwestern meines

Sohnes waren. Eine wirklich herausfordernde Situation für einen kleinen Jungen. Mein Mann und ich versuchten immer auszugleichen und aufzufangen. Insgesamt muss man sagen, dass die Wogen sich durch die neuen Partner zwischen meinem Ex und mir deutlich geglättet hatten, es kehrte fast so etwas wie Routine ein. Nur die regelmäßige Überprüfung der Unterhaltsverpflichtungen ärgerten mich nach wie vor, da der Ex immer noch nur Halbwahrheiten in die Formulare einfüllte, um sich vor seinen finanziellen Pflichten zu drücken. Aber wie gesagt, mein Mann und ich versuchten auszugleichen.

Mir war es wichtig, dass mein ältester Sohn, ein gutes Verhältnis zum Vater pflegte, auch wenn er immer wieder mit Geschichten heimkam, die mir wirklich die Haare zu Berge stehen ließen. Ich erinnere mich gut, dass unser Sohn einmal ganz verstört heimkam und erzählte, sein Vater hätte gesagt: „Du weißt aber schon, dass Mamas Mann nicht Dein Vater ist?" Es war so zu dieser Situation gekommen, dass unser Ältester sich versprochen hatte und was von zu Hause erzählte und sagte: „Der Papa hat...!" Er sagte ja schon lange Papa zu meinem Mann, aus freien Stücken, ohne dass jemand ihn drängte, einfach weil er es so wollte. Noch lange ging meinem Sohn das nach, dass er dort nicht frei erzählen durfte und aufpassen musste, was er zu wem sagte. Und die Besuchswochenenden machten das jedenfalls für ihn nicht leichter.

Ich bin heute noch wirklich froh, dass die neue Frau so nett zu meinem Sohn war. Sie las ihm mit ihrem netten südländischen Akzent vor, brachte ihn ins Bett, buk Pizza mit ihm und unternahm viel, auch wenn der Ex irgendwo unterwegs war. Heute kann ich die Verletzung des Ex erkennen, auch wenn die Art und Weise damit umzugehen wirklich unreflektiert und egoistisch war. Anstatt sich für das eigene Kind zu freuen, dass dieses in einer glücklichen Patchwork-Familie lebte, in der sich die Dinge so gut entwickeln, war er eifersüchtig und drückte ihm das zu vielen Gelegenheiten ungefiltert rein. Ich konnte lange nicht verstehen, dass man so etwas zu seinem Kind sagt, doch es sollte noch viel schlimmer kommen.

Mein Sohn war gerade vierzehn geworden und wir hatten uns entschieden, dass er ab jetzt die Mitteilungen und Briefe vom Jugendamt auch selbst lesen dürfe. Da flatterte schon die alljährliche Überprüfungsbenachrichtigung für den Unterhalt vom Vater herein. Dieses Mal hatte er sich wahrlich selbst übertroffen bei seinen Ideen, die Dinge zu seinen Gunsten zu gestalten, und hatte sage und schreibe alle jemals getätigten Geschenke seiner Familie, inklusive die der Großeltern und Tante als unterhaltsmindernd angegeben. Und als ob das nicht genug gewesen wäre, sogar die Trompete, die der leibliche Vater damals von seinem Großvater geerbt hatte und die er jetzt an seinen Sohn als Leihgabe weitergegeben hatte, war aufgeführt! Mindernd für die Unterhaltszahlungen.

Wir waren alle schockiert und irgendwie auch fassungslos, wie man auf so eine Idee kommen konnte und mein Sohn war tief gekränkt. Alles erschien ihm plötzlich unehrlich und berechnend und als ob nie echte Gefühle oder Zuneigung vom Vater zu ihm vorhanden gewesen sei. Tief getroffen begann mein Sohn einen seitenlangen Brief an seinen Vater zu schreiben, den er mir dann zum Lesen gab, bevor er ihn abschicken wollte.

Zum Glück! Noch heute läuft mir ein kalter Schauer den Rücken runter, wenn ich an diesen Brief denke. Alles hatte er ihm geschrieben, alle Verletzungen, all die Dinge, die nie ausgesprochen worden waren und doch so tief saßen. Es waren krasse Zeilen eines zutiefst verletzten Jungen, voller Anschuldigungen und Vorwürfe. Wir weinten beide, als ich fertig war mit Durchlesen. Ich sagte: „So kannst Du den Brief nicht abschicken!" Und wir begannen den Brief gemeinsam durchzuarbeiten und abzuschwächen. Es tat mir so leid, dass mein Sohn wegen dem Schlamassel zwischen mir und dem Ex so etwas durchmachen musste. Auf viele Sätze bestand er, das war für ihn die Wahrheit und ich versuchte zu glätten, was irgendwie ging. Schließlich schickte er den Brief ab. Und dann kam ein Brief vom Vater zurück, der so gemein und unerwachsen war, dass ich heute noch den Kopf darüber schüttle.

Glücklicherweise sind beide Kopien der Briefe heute nicht mehr auffindbar, so dass wenigstens ein bisschen Gras über die gegenseitigen Verletzungen wachsen konnte und mein Sohn sie sich nicht wieder und wieder beim Durchlesen wachrufen kann. Die Erinnerung daran ist schlimm genug. Da schrieb tatsächlich der erwachsene Mann seinem halbwüchsigen Sohn: „Du hast mein Leben zerstört!" Und dann folgten Hasstiraden auf mich und wüste Anschuldigungen, dass ich meinem Sohn den Brief diktiert hätte und viele weitere Unwahrheiten aus der gemeinsamen Zeit unserer unsäglichen Beziehung. Wir waren alle fassungslos. Das Gute daran war lediglich, dass für meinen Sohn dadurch, dass er ja wusste, dass er den Brief allein geschrieben und ich massiv geglättet hatte, alle Anschuldigungen aus der Zeit davor sofort völlig entkräftet waren. So hat mein Sohn nie eine einzige Anschuldigung aus diesem Brief gegen mich erhoben.

Mein Sohn war wütend und wollte seinen leiblichen Vater nicht mehr sehen. Mein Mann und ich hatten schon davor immer wieder über eine Adoption gesprochen und dachten nun, vielleicht wäre es dem Vater ja recht, die finanzielle Belastung loszuwerden. Wir fragten meinen Sohn, ob er sich von meinem Mann adoptieren lassen wollte. Er wollte und war froh. Jetzt setzten wir gemeinsam einen Brief auf, den wir auch an das Jugendamt sandten, und baten um die Freigabe zur Adoption.

Und ich wundere mich noch heute, wie leicht dann alles ging. Der Vater rief uns an und wollte mit seinem Sohn sprechen. Dann legte er ihm quasi die Worte in den Mund: „Willst Du, dass ich Dich freigebe?" Und mein Sohn musste nur „Ja!" sagen, damit unterschrieb der Vater alle notwendigen Unterlagen. Wenn er sich nur ein bisschen angestrengt hätte, wenn er gesagt hätte, das war ein Missverständnis, Du bist mir wichtig – an dieser Stelle hätten die Wogen noch wieder geglättet werden können. Ich bin sicher, dass mein Sohn sich an diesem Punkt noch hätte umstimmen lassen, aber das passierte nicht. Und so erledigten wir allen Schriftkram und mein Mann adoptierte unseren Sohn.

Bereits bei unserer Hochzeit hatte mein Mann ihm seinen Nachnamen geschenkt, so dass er diesen ebenfalls führte, wie wir alle. Das waren mittlerweile mein Mann, ich und unser jüngerer Sohn und eben auch unser Ältester. Nur erbrechtlich hatte diese Schenkung damals keine Auswirkungen gehabt. Jetzt war also mit der Adoption dieser Schritt komplett vollzogen. Wir hätten auch weiterhin einen Umgang ermöglicht, besonders auch mit den Großeltern, der Uroma oder auch den Halbschwestern. Aber ab diesem Zeitpunkt gab es dann keinerlei Kontakt mehr – auch irgendwie krass.

Coachingkarte 50:
Zwei Seiten einer Medaille.
Es geschieht nur, was in Dir noch
angeschaut werden möchte

Als Zwillinggeborener ist unser Ältester mit diesem Erlebnis besonders herausgefordert. Und so bin ich sicher, dass er da noch einige Brocken aufarbeiten muss, bevor er irgendwann in ein unbeschwertes und glückliches Leben gehen wird. Er fühlt sich überall benachteiligt. Der Älteste denkt, dass er es besser weiß, als wir und vor allem auch wie wir mit dem jüngeren Sohn umgehen müssten. In seinen Augen haben wir bei der Erziehung unseres Jüngsten komplett versagt. Er verhält sich oft eifersüchtig, besserwisserisch und respektlos uns, seinen Eltern, gegenüber. Irgendwie verstehe ich ja, dass er sauer auf mich ist. Ich habe es damals halt nicht besser hinbekommen, aber ich konnte es nicht anders. Irgendwann als mein Sohn und mein Mann einen ihrer häufigen Dispute darüber hatten, in einer nicht Patchwork-Konstellation hätte man vielleicht gesagt „als er in die Pubertät kam", sagte meine Mutter einen wirklich klugen Satz: „Schau, Dein Papa hat Dich ausgewählt, weil er Dich wirklich wollte. Deinen Bruder hat er einfach bekommen!"

Besserwissen leicht gemacht

In der schlechten Zeit unserer Ehe wusste ich eigentlich permanent, was mein Mann schon wieder alles falsch machte. Irgendwann hatte ich dazu eine wirklich tiefgreifende Erkenntnis. Es war anmaßend und höchst respektlos, dass ich dachte, ich wüsste irgendetwas für jemand anderen besser. Denn ich dachte immer, ich wüsste, was für meinen Mann das Beste wäre. Er müsste doch nur dies tun oder jenes. Und überall begegnen mir Frauen, die das Gleiche über ihre Männer denken: Sie wüssten es besser. Weniger essen, sich auf den spirituellen Weg begeben, weniger fernsehen, weniger arbeiten, … oder was es sonst noch so gibt.

Aber – niemand kann das – nicht einmal ich! Könnte ich das, wäre ich Gott. Ich bin das aber nicht, sondern nur für mich selbst bin ich zuständig. Für absolut niemanden sonst steht es mir zu, etwas besser zu wissen. Denn so wie jedes Leben einzigartig ist, so ist auch der Weg zur Erkenntnis oder dem, was gelernt werden soll, einzigartig. Wie kann ich denken, dass nur mein Weg, der einzig richtige ist? Denn die nächsten Lernschritte können für den einen im Schweigeretreat geschehen, für den anderen im Urlaub mit den Kegeljungs auf Mallorca! Da ich definitiv nicht Gott bin, weiß ich nicht, was für meinen Partner das Beste wäre und für alle anderen um mich herum auch nicht, für niemanden. Mit dieser fundamentalen Erkenntnis konnte ich viel ungute Stimmung zu Hause aus dem Weg räumen, das Be- und Verurteilen immer mehr abstellen, so dass wir heute zu einem viel angenehmeren und harmonischeren Miteinander in der Familie und Partnerschaft gekommen sind. Ich arbeitete

intensiv an diesem Thema und dann an einem unserer Familiengeburts-
tage, vergangenes Jahr erst, kam der nächste Schritt, der eng damit zusam-
menhängt. Denn wenn ich denke, ich wüsste alles besser, fühle ich mich
auch besser oder schon weiter als die anderen. Die anderen sind ja folglich
immer nicht so weit wie ich, nicht so gut und müssen noch so viel lernen.

Damit werden Feste, Geburtstage oder andere Treffen sehr anstrengend,
überhaupt jedes Mal, wenn man mit Personen zusammentrifft, die in der
eigenen Wahrnehmung nicht so gut sind, wie man selbst. Und solange ich
mich als etwas Besseres fühle, läuft innerlich ständig eine Bewertung ab,
die wahnsinnig Kraft zehrend ist. Familienfeste waren für mich bis dahin
immer sehr, sehr anstrengend. Eigentlich hatte ich nie Lust dazu. Und dann
kam also dieser Geburtstag, 7 mal 7 also 49-mal Dankbarkeit – einmal für
jedes Jahr, das ich bis dahin auf dieser Erde erleben durfte. Zeit alljährlich an
meinem Geburtstag meinen Ahnen zu danken, dass sie durch ihr Sein, Ihre
Erlebnisse, Erfahrungen und ihr Wirken mein Leben heute so erst möglich
machten.

Der Ahnenteller mit den großen, bunten Kerzen kommt bei uns mittlerweile bei jedem Geburtstag zum Einsatz. Ich danke Euch von Herzen! Ein
Erbe, das ich bewusst antrat, um mit Schatten aber auch vielen Fähigkeiten
und Potential ausgestattet, meine Aufgabe anzunehmen in den Zeiten des
großen Wandels. Und so kommt der Wandel immer mehr auch in meinem
Hause an, was früher undenkbar schien: ein entspanntes und fröhliches
Fest im Kreis meiner Familie mit vier Generationen.

Nicht ein einziges Mal gab es eine Unstimmigkeit. Ich begab mich einfach
in den Flow des Beisammenseins und genoss meine Familie. Und hinterher
stellte ich fest, nicht ein einziges Mal hatte ich sie verurteilt. In mir durfte
einfach jeder so sein, wie er ist. Und es war toll! Was gibt es Schöneres, um
den Ahnen Ehre zu erweisen, als die eigene Familie zu genießen? Wertvolle
Familienzeit: Ein wunderschöner Brunch, der vormittags begann und erst
in der Dunkelheit endete, mit Musik, Handarbeiten, Spiel und Beisammen-
sein. Natürlich gab es auch leckeres Essen.

Das was heute ist, konnte nur mit der Wertschätzung dessen geschehen, was vor mir war, auch des Potentials der eigenen Eltern. Das Geschenk meiner Mutter ist die Liebe zur Natur und das Wissen über Pflanzen. Gleichzeitig ihre Gabe, wunderschöne Handarbeiten zu erstellen, zu stricken, zu sticken, zu malen... und noch vieles mehr. Von meinem Vater habe ich das Geschenk der Musik erhalten und musiziere sogar manchmal mit ihm. Ich singe und er spielt Gitarre und singt die zweite Stimme dazu. Er ist wirklich hochmusikalisch und hat das absolute Gehör. Er kann sich aus Liedern im Kopf einzelne Instrumentenstimmen vorspielen, um beispielsweise die Griffe für die Gitarrenbegleitung herauszuschreiben. Und dabei meine ich nicht einfache Gitarrengriffe für Anfänger, sondern ein System, das er dazu selbst entwickelt hat, um auch die feinsten Tonnuancen absolut genau passend aufzuschreiben und natürlich dann auch mit der Gitarre virtuos nachzuspielen.

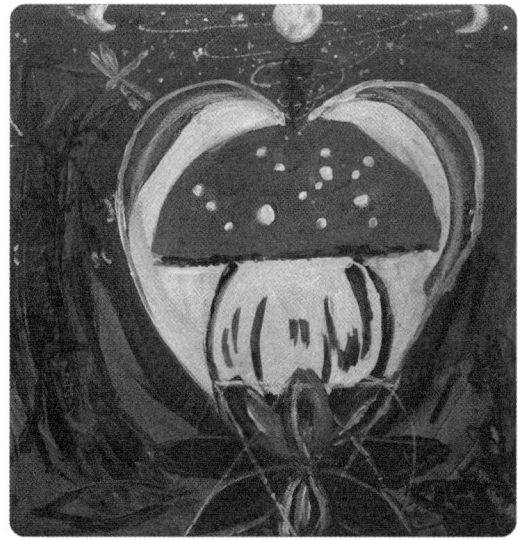

Coachingkarte 51:
Geschenke erkennen.
Schätzt Du schon, was Du hast,
oder bewertest Du noch?

Mittlerweile kann ich sehen, welch große Geschenke sie mir machten, als ich in ihre Familie geboren wurde. Ich freue mich für meine Mutter, dass sie so eine schöne Möglichkeit für sich gefunden hat, Anerkennung zu bekommen und gleichzeitig eine kreative und weibliche Ausdrucksform pflegt. Wo ich früher Konfrontation und Besserwissen in mir gespürt hatte, spürte ich nun Frieden mit ihnen und Dankbarkeit. Und so sind es die kleinen Dinge, die eine so weitreichende Wirkung haben. Wir müssen nicht die ganze

Welt retten, sondern erst einmal uns selbst. Wenn wir Frieden in unserem direkten Kreis, in unserer Herkunftsfamilie und Kleinfamilie leben und kultivieren, dann tun wir wirklich so viel.

Es verändert sich

Wir kamen uns wieder näher während vieler nächtlicher Gespräche. Und ich muss sagen, hätte ich mich nicht auf dem spirituellen Weg befunden und mich selbst weiterentwickelt, wir hätten das nicht hinbekommen. Fast unmerklich veränderte sich jedoch in diesen Nächten etwas zwischen uns. Bei einem berührenden Thema kam es vor, dass der eine oder der andere tröstend die Hand auf den Arm des anderen legte. Oder wir umarmten uns, weil wir uns vor dem anderen so tief geöffnet hatten und wir das Bedürfnis nach Nähe hatten. Ich habe meinen Mann noch nie so oft weinen gesehen – und er ist definitiv keine Heulsuse und auch kein typischer Macho – es hatte einfach im Alltag nie gepasst.

Fest stand nun, dass wir uns nicht mehr wirklich um uns beide als Paar gekümmert hatten. Wir hatten unsere Partnerschaft irgendwie zu selbstverständlich genommen. In diesem intensiven Austausch der letzten Krisenwochen haben wir uns ohne Masken gezeigt und echter, als vermutlich in den achtzehn Jahren unserer Ehe und den zwanzig Jahren unserer Partnerschaft. Auch unangenehme Themen besprachen wir jetzt. Ganz bewusst durchbrachen wir dazu unsere Schlüssel-Schloss-Muster und das bisherige gemeinsame Spiel der letzten Jahre: Ich schuldige an und werde laut, er zieht sich verletzt zurück und spricht nicht mehr.

Wir gaben uns Raum ohne Verurteilung und Besserwissen. Sprachen aus der eigenen Sicht, von eigenen Verletzungen und unerfüllten Wünschen. Wir waren so vorsichtig und achtsam in den Formulierungen, um ja den anderen nicht noch mehr zu verletzen. Wir öffneten unsere Herzen, um den anderen tief hinein blicken zu lassen – und wir verliebten uns dabei wieder neu ineinander!

Unglaublich, bislang dachte ich immer, das gäbe es nur im Film. Aber es geschah wirklich, wir hatten uns und unsere Partnerschaft komplett losgelassen, um jetzt ganz behutsam wieder zusammenzukommen – mit einer neuen Liebe, die noch viel tiefer und wahrhaftiger war als unsere Jahre davor. Wir genossen es, die Nächte gemeinsam redend zu verbringen und beisammen zu sein. Es fühlte sich plötzlich an, wie frisch verliebt nur viel mehr und größer.

Coachingkarte 52:
Besser wissen leicht gemacht.
Übernimm nur Deine
Verantwortung, das ist schon viel.

Anleitung zum Glück: Wertschätzende Kommunikation

Ein friedvolles Miteinander, das kann jeder von uns kreieren und damit selbst bei sich und seiner Kommunikation anfangen: „Meine Meinung ist meine Meinung, das ist mein Recht und ich darf sie auch kundtun!" So oder so ähnlich lautet die weiterverbreitete Auffassung vieler Menschen und so war früher auch meine. Darum ist Feedback oft gefürchtet und wenig beliebt, weil man dem anderen so richtig eins reinwürgen kann, wenn man nicht weiß, wie man respektvoll eine Rückmeldung gibt.

Und, das habe ich in vielen Trainings und Coachings erfahren, das wissen die wenigsten Menschen. Doch was, wenn Feedback mit einer kleinen Haltungsänderung zum wohlwollenden, wertvollen Geschenk wird? Zunächst möchte ich Dir dazu einen Spruch aufschreiben, den ich an dieser

Stelle als sehr wertvoll empfinde und den man ganz wunderbar auf Feedback anwenden kann. Als die drei Siebe des Sokrates sind die nachfolgenden Sätze in unterschiedlichen Abwandlungen bekannt.

Und diese kleine Geschichte dazu:
Einst wandelte Sokrates durch die Straßen von Athen. Plötzlich kam ein Mann aufgeregt auf ihn zu. „Sokrates, ich muss Dir etwas über Deinen Freund erzählen, der ..."„Warte einmal," unterbrach ihn Sokrates, „bevor Du weitererzählst: Hast Du die Geschichte, die Du mir erzählen möchtest, durch die drei Siebe gesiebt?" „Die drei Siebe? Welche drei Siebe?" fragte der Mann überrascht. „Lass es uns ausprobieren." schlug Sokrates vor. „Das erste Sieb ist das Sieb der Wahrheit. Bist Du Dir sicher, dass das, was Du mir erzählen möchtest, wahr ist?" „Nein, ich habe gehört, wie es jemand erzählt hat." „Aha. Aber dann ist es doch sicher durch das zweite Sieb gegangen, das Sieb des Guten? Ist es etwas Gutes, das Du über meinen Freund erzählen möchtest?" Zögernd antwortete der Mann: „Nein, das nicht. Im Gegenteil ..." „Hm," sagte Sokrates, „jetzt bleibt uns nur noch das dritte Sieb. Ist es notwendig, dass Du mir erzählst, was Dich so aufregt?" „Nein, nicht wirklich notwendig." antwortete der Mann. „Nun," sagte Sokrates lächelnd, „wenn die Geschichte, die Du mir erzählen willst, nicht wahr ist, nicht gut ist und nicht notwendig ist, dann vergiss sie besser und belaste mich nicht damit!" (Stangl 2020)

Und ich würde sogar noch einen Schritt weitergehen und sagen: Was willst Du außerdem damit erreichen? Geht es Dir darum, den anderen wachsen zu lassen, dann nur zu! Aber besser wissen, recht haben, dem anderen einmal ordentlich die Meinung geigen, ... - sind keine zuverlässigen und wohlwollenden Ratgeber für Feedback oder eine Rückmeldung. Du kannst leicht überprüfen, ob bei Dir in dieser Art etwas mitschwingt: Immer dann, wenn Ärger, Groll, Wut, Trauer, Angst oder andere Gefühle in dieser Art mitmischen, bist Du nicht rein in Deiner Absicht für Feedback und solltest es lieber lassen.

„Lasse Deine Worte durch drei Tore schreiten:
Ist es wahr?
Ist es notwendig?
Ist es freundlich?"

Anleitung zum Glück: Wohlwollendes Feedback

Wohlwollendes Feedback ist ein Geschenk, denn Du bekommst von außen einen neutralen Spiegel vorgehalten. Damit gelingt Dir etwas, was Du sonst nur sehr schwer für Dich erreichst: Du kannst Dich und Dein Verhalten durch die Augen eines anderen betrachten, Dich reflektieren. Wenn Dir gefällt, was Du siehst – gut! Wenn nicht, hast Du dann die großartige Chance, etwas zu ändern und daran zu wachsen. Feedback bedeutet wörtlich „zurück füttern". Was braucht es also, damit Dein Gegenüber Dein Feedback schlucken kann und damit zurückgefüttert wird und gegebenenfalls daran wachsen kann? Stelle Dir dazu einen kleinen Vogel vor. Wenn er zu wenig Nahrung bekommt, verhungert er. Ist der Brocken zu groß für ihn, erstickt er. Genauso verhält es sich auch bei Feedback. Ist es zu klein, gibt es uns nicht genug und die Herausforderung fehlt. Ist der Brocken Feedback zu groß, erstickt Dein Gegenüber womöglich daran.

So gibst Du gekonnt Feedback:
1. Frage, ob Du Feedback geben sollst. (Nicht von jedem oder in jeder Situation wollen wir Feedback!)
2. Nutze eine neutrale Formulierung, beispielsweise „es funktioniert ..." oder „es funktioniert nicht ..."
3. Bleibe bei Dir und der konkreten Sache und formuliere ganz genau.
4. Packe den Feedback-Happen groß genug und doch nicht zu groß.
5. Entscheide und spüre im Moment, was es braucht, damit der andere wachsen kann.

Und dann lass los, denn was der Andere mit dem Gesagten tut, ist seine Sache. Diskutiere nicht und rechtfertige Dich nicht für Dein Feedback. Und andersherum gehe auch nicht auf Rechtfertigungen des Anderen ein, das sind Spielchen und diese lenken nur vom Feedback ab. Wie auch bei Meinungen gibt es bei Feedback kein richtig oder falsch – jedes hat seine Berechtigung.

Und nur noch so einen kleinen Hinweis: Betrachte einfach Dein Feedback als Geschenk. Ein Geschenk machst Du, weil Du es aus freien Stücken und von Herzen gibst. Du erwartest keine Gegenleistung, auch keinen Dank oder Anerkennung, Begeisterung oder Freude und schon gar nicht, dass der andere sich nach Deinem Feedback anders verhält. Denn wäre ein Geschenk an eine Reaktion gebunden, und dann wäre es kein Geschenk, sondern ein Geschäft. Dazu noch ein sehr einseitiges, denn der Beschenkte kann ja nicht einmal ja oder nein dazu sagen, ob er überhaupt Teil des Geschäfts sein möchte.

Immer, wenn eine gefühlte Verpflichtung sich mit diesem Geschenk verbindet, ist es kein freies Geschenk, sondern in Wirklichkeit ein Handel. Ich schenke Dir, Du gibst mir im Gegenzug Liebe, Anerkennung und vor allem Dankbarkeit. Das sind feine und subtile Nuancen, die aber sehr weit verbreitet sind und gerne unbewusst genutzt werden, um Druck aufzubauen, von Eltern zu Kindern, von Ehefrau zu Ehemann, … Eine kaum spürbare Form der Erpressung, getarnt als die Moral der Gesellschaft, mit der Verpflichtung für alles Danke zu sagen und eine Gegenleistung für Geschenke zu erbringen. Und ich sage nicht, dass es nicht schön ist, ein „Danke" zu erhalten oder die leuchtenden Augen meines beschenkten Sohnes an Weihnachten zu sehen. Nur bitte aus freien Stücken und nicht als moralische Verstrickung von emotional unreifen Erwachsenen.

Coachingkarte 53:
Für Größe. Nicht von jedem oder in jeder Situation wollen wir Feedback.

Nun betrachten wir gemeinsam eine konkrete Situation als Beispiel für geschenktes Feedback, wie ich sie immer wieder in Gruppensituationen erlebte. Ein Teilnehmer soll sich kurz vorne vor der Gruppe präsentieren und vorstellen. Die Aufgabe ist: Er soll dabei zur Übung von Rollenkompetenz, selbstsicher und bestimmt auftreten. Er geht nach vorne wie ein Häufchen Elend und sagt mit Piepsstimmchen seinen Namen. Üblicherweise sagen die anderen Teilnehmer zunächst: „Das war gut." oder „Mir hat es gefallen." oder „War ok." oder so etwas in der Art. Keiner traut sich, wirklich die Wahrheit zu sagen, damit bleibt jedoch diesem Teilnehmer Wachstum verwehrt. Dieser denkt ja nun, er war ok und hat die Aufgabe erfüllt. Dann erkläre ich funktionierendes Feedback und schwupp die wupp kommen je nach Aufgabenstellung solche oder ähnliche Rückmeldungen:

- Es funktioniert nicht, dass Du kompetent wirkst.
- Es funktioniert nicht, dass ich Dich verstehe.
- Es funktioniert nicht, dass Du leise sprichst.
- Es funktioniert nicht, dass Dein Körper Kompetenz ausstrahlt.
- Es funktioniert nicht, wenn Du mich nicht anschaust oder Blickkontakt hältst.
- Es funktioniert, dass Du sehr freundlich gewirkt hast.
- …

An diesem Beispiel wird klar, um was es bei wohlwollendem, wirkungsvollem Feedback geht: Je konkreter das Feedback sich auf eine Handlung bezieht, ohne persönlich zu werden, desto leichter kann Feedback angenommen und umgesetzt werden. Denn plötzlich bekomme ich eine Ahnung davon, was ich ändern kann oder was beim anderen nicht ankommt wie gewünscht… Und ich bewege mich jenseits von Deiner oder meiner Meinung hin zu dem, was ich anders machen kann oder zu einer differenzierteren Wahrnehmung meines eigenen Handelns. Und positives Feedback bekommt außerdem eine ganz andere Kraft.

 Sage also nicht mehr allgemein: „Das hast Du gut gemacht!". Sondern formuliere kraftvoll und direkt: „Wie Du mir heute bei der Vorbereitung für die Einladung geholfen hast und immer genau an der richtigen Stelle zugepackt hast, war wirklich hilfreich für mich. Dadurch sind wir

doch noch rechtzeitig fertig geworden, ohne Dich hätte ich das nicht geschafft. Vielen Dank!" Verschenke doch mal solch ein kraftvolles positives Feedback und schaue im Gesicht der anderen Person, ob es angekommen ist. Wenn ein positives Feedback die andere Person wirklich erreicht, beginnen das Gesicht und die Augen der Person zu strahlen. Dann passiert wahre Herzensverbindung und wirkliches Wachstum ist möglich! Ein wirklich großes Geschenk also, das Du einer anderen Person machen kannst!

Deine Haltung ist entscheidend

Manchmal kommen die großen Geschenke anders als erwartet in unser Leben. Vergangenen Sommer waren wir oft mit den Hunden abends im Wald an einem kleinen Teich. Es war sehr heiß in dieser Zeit und an dem kleinen Wasser mitten im Wald konnten sich unsere drei Wasserratten abkühlen. Die zwei großen lieben Wasser und Schwimmen, die Kleine nicht so sehr. Die Hitzeperiode dauerte schon eine Weile und der Wasserstand des kleinen Sees war über die Wochen etwas niedriger geworden, die Qualität des Wassers war aber immer noch sehr gut.

Also wanderten wir im schattigen, kühlen Wald gemütlich dorthin, wo alle direkt zum Schwimmen gingen. Mein Mann schmiss Stöckchen für den Großen. Ich hatte unsere mittlere „Verrückte" an der langen Schleppleine, weil wir sie ja nie von der Leine lassen können. Sie gerät so leicht in ihren eigenen Tunnel und wäre dann einfach weg. Nicht weil sie weglaufen möchte, sondern weil sie so in ihrem eigenen Film ist, dass sie alles andere um sich herum vergisst. Sie fing dann an im Wasser zu patschen. Zuerst am Ufer, dann vom Holzsteg runter ins Wasser. Sie macht wie schon beschrieben so eine Übersprunghandlung mit ihren Vorderpfoten, wenn sie im Stress ist oder bei Sand und Wasser. Dabei wirbelt sie dann den Sand oder hier das Wasser auf und versucht es gleichzeitig zu fangen. Das ist eigentlich ein bisschen verrückt, aber sie ist halt so.

Ich ließ sie auf dem Steg gewähren und war kurz nicht ganz bei der Sache. Plötzlich schreit sie in völliger Panik, wie ich sie noch nie gehört habe. Ich schaue hin und sie hat sich den Vorderfuß eingeklemmt zwischen den Holzlatten in einer Spalte. Ich bin direkt und schnell in völliger Alarmbereitschaft hin zu ihr, und da klemmt sie sich das andere Bein auch noch ein. Sie also noch panischer, schreiend und jetzt mit beiden Vorderpfoten eingeklemmt am Steg. Innerlich laufen bei mir schon verschiedene Filme mit Feuerwehr oder THW zu Ihrer Rettung ab.

Ich versuche, ihre Beine rauszuziehen und in ihrer Panik beißt sie mich in die Hände. In beide. Ich mache aber weiter und versuche sie zu befreien. Dann kommt mein Mann. Und ich habe wirklich so eine wichtige Lektion bekommen, an dieser Stelle. Er kommt ganz langsam, fast so als würde er sich sammeln. Er strahlt Ruhe aus, tut nichts. Setzt sich neben uns und strahlt mit seiner ruhigen Energie. Und die Situation entspannt sich unmittelbar, er brummt nur irgend etwas ruhig mit unserer Hündin und augenblicklich entspannt Akahai sich und wird ruhig. Mit vereinten Kräften gelingt es uns jetzt die Beine nacheinander aus den Spalten zwischen den Holzlatten herauszuziehen. Mein Mann griff von unten, ich von oben. Das war echte Schwerstarbeit.

Mein Mann machte nicht viel, nur war er ganz präsent mit seiner Energie. Hinterher sind wir alle völlig fertig, und ich bin so tief berührt von diesem Erlebnis. Auf der einen Seite sind da der Schock und die Erleichterung, dass nichts Schlimmeres passiert ist. Die Hündin humpelt nur kurz, dann aber will sie sofort nach Hause. Auf der anderen Seite überwiegt die Dankbarkeit über diese Fähigkeit meines Mannes, bewusst ruhig zu werden. Und für mich als Erkenntnis, dass Handeln zwar gut ist, aber dass die innere Einstellung noch viel entscheidender ist als blinder Aktionismus.

Ich habe zwar einige Verletzungen an der Hand, glücklicherweise aber keine tiefen Wunden. Und ich bin meiner Hündin überhaupt nicht böse, da sie in dem Moment nicht bei sich war vor Panik und Schmerz. Außerdem muss sie in ihrem Leben, bevor sie zu uns kam, mal eine wirklich schlimme Erfahrung mit ihren Füßen und Beinen erlebt haben, da sind wir sicher. Denn wenn man sie im Schlaf versehentlich mal an ihren Füßen berührt, schreckt sie alarmiert hoch und brummt schon auch mal. Das ist für uns ein ganz klarer Hinweis. Und ich weiß, dass sie mich nie, überhaupt niemals beißen würde. Und wenn sie wirklich hätte beißen wollen, hätte ich nicht nur oberflächliche Blutergüsse davongetragen. Ich bin dankbar für dieses wertvolle Geschenk in Form dieser Lektion des Lebens, und dass wir alle mit wenig mehr als einem Schrecken davongekommen sind.

Lösungsorientiert handeln

Überlegt zu handeln ist generell zielführender, wenn es gelingt, bewusst in eine Situation hineinzugehen. Mein jüngster Sohn ist definitiv ein Kind der neuen Zeit: Unerschrocken, nicht obrigkeitshörig, sehr kreativ und Grenzen testend und für mich oft sehr herausfordernd in vielen Situationen. Es gab Zeiten in der Grundschule, als ich bei jedem Telefonklingeln reflexartig dachte: „Was hat er jetzt schon wieder angestellt!"

Von Feuerchen in der Schultoilette bis zur umgestürzten Designkuh haben wir so einiges mitgemacht. Wobei die künstlerische Kuh halt kaputt war und unsere Versicherung für den Schaden aufkommen musste. Allerdings weiß ich bis heute nicht, warum solche Kühe in einer Grundschule überhaupt stehen müssen.

Das Feuer hatten die beiden Burschen wohlüberlegt in einer Keramikschüssel auf der Schultoilette ausprobiert, damit nix passieren konnte. Schließlich hatten sie Feuer und den Umgang damit gerade im Sachkundeunterricht behandelt. Sie wurden dann kurzerhand vom Unterricht ausgeschlossen, was mir damals nicht wirklich einleuchtete. Denn gerade dann, müssten doch die Kinder den Umgang mit Feuer kontrolliert erlernen, wenn das Feuer sie ruft.

Wir haben den Jüngsten dann erst mal auf die örtliche Jugendfarm geschickt, damit er dort den Feuerführerschein macht. Zu Hause boten wir
ihm jede Gelegenheit, um unsere Kerzen oder das Holz im Ofen anzu-
zünden, damit sich sein Bedürfnis stillte, mit Feuer umzugehen. Und er
hat es wirklich gut gelernt. Heute weiß er wohl überlegt mit Feuer umzugehen und wie es seine Arbeit unterstützen kann, wenn er beispielsweise
bei seinem Freund dem Schmied Franz im Allgäu wieder einmal in den
Herbstferien in der Werkstatt helfen darf.

Der Lehrling vom Schmied ist er mittlerweile bestimmt schon seit 10 Jahren, vielleicht auch schon länger. Denn mindestens so lange betreue ich
einen großen Mittelaltermarkt hier im Schwäbischen Göppingen und dort
ist eben auch der Franz. Und irgendwie haben sich mein jüngster Sohn
und dieser Schmied gesucht und gefunden. Seit sie sich gefunden haben,
interessieren den Jüngsten die anderen Attraktionen auf dem Markt nur
noch marginal. Seither schmiedet und schmiedet er. Unermüdlich. Und
mittlerweile war er schon mehrmals zum Praktikum auch außerhalb des
Mittelaltermarkts bei besagtem Schmied im Allgäu.

Dort begleitet er ihn auf den täglichen Fahrten zum Pferdebeschlagen,
arbeitet in der Werkstatt mit und lernt wirklich tolle handwerkliche Dinge. Metall, so sagte mir einmal mein Sohn, sei einfach sein Material. Denn
er hätte auch schon über Holz oder Stein nachgedacht, aber keines hätte
die gleichen wunderbaren Eigenschaften, wie eben Metall. Bereits nach
dem ersten Markt als Schmiedelehrling hatte er hier auf der Jugendfarm
andere Kinder angeleitet selbst zu schmieden. Und wir sehen, dass der
Umgang mit diesem Material wohl eine seiner Begabungen und Leiden-
schaften ist, die wir gerne unterstützen.

Und er testet eben gerne Grenzen aus. Also dieser jüngste Sohn ist sehr
wissbegierig und so dachten wir eigentlich, als er in die Schule kam, das
wird easy. Irgendwie hatte ich mich wohl meinen Illusionen über das
Schulsystem hingegeben und wie es dort für unseren Jüngsten sein würde, obwohl ich es doch schon von unserem ersten Sohn besser hätte wissen sollen. Ich dachte, dieses Kind wird so begeistert sein vom Wissen und

den Möglichkeiten, die er in der Schule bekommt, dass er wahrscheinlich gar nicht mehr nach Hause kommen möchte.

Aber, was soll ich sagen, es war natürlich nicht so. Der Anfang war sehr schwer, er tat sich schwer mit dem Druck, der gleich auf die Erstklässler ausgeübt wurde. Und er tat sich schwer, mit in seinen Augen „dummen" Hausaufgaben. So sagte er beispielsweise der Religionslehrerin in der ersten Klasse ins Gesicht, dass er keine Fotokopien ausmalen würde, weil das dumm und sinnlos sei. Er duckte sich eben nicht vor den Lehrern und hinterfragte, wie und was in der Schule lief. Jahre später bekam ich zufällig mit, wie die Kinder bei uns zu Hause Schule spielten und wie die Lehrerin ihn wohl regelmäßig angeschrien hatte. Von der Persönlichkeit ist er stark und sein Charakter unbeugsam, so hielt er das aus und stellte sich ihr entgegen, was sie noch ausfallender werden ließ.

Im Kindergarten sagten sie, es sei ihm im „Kindi" zu langweilig, sein sechster Geburtstag war Ende Oktober. Und so war unser Jüngster also nach den Sommerferien als sogenanntes Kannkind mit bereits 5 Jahren eingeschult worden. Die ersten Wochen in der Schule liefen eher zäh. Bis zu den Herbstferien steigerte sich seine Unlust in die Schule zu gehen wöchentlich. Dann kam es so weit, dass er jeden Morgen Kopfweh oder Bauchweh hatte und sogar weinte, jetzt waren wir alarmiert. Wir hatten regelmäßig mit ihm gesprochen, und wir hatten irgendwie gehofft, dass sich nach der Eingewöhnungszeit alles normalisieren würde.

Jetzt unter seinen Tränen bohrten wir intensiver nach und dann entdeckten wir, dass er eine Wunde auf dem Rücken hatte. Eine Art Brandwunde auf dem Schulterblatt, die entstanden war, als der Lehrer ihn unter dem Tisch hervor zog, so erfuhren wir. Jetzt schrillten unsere Alarmglocken richtig. Es stellte sich heraus, dass der Klassenlehrer ihn so hart angepackt hatte, dass diese Verletzung entstanden war. Jetzt erkannten wir, dass sich die Situation in der Schule wohl so zugespitzt haben musste, dass unser Jüngster deshalb nicht mehr in die Schule wollte. Was darin gipfelte, dass in der ersten Klasse, der Lehrer handgreiflich wurde, das muss man sich mal vorstellen!

Mein Mann und ich überlegten hin und her, was zu tun sei und vereinbarten einen dringlichen Termin bei der Rektorin. Wir hatten besprochen,
dass ich das Gespräch führen würde, da mein Mann sonst so wütend
werden und ausflippen würde. Wenn es um die Kinder geht, versteht er
wirklich überhaupt keinen Spaß. Und er folglich nur als Stärkung und
Zeuge, ohne aktiven Part, mitkommen würde. Ich folgte unserer zuvor erdachten Strategie: Wir schilderten das Geschehnis. Bauten Druck auf, in
dem wir die Möglichkeit anrissen, das Oberschulamt zu informieren und
formulierten unsere Forderung, dass unser Sohn unverzüglich die Klasse
wechselte.

Auf sämtliche Einwände und Spielchen, uns einzuschüchtern oder sonst
zu belatschern, seitens der Rektorin gingen wir nicht ein, sondern be-
standen auf unserer Forderung, gebetsmühlenartig. Und wir erreichten,
dass nach den glücklicherweise unmittelbar beginnenden Herbstferien
unser Sohn die Klasse wechselte. Diese lösungsorientierte Herangehensweise und der absolute Fokus darauf, dass wir das Beste für unser Kind
erreichen wollten, war uns in dieser Situation absolut hilfreich. Hätten
wir uns in der Vorbereitung nicht so genau darauf ausgerichtet, wären wir
auf eines der vielen Angebote seitens der Rektorin zu Drama und gegenseitigen Anschuldigungen sicherlich eingestiegen und hätten schließlich
gar nichts erreicht. So mussten wir nur mit unserer Trumpfkarte, der Meldung beim Oberschulamt, ein bisschen bluffen und erzielten unser ge-
wünschtes Ergebnis.

Der Lehrer, so hörten wir hinterher von anderen Eltern, war für Übergriffe
dieser Art bekannt und wechselte alsbald in ein Sabbatjahr und danach
die Schule. In der neuen Klasse lief es von Anfang an viel besser, aber bis
heute tut sich unser Sohn mit diesen starren Strukturen im Schulsystem
schwer. Erst im Technischen Gymnasium wurde es ein bisschen leichter
und durch die technische Ausrichtung der Schule mit ihren Fächern für
ihn auch etwas interessanter. Mit meinem jüngsten Sohn habe ich immer
das Gefühl, dass ich jederzeit absolut wachsam bleiben muss.

Glücklicherweise kann ich mich mittlerweile auf meine Intuition wieder besser verlassen. Oder anders gesagt, wenn es wirklich etwas Wichtiges ist, wird die Stimme in mir so laut, dass ich ihr vertrauen und folgen muss. So veränderte sich unser jüngstes Kind in der neunten Klasse mit einem Schlag. Wo er vorher fröhlich und offen gewesen war, zog er sich immer weiter zurück. War irgendwie heimlich und verdruckst und so entdeckten wir noch recht am Anfang die Zigaretten und die geritzten Oberschenkel. In einem intensiven Gespräch entlockten wir unserem Sohn ein paar Informationen und fanden heraus, dass der Neue in der Klasse, der mehrfach sitzengeblieben war, regelmäßig die Schule schwänzte und aus sehr schwierigen familiären Verhältnissen stammte, jetzt sein neuer Freund war. Unser Sohn hatte ihm auch Geld geliehen, was er aber nie wiedersehen sollte. Ich meldete mich unmittelbar zum Elterngespräch beim Klassenlehrer an und sprach offen über unsere Entdeckungen. Gemeinsam mit dem Klassenlehrer, ein wirklich sehr netter Mann, entwarfen wir einen Plan, den er dann auch umsetzte. Unser Sohn bekam einen anderen Nebensitzer. Wir sprachen mit unserem Sohn dann offen über die familiären Hintergründe seines neuen Freundes und innerhalb kürzester Zeit hatten wir dieses Thema dann durchgestanden.

Coachingkarte 54:
Heilung geschieht.
Erst wenn Du den Kern dieser
Situation erkannt hast,
kann sie sich auflösen.

Unser Sohn konnte den Klassenkameraden plötzlich realer auch mit seinen Fehlern erkennen. Als er dann sein Geld nicht mehr wiederbekam, wurde er sogar richtig ärgerlich auf ihn und stellte ihn zur Rede. Das Verhalten unseres Sohnes normalisierte sich und wir hatten diese Episode glücklicherweise überstanden. Wobei ich schon sehen kann, dass es eine gewisse Resonanz in ihm gegeben haben muss, sonst wären diese Dinge nicht für unseren Sohn interessant gewesen.

Auch als er beispielsweise ein paar Jahre später einen älteren Freund in Heilbronn besuchte, veränderte sich unser Sohn kurz darauf sehr merkwürdig und wir entdeckten nach kurzer Zeit, dass er von diesem eine E-Zigarette mit allem Zubehör gekauft hatte. Aber auch hier konnten wir als Eltern glücklicherweise energisch eingreifen und den Kauf rückabwickeln und die E-Zigarette aus unserem Hause bannen. Die Faszination von anderem und das intensive Testen von Grenzen ist und wird vermutlich das Thema unseres jüngsten Sohnes bleiben.

Die Gespräche in unserer Ehekrise wurden unterdessen immer intensiver. In einer magischen Nacht bei Kerzenschein fanden wir wieder als Mann und Frau zusammen. Und nach dem gefühlsintensiven Strudel, in dem wir in den letzten Wochen gemeinsam in die Tiefen unserer Partnerschaft hinabgestiegen waren, umgab uns jetzt ein Licht, ein Glanz und eine Intensität in diesen Stunden, wie wir es selten oder gar noch nie zuvor erlebt hatten. Wir begannen wieder gemeinsam zu träumen, unsere Leben neu auszurichten. Für ein gemeinsames Leben. Der Zauber der Zweisamkeit kehrte zurück in unsere Partnerschaft. Die Gemeinsamkeit zweier starker, unabhängiger Partner wurde zu etwas Größerem.

Ein längst vergessenes Bild stieg wieder in uns auf: Wir, wie wir auf Campingstühlen vor einem wundervollen Sonnenuntergang an einem See in Schweden sitzen. Hinter uns das Wohnmobil, bei uns unsere Hunde. Unsere Nordtour, von der wir früher so intensiv geträumt hatten. Und ein wertschätzendes, dankbares Leben voller Freude und Erfüllung. Intensive Tage und vor allem Nächte folgten, in denen wir uns all unsere unerfüllten Sehnsüchte erfüllten.

Die tiefe Verbindung, die nicht nur aus diesem Leben stammte, die so viel älter war als wir, so alt war wie das Meer und die Liebe zwischen Mann und Frau, war zu uns zurückgekehrt. Wir reihten uns ein in eine Reihe Liebender, die für sich entscheidende Schritte weitergegangen waren. Das gestörte Feld ungesunder Beziehungen, das seit Jahrhunderten zwischen Mann und Frau brodelte, hoben wir mit unserem intensiven Prozess der letzten Wochen auf ein neues Level der Möglichkeiten des heiligen Miteinanders. Was wir für uns beide heilten, heilten wir für die ganze Menschheit in uns.

Heilung geschieht, wenn die Zeit reif ist

Heilung durfte auch kurz vor dieser Zeit ein tief verstecktes Thema in mir finden. Stets hatte ich mich gewundert, warum ich mich körperlich so gehemmt fühlte. Warum ich mich bei der körperlichen Liebe nie völlig fallen lassen konnte. Wir genossen einen gemeinsamen Fernsehabend und landeten bei einem Film, den ich normalerweise nie angeschaut hätte. Eigentlich ein wirklich grauslicher Film. Aber irgendwas in mir ging sofort mit dem Thema in Resonanz. Es handelte von einem Klassentreffen und die Hauptdarstellerin wurde von einer Gruppe ehemaliger Klassenkameraden mit K.-o.-Tropfen ausgeschaltet und dann vergewaltigt.

Mein Körper reagierte auf jede Szene ganz unmittelbar. Und Erinnerungen, die ich längst verdrängt und völlig vergessen hatte, stiegen in mir auf. Es war Silvester gewesen, ich eine junge Studentin. Wir feierten mit Bekannten auf einer öffentlichen Party in Reutlingen. Bruchteilmäßig sehe ich den Abend, wie ich auf der Toilette hänge und mir die Seele aus dem Leib kotze. Ich bin nicht mehr in der Lage zu gehen oder zu stehen. Dann zwei Männer, die sich anbieten, mich in die Wohnung zu bringen, wo wir alle übernachten wollten. Blackout. Ich weiß nichts mehr.

Der nächste Morgen, ich liege nackt in einem Bett und habe keine Ahnung, wie ich dorthin gekommen bin. Einen schalen Geschmack im Mund. Mir ist so schlecht, dass ich mich nochmals übergebe. Ein ungutes

Gefühl in mir. Der Gedanke: „Ich fühle mich, als ob ich Geschlechtsverkehr gehabt hätte." und gleich mein Verstand, der sagt „Das kann ja nicht sein!" Mein Schoß fühlt sich feucht an, aber ich drücke das weg. „Das ist doch unmöglich." Jetzt in Resonanz mit diesem Film, sehe ich ein Gesicht über mir. Einer der vermeintlichen „Kavaliere", die mich heimbrachten.

Der Film zeigt die Symptome der jungen Frau nach den K.-o.-Tropfen und ich erkenne die Symptome von damals an mir. Mehr als eine Woche fühlte ich mich schlecht mit Kopfschmerzen und Übelkeit. Und immer dieses ungute Gefühl, da war etwas, was ich nicht weiß! Die beiden jungen Männer geheimnisvoll und verschworen, auch wenn wir uns später zufällig beim Studium über den Weg liefen. Ich dachte, ich hätte halt zu viel getrunken und drückte damals dieses komische, ungute Gefühl in mir weg. Niemandem habe ich mich und meine „komischen" Gedanken anvertraut. Ich war halt wieder mal nicht richtig und überdreht und dann hatte ich auch noch so viel Alkohol getrunken, dass ich einen völligen Filmriss hatte.

Der Film, den mein Mann und ich gemeinsam schauten, spiegelte in mir und meinem Körper ganz eindeutig das Geschehene und tief Vergessene. Ich weinte in den kommenden Tagen viel, ich kotzte fast, fühlte mich benutzt und dreckig und es stieg die Gewissheit in mir auf, dass ich damals als junge Frau unter K.-o.-Tropfen vergewaltigt worden war. Plötzlich war alles klar, Zweifel ausgeschlossen. Mein Körper gab mir die Erinnerungen Stück für Stück frei. Welch Ungeheuerlichkeit, dass ich das wirklich komplett aus meinem Bewusstsein gelöscht hatte. Das Thema war jetzt auf dem Tisch so unmittelbar und unausweichlich und ich hatte mich dem jetzt zu stellen.

All die Einzelheiten von damals, die verdrängten Gefühle und Wahrnehmungen, alles hatte ich jetzt anzuschauen. Und welch Geschenk, dass dieses Erinnern etwa vier Wochen vor meinem ersten Seminar der Träumergruppe bei Sonia Emilia Rainbow geschah. Es sollte an diesem Termin eine schamanische Schwitzhüttenzeremonie stattfinden, und ich geriet bereits im Vorfeld in so tiefe Prozesse, dass die Gnade wirklich geschehen durfte. Beim Knüpfen der Tobacco Ties, betete ich und bat um Heilung meiner Weiblichkeit.

Ich bat um Vergebung und Gnade für die beiden Täter. Ich bat um Vergebung und Gnade für mich als Opfer. Ich betete für eine gesunde Partnerschaft und ich wurde erhört. Ich erlebte eine so tiefgehende Zeremonie. Die erste Schwitzhütte, die ich je bei einer Frau erlebte war so anders in ihrer Energie. Stark und weich zugleich, warm und zärtlich, nährend und kraftvoll – und unglaublich tiefgehend. Es geschah wirklich die Gnade, dass ich in der Schwitzhütte dieses Thema heilen durfte. Ich vergab den damals jungen Männern und schloss, so dachte ich, das Kapitel Vergewaltigung für mich ab.

Kurz darauf flammte nach fast 20 Jahren die Nesselsucht wieder auf. So heftig und so unerwartet, dass ich eines Nachts sogar in der Notaufnahme im Krankenhaus landete. Ich hatte zum Abendessen Fisch und Gemüse zubereitet und etwa eine Stunde später merkte ich, wie mein Gesicht und meine Hände anfingen anzuschwellen und zu jucken. Wie gesagt, Nesselsucht sieht aus und fühlt sich an, als ob man in Brennnesseln gefallen sei. Die Auslöser sind aber oft körperlicher Art, und oft medizinisch nicht herauszufinden oder auf der energetischen, seelischen Ebene zu suchen.

Ich versuchte locker mit meinem anschwellenden Körper umzugehen und da es gar so heftig war, nahm ich direkt eine Allergietablette. Ich war ja von früher im Umgang routiniert und deshalb auch nicht über die Maßen besorgt. Aber die Körperreaktion lief unbeirrt weiter, also nahm ich nach ca. 30 Minuten noch zwei Tabletten. Langsam fand ich es nicht mehr lustig. Ich warnte schon mal meinen Mann vor, dass ich innerlich sehr aufgeregt wurde angesichts der starken Reaktionen. Jetzt hatte ich langsam das Gefühl, nicht mehr richtig schlucken zu können. Ich nahm mir ein Glas Wasser. Wenn ich kleine Schlückchen davon trank, ging es. Sobald ich nur trocken schlucken wollte, bekam ich nichts runter und jetzt breitete sich Panik in meinem Körper aus.

Ich war zwar gedanklich ruhig und besonnen, mein Körper spulte jedoch Panik ab. Ich hatte das Gefühl, dass ich jetzt weniger Luft bekam. Also informierte ich meinen Mann, dass wir jetzt ins Krankenhaus losfahren müssten. Die Fahrt in das nächste Krankenhaus in Nürtingen ca. 15 Kilometer entfernt, zog sich ins Unendliche. Jetzt zitterte mein Körper unkontrolliert. Ich versuchte mich gedanklich zu fokussieren, aber der Körper ließ sich davon nicht beeindrucken. An meinem Wasserglas nippte ich unterwegs kleine Schlückchen, damit ich weiterhin Schlucken konnte. Meine Gedanken begannen abzudriften und wirr zu werden. Mein Mann bemühte sich, mit Geplapper abzulenken, aber in meinem Kopf breitete sich eine dümmliche Leere aus, wie ich sie von der Vorstufe von Migräne kannte.

Schließlich erreichten wir das Krankenhaus und glücklicherweise kamen wir sehr schnell in ein Untersuchungszimmer, wo ich sofort Antihistamin und Cortison als Infusion bekam. Und das Erstaunliche, kaum war ich angestöpselt, spürte ich die körperliche Entspannung, und zwar bis hinunter in den kleinen Zeh. Also war mein ganzer Körper von dieser allergischen Reaktion betroffen gewesen und nicht nur die Atemwege und der Kopfbereich, wie ich das eigentlich wahrgenommen hatte. Sofort ging es mir besser, nur wurde ich jetzt so, so müde. Was durch das verabreichte Fenistil kam, wie mir der Pfleger später berichtete. Auch fror ich noch so viel mehr und würde von Kälte förmlich durchgeschüttelt! Und dann erlebte ich die größte Freundlichkeit, die mir bis dahin jemals untergekommen war. Der Pfleger hatte mein beständiges Frösteln wohl bemerkt und kam nach einer kurzen Weile mit einer vorgewärmten großen Decke wieder zurück. Ich musste weinen, als er sie über mich legte und um mich herum feststeckte. Ich kann sagen, das war die wunderbarste Geste und die herrlichste warme Decke, die ich jemals erlebt hatte. Sehr dankbar war ich, über dieses Geschenk des Himmels, so kam es mir in diesem Augenblick vor. Nachdem die Infusion fertig gelaufen war, durften wir dann auch bald nach Hause. Ich war todmüde und schlief wie ein Stein in dieser Nacht.

Aber jetzt hatte ich Angst. Angst, dass so etwas wieder passieren könnte. Ich hörte ständig in meinen Körper hinein und überprüfte meinen

Schluckreflex. Und ich kann sagen, je stärker ich mich darauf konzentrierte, desto schwieriger wurde es zu schlucken. Da ich nicht wirklich wusste, was die Reaktion ausgelöst hatte, wusste ich bald gar nicht mehr, was ich essen sollte. Die Nesselsucht kam und ging, ziemlich unberechenbar, mal aus heiterem Himmel, mal völlig ohne jeden erkennbaren Zusammenhang oder Grund für mich. Regelmäßig musste ich Medikamente einnehmen. Drei- bis viermal am Tag Antihistaminika und das täglich. Ich ging zu meiner Ärztin, die untersuchte meine Organe, mein Blut, fand nichts und hatte auch keine konkrete Idee. Immerhin bekam ich ein Notfallset für den Fall aller Fälle einer allergischen Schockreaktion. Das ich ab da immer bei mir trug. Manchmal, wenn ich es vergessen hatte mitzunehmen und mir das einfiel, durchzuckte es mich wie ein Blitz und mein Körper reagierte sofort mit Schluckbeschwerden. Das entwickelte sich schon zur psychischen Störung.

Spannend war, dass ich in dieser ganzen Zeit eine innere Instanz hatte, die zuschaute, analysierte und lernte. Damit war das zwar alles irgendwie lästig, aber ich blieb doch einigermaßen stabil und aus dem möglichen Drama außen vor. Gerade auch diese körperliche Reaktion auf den bloßen Gedanken, dass ich mein Notfallset vergessen hatte, fand ich sehr interessant. Der Körper hatte also tatsächlich eine Art Körpergedächtnis, auf das ich mit meinem Geist als Auslöser für eine körperliche Reaktion Einfluss nehmen konnte.

Andersherum konnte ich jedoch mit meinem Geist noch nicht die bereits begonnene körperliche Reaktion wieder stoppen. Ich trainierte jetzt, meine Gedanken ausgerichtet zu halten, damit ich ohne Störung des Schluckreizes durch den Tag kam. Ich lernte nochmals sehr viel über mich und über die Kraft des Geistes.

Dann kam die nächste Seminareinheit bei Sonia und die nächste Schwitzhütte. Und was soll ich sagen, natürlich nahm ich „Schlucken" mit in diese Zeremonie für mich. Spannend war, dass ich an dem Seminar im ersten Redekreis stockheiser wurde, so dass ich das komplette Wochenende nichts sprechen konnte, nur flüstern. Aber in der Schwitzhütte geschah abermals Gnade und diese Störung wurde unmittelbar aus meinem Feld gelöst und ich habe seither keine Schwierigkeiten mehr beim Schlucken. Leider jedoch, die Nesselsucht blieb.

Dann fuhren wir in den Urlaub. In unseren ersten Urlaub, seit wir uns kannten, ohne Kinder. Unser Jüngster, der gerade seinen Realschulabschluss erfolgreich abgelegt hatte, war schon vorgefahren auf den Ponyhof auf dem er seit vielen Jahren als Helfer dabei war. Er wollte in diesem Sommer rund sechs Wochen dort an der Nordsee verbringen. Wir wollten ihn dort zwar manchmal besuchen, aber er wohnte komplett auf dem Hof und nicht mehr bei uns. Wir waren also das allererste Mal nur wir beide mit unseren drei Hunden in den Ferien. Eine ungewohnte Situation, gleichzeitig auch wunderschön.

Coachingkarte 55:
Sieh hin. Nicht jede Wahrheit muss
Dir schmecken.

Nach den turbulenten Wochen im Frühjahr dieses Jahres, genossen wir unsere Zweisamkeit so sehr. Das Wetter war herrlich. Die Unterkunft, in der wir seit vielen Jahren wohnen, auch. Und wir konnten ohne Kinder uns nun das erste Mal einfach in den Tag treiben lassen. Das war wirklich so erholsam. Nichts tun. Keine Termine. Und dazu der Wind, das Meer und die Weite der Landschaft taten das Ihrige dazu, wir konnten uns endlich erholen. Aber, mit dem Essen und der Nesselsucht blieb es schwierig. Ich versuchte alle mir bekannten Möglichkeiten, nahm auf der energetischen Ebene Kontakt mit der Nesselsucht auf, kam aber nicht wirklich hinter ihre Botschaft und das, was ich an dieser Stelle hätte als Thema lernen können, um die allergische Hautreaktion zu heilen. Denn es ist ja

vom schamanischen Verständnis gesehen so, dass jede Krankheit einen Grund hat, eine Botschaft, warum sie da ist. Eine Art energetische Dysbalance, die sich dann im Körperlichen ausdrückt. Lediglich hatte ich Ideen, auf welche Stoffe mein Körper so heftig reagierte. Und so stellte ich meine Ernährung noch einmal ziemlich radikal um, weil ich, wie ich beobachtet hatte, heftig auf „künstliche" Inhaltstoffe reagierte.

Obwohl wir im Urlaub sonst sehr gerne Essen gehen, kochte ich jetzt jeden Tag und bereitete wirklich alle einzelnen Komponenten der Speisen selbst zu. Weiterhin nahm ich zwischen mindestens 1 und 4 Tabletten am Tag. Wenn ich mich selbst anschaute, sah ich immer noch aus wie ausgekotzt. Ich hatte tiefe Augenringe und mein Gesicht sah aufgeschwemmt und krank aus. Kein Wunder! Und ich wurde langsam wirklich verzweifelt. Denn jetzt war alles so schön zwischen mir und meinem Mann und dann machte mein Körper solche Zicken!

Dann berichtete mir eine befreundete Schamanin aus der ersten Ausbildungsgruppe, wie sie regelmäßig mit den Körbler'schen Zeichen ihre Energiepunkte behandelte. Spannenderweise hatte ich sowohl meinen Tensor als auch meine Testtafeln mit in den Urlaub genommen. Sofort machte ich mich ans Testen. Als Ergebnis malte ich mir zwei mal vier parallele Striche auf den Entzündungspunkten an meinen Handgelenken und ein Sinuszeichen am Allergiepunkt vor meinem rechten Ohr auf meine Haut. Und was soll ich sagen, ab diesem Zeitpunkt war meine Nesselsucht verschwunden und ich mochte mich auch wieder im Spiegel sehen. Etwas später hatte dann besagte Freundin noch den Impuls für mich und meine Nesselsucht eine schamanische Heilreise zu machen. Sie berichtete mir, dass sie mich in einem großen Kessel mit kochendem Wasser hätte sitzen sehen. Ich hätte mir große Vorwürfe wegen der Vergewaltigung gemacht und schrie: „Wie konnte ich nur so blöd sein!" Schließlich kam der Heilungsimpuls auch in diese Reise und auf dieser energetischen Ebene an. Und es wurde weiterhin Information geteilt, dass wir Frauen jetzt alle auch am Kollektiv die Wunden zwischen Mann und Frau aus Jahrhunderten aufarbeiteten und transformieren dürften und meine Nesselsucht ein kleiner Teil davon gewesen war.

Coachingkarte 56:
Transformation geschieht.
Eine neue Lösung, die Du findest,
ist auch ein neuer Weg für andere.

Anleitung zum Glück: Die innere Stimme

Meiner inneren Stimme immer mehr vertrauen, das habe ich erst in den letzten Jahren wieder gelernt. Zu laut waren die Stimmen im Außen, die alles besser wussten als ich. Und wenn ich so zurückblicke, war ich eigentlich auch immer auf der Suche gewesen nach jemandem, bei dem ich meine Verantwortung für mich hätte abgeben können. Unverantwortlich, so kann ich mein damaliges Ich nur beschreiben.

Und die sichere Erkenntnis reifte nun in mir, dass alle, die ich in einem Moment meines Lebens treffe, doch genauso ahnungslos sind wie ich. Niemand hat diese Situation hier und heute schon einmal erlebt. Wir alle sind an diesem Moment, oder an diesem Problem, oder an diesem Ereignis immer gerade das aller erste Mal. Also kann es niemand besser wissen oder schlechter als ich! Deshalb kann ich meine Verantwortung für diese Situation nicht irgendwohin abgeben! Weder für mich noch für sonst irgendetwas, das in meinem Leben geschieht oder geschehen ist. So wurde mir weiter klar, das ist nicht schlimm, denn allen anderen geht es genauso wie mir. Die anderen tragen die Verantwortung für sich selbst und wie sie mit einer Situation umgehen, weil sie auch an diesem Punkt gerade für sich das erste Mal stehen. Jeder entscheidet für sich, wie es weitergeht. Deshalb kann nur ich etwas für mich ändern und beispielsweise für mich ganz bewusst entscheiden, mit wem ich mich über diese Sache austausche und wessen Gedanken ich mir zu diesem oder jenem Problem in meinem Leben anhöre. Bevor ich mich dann ganz allein für mich für meinen eigenen Weg entscheide. Diese Tatsache war mir sehr lange nicht wirklich bewusst.

Eigentlich erscheint das selbstverständlich und nur eine Kleinigkeit zu sein, aber in ihrer Auswirkung ist diese Erkenntnis absolut fundamental, wenn Du Dich der Tragweite dahinter öffnest. Wir hatten zu dieser Zeit einige Bekannte, die wir auch regelmäßig trafen, deren großes und lebensbestimmendes Hobby es war, schlecht über andere Menschen zu sprechen, also zu lästern. Damals war ich einfach noch gänzlich unbewusst, aber wir machten das mit. Hinterher wunderte ich mich zwar oft, warum mir am nächsten Tag der Hals oder der Nacken weh tat, ich Kopfweh hatte oder heiser war, aber ich kannte es nicht anders.

Im Rahmen meiner schamanischen Ausbildung besuchten wir sehr viele Wallfahrtskirchen: Die Wallfahrtskirche Maria Stein in Österreich und die Gnadenkapelle mit der schwarzen Maria in Altötting sind mir dabei besonders im Gedächtnis geblieben. Diese beiden besonderen Orte strahlten für mich deutlich wahrnehmbar eine so starke, positive Energie aus, dass ich das in meinem Körper spüren konnte. Und nicht nur das, auch noch lange Zeit später konnte ich diese Energie in meinem Körper wahrnehmen. Fast so, als ob die hohe Schwingung der Wallfahrts- oder Kraftorte mein eigenes System mit ihrer Energie aufgeladen hatten. Dieser Effekt verlor sich hinterher erst ganz allmählich.

Immer wieder hat man als kleiner unbedeutender Mensch das Glück, sofern er, der Mensch, Augen und Ohren und vor allem das Herz offen trägt, Einblicke in die Weisheit anderer zu bekommen. Die über tausend Jahre alte Linde auf der Fraueninsel am Chiemsee hatte wohl schon viel gehört und gesehen und sie gewährte mir besonders wertvolle Einblicke in den Lauf der Dinge, das Universum und unsere Aufgaben als Menschen. Unglaublich, so wurde der Baum Anfang des letzten Jahrtausends, da tobte noch das Mittelalter, auf der Insel gepflanzt. Wenn man sich das vorstellt, so ist es ja kein Wunder, dass er an diesem wundervollen Kraftort so lange überlebte. Oder machte er diesen Ort gerade so wundervoll? „Linden," so erzählte der Baum mir in der Meditation, „bilden das Herz eines Ortes, in einem Dorf oder auch einem Garten." Jeder solle deshalb eine Linde in seinen Garten pflanzen! „Linden verbreiten die Liebe." Ich konnte in dieser Meditation sogar die tanzenden Mädchen rund um den damals frisch gepflanzten Baum beobachten.

Coachingkarte 57:
Ein besserer Ort. Wo kannst Du Dich mit positiver Energie aufladen?

Ein ganz wundervoller Baum, der mir außerdem verriet, dass die Kraftpflanzen der weiblichen und männlichen Ahnenlinie als Bild in das Wappen einer jeden Familie gehören, damit diese mit der Kraft ihrer Ahnen voll verbunden und genährt würden. „Gemessen an der Unendlichkeit des Universums," so die Linde weiter, dauere auch ein langes Baumleben, so wie das ihre, nur einen Wimpernschlag. Und der Mensch im Vergleich wiederum dazu, sei nur gerade eine winzige Kleinigkeit. So ist die einzige Aufgabe eines jeden Menschen aus ihrer Sicht: „Sei der, der Du bist! Nicht mehr und nicht weniger! So einfach ist das."

Wenn ich diese Weisheit tiefer wirken lasse, ist das so unglaublich umfassend! Wow, und vielen Dank für dieses Teaching, lieber tausendjähriger Baum! Den Besuch dieses Kraftorts am Chiemsee und ebenso den Besuch der dortigen Kapelle (**https://www.frauenwoerth.de/abtei/selige-irmengard/**) kann ich sehr empfehlen. Nicht vergessen in den kleinen Klosterladen dort einzukehren. Das dort hergestellte Marzipan ist köstlich und es gibt viele besondere Kleinigkeiten, die das Herz erfreuen.

Ebensolches nur andersherum, wurde mir dann bewusst, geschieht wenn ich mich mit niedriger Energie umgebe. Negatives Reden, Lästern, Klatsch und Tratsch und eine negative innere Haltung beispielsweise schwingen niedrig und ziehen damit auch das Umfeld nach unten. Dieses Phänomen ist sogar rein physikalisch nach dem Energieerhaltungssatz in nicht geschlossenen Systemen zu erklären: Die Energie, die in ein System hineinfließt, minus der Energie, die es verlässt, ist die Änderung der Energie des Systems und muss durch die Umgebung bereitgestellt oder von ihr aufgenommen werden.

Ich erkannte schlagartig: Deshalb fühlte ich mich also oft so schwer und schlecht nach solchen Lästerabenden. Was für mich im Umkehrschluss bedeutete, dass ich solche Minusgeschäfte mit Menschen heute nicht mehr eingehe und mich damit bewusst und eigenverantwortlich verhalte. Ich lästere also nicht mehr. Ich grenze mich ab, wenn gelästert wird oder vermeide es mich dort aufzuhalten, wo es niedrig schwingt, womit ich meine eigene Schwingung erhöhe.

Coachingkarte 58:
Verantwortlich. Wenn es im Außen
zu laut ist, werde still und lausche.

 Dasselbe gilt auch für den Umgang mit Worten. Ich bin für alles verantwortlich, was ich in Gedanken und Worten an meine Umwelt losschicke. Dabei muss ich, wenn ich mich verantwortlich verhalten will, zum einen für mich selbst aktiv werden und eben wirklich nicht mehr mitmachen. Also das bedarf Deiner eigenen Entscheidung und Anstrengung, das dann

tatsächlich auch umzusetzen. Denn Dein Umfeld wird ja nicht nur, weil Du Dich entschieden hast, nicht mehr zu lästern, plötzlich damit aufhören. Du kannst das jedoch nur für Dich tun, für niemand anderen. Denn gleichzeitig muss Dir immer bewusst sein, dass die Grenze zwischen „gutgemeint" und „Manipulation" sehr fließend ist. Jemanden zu beeinflussen, so dass Du selbst Deinen Willen durchsetzt oder davon einen Nutzen hast, ist Manipulation.

So waren die Ergebnisse des großen Coachingtages eines Instituts in einer nahen schwäbischen Studentenstadt meist so, dass die Teilnehmer dann unbedingt die angebotene Trainerausbildung brauchten. Als Grund wurde dann genannt, dass die Teilnehmer auf der Bühne stehen sollten für die Auflösung ihrer Probleme oder weil sie so begabt waren. Der Moment also, in dem ein Grund für etwas erzeugt wird für den eigenen Vorteil, ist bereits manipulativ. Anders ist es, wenn man aus wirklicher Überzeugung eine Empfehlung für etwas ausspricht, aber dabei niemanden zieht oder schubst oder mit irgendwelchen anderen Techniken, versucht zum Kauf zu bewegen. Denn das Gesetz des freien Willens ist für alle und jeden unantastbar. Das Gesetz des freien Willens ist eines der höchsten universellen Gesetze in unserem Universum, das wir bei unseren vielfältigen Tätigkeiten und Versuchen zur Heilung immer beachten müssen.

Damit ist es beispielsweise völlig ausgeschlossen, dass ich energetisch mit jemandem arbeite, der nicht ausdrücklich seine Zustimmung gegeben hat. Eine Zeremonie für jemanden zu machen, der das nicht will, ist nicht erlaubt und bereits Manipulation. Beten und bitten, sind etwas anderes. Aber in dem Moment, in dem ich mich über den Willen einer anderen Person hinwegsetze, überschreite ich die erlaubte Grenze. Ob bewusst oder unbewusst, Manipulation geht gar nicht. Von der Auswirkung aufs negative Karma ganz zu schweigen.

Karma ist dabei, vereinfacht gesagt, das Gesetz von Ursache und Wirkung, das als ebensolches, unantastbares Grundgesetz im Universum wirkt. Es besagt: Was Du aussendest, bekommst Du zurück. Ob in diesem oder einem anderen Leben. Von einer Tomatenpflanze wirst Du keine Kirschen ernten, von Scheiße keine Erleuchtung. Wenn ich manipuliere, werde ich auf einer anderen Ebene den Preis dafür bezahlen. Du erntest immer, was Du säst. Darum werde Dir bewusst, was Du denkst, tust, fühlst und aussendest – alles kommt zu Dir zurück!

 Beten, Lichtarbeit und spirituelle Praxis sind höchst wirksame Werkzeuge auf diesem Weg. Nur damit setzt Du passende Samen für ein lichtvolles Leben und für Heilung, Gnade und Erfüllung und das Erreichen Deiner Lebensaufgabe für Dich, Dein Umfeld, Deine Familie, Deine Ahnen und für die ganze Welt. Ob Du dieses Gesetz nun kennst oder gut findest. Dein Karma kannst Du wirkungsvoll nur mit diesen lichtvollen Samen zum Guten wenden.

Coachingkarte 59:
Was Du willst. Das Gesetz des
freien Willens, für alle und jeden,
ist unantastbar.

Immer wieder begegnen uns Situationen, in denen wir glauben, erkennen zu können, dass eine andere Person einen großen Fehler begeht und in die falsche Richtung läuft oder sich vielleicht von schlechten Freunden beeinflussen lässt. Dann haben wir das Gefühl, wir müssten was tun! Aber was?!? Es ist uns nicht gestattet, bei anderen unerlaubt etwas zu tun, wenn uns diese Person keinen Auftrag dazu erteilt hat. Und oft ist es so, dass die Seele sich genau diese Erfahrung ausgesucht hat, vor der wir die Person gerade beschützen wollen. Greifen wir ein, verhindern wir möglicherweise den wichtigen Lernschritt oder schlimmstenfalls wirken wir schwarzmagisch – und das fällt wie gesagt immer auf uns selbst zurück! Das bedeutet, dass alles, was nicht Deine Sache ist und Du tust es trotzdem, früher oder später Deine Sache wird, aber eben als Antwort und Spiegelung aus dem Universum. All das kommt als Karma zu Dir zurück.

Außerdem stellen wir uns in einem solchen Fall über eine andere Person, wissen besser und beurteilen, ... Was uns ebenfalls nicht zusteht! Warum könnten wir für einen Fremden, für jemand anderen außer uns, beurteilen, was für ihn richtig ist? Das Einzige, was ich tun kann, ist, dass ich daran arbeite, warum ich mit dem vermeintlichen Fehler des anderen solch ein Thema habe.

Du kannst fragen: „Also, warum bin ich so verletzt, aufgebracht, ärgerlich, wütend, anschuldigend oder traurig, ... durch die Situation oder die Person?" Nur das ist Deine Sache, um die Du Dich kümmern darfst und nur das hat Dich zu interessieren. Das ist die Erkenntnis, um die es an dieser Stelle für Dich geht. Hier kannst Du wirklich wertvolle Heilarbeit leisten. Denn man projiziert immer in den anderen, ohne wirklich zu wissen, was beim anderen tatsächlich gerade los ist und was diesen wirklich bewegt. Und bei einem scheinbaren Fehler, den ich beim anderen sehe, gehe ich immer nur von meinem aktuellen Bewusstseinszustand und Wissensstand aus, von meinen Erfahrungen, meiner Weltsicht und meiner Meinung, ... Ich beurteile also, ohne zu wissen, was wirklich hinter einer Situation steckt.

Dazu fällt mir eine sehr nachdenkliche Geschichte zweier Engel auf Wanderschaft ein: Zwei reisende Engel machten Halt, um die Nacht im Hause einer wohlhabenden Familie zu verbringen. Die Familie war unhöflich und verweigerte den Engeln, im Gästezimmer des Haupthauses auszuruhen. Stattdessen bekamen sie einen kleinen Platz im kalten Keller. Als sie sich auf dem harten Boden ausstreckten, sah der ältere Engel ein Loch in der Wand und reparierte es. Als der jüngere Engel fragte, warum, antwortete der ältere Engel: „Die Dinge sind nicht immer das, was sie zu sein scheinen." In der nächsten Nacht rasteten die beiden im Haus eines sehr armen, aber gastfreundlichen Bauern und seiner Frau. Nachdem sie das wenige Essen, das sie hatten, mit ihnen geteilt hatten, ließen sie die Engel in ihrem Bett schlafen, wo sie gut schliefen. Als die Sonne am nächsten Tag den Himmel erklomm, fanden die Engel den Bauern und seine Frau in Tränen. Ihre einzige Kuh, deren Milch ihr einziges Einkommen gewesen war, lag tot auf dem Feld. Der jüngere Engel wurde wütend und fragte den älteren Engel, wie er das habe geschehen lassen können? „Der erste Mann hatte alles, trotzdem halfst Du ihm", meinte er anklagend. „Die zweite Familie hatte wenig, und Du ließt die Kuh sterben." „Die Dinge sind nicht immer das, was sie zu sein scheinen", sagte der ältere Engel. „Als wir im kalten Keller des Haupthauses ruhten, bemerkte ich, dass Gold in diesem Loch in der Wand steckte. Weil der Eigentümer so von Gier besessen war und sein glückliches Schicksal nicht teilen wollte, versiegelte ich die Wand, so dass er es nicht finden konnte. Als wir dann in der letzten Nacht im Bett des Bauern schliefen, kam der Engel des Todes, um seine Frau zu holen. Ich gab ihm die Kuh anstatt dessen. Die Dinge sind nicht immer das, was sie zu sein scheinen."

Coachingkarte 60:
Du erntest was Du säst. Das gewünschte
Ergebnis in der Zukunft, bestimmt Deine
Handlung jetzt.

Wenn Du wirklich, wirklich etwas tun willst in einer Situation, die nicht die Deine ist, so beginne mit Deiner Heilzeremonie für Dich und dabei überschreitest Du auch nicht Deine Grenze, frei nach dem schon mehrmals in diesem Buch erwähnten hawaiianischen Ho´oponopono:

Es tut mir leid.
Bitte verzeihe mir.
Ich liebe Dich.
Danke!

Damit heilst Du Dich und Deinen Anteil an dieser Geschichte und damit die ganze Welt!

Raus gekegelt

Ich hatte gewonnen, wie in letzter Zeit öfter, zwei Eintrittskarten für eine große Businessveranstaltung eines bekannten Coaches. Eine wirklich interessante Veranstaltung, bei der ich sehr viel gelernt und für mich mitgenommen habe, auch inhaltlich. Auch beispielsweise, wie man scheinbare Vorträge so aufbaut, dass hinterher die Zuschauer fast wie die Lemminge und völlig außer sich, die angebotenen Programme kauften. Also eigentlich eine höchst emotionale Verkaufsveranstaltung mit allen Tricks und Techniken, Musik, Licht, Duft, gute Laune und Tschakka getarnt als Vortrag, um es hart auszusprechen. Diese Verkaufstechnik wirklich zur Perfektion gebracht, das muss ich zugeben. Manipulation vom Feinsten zwar, aber man kennt ja die Tricks. Wer drauf reinfällt, ist irgendwie auch selbst verantwortlich, oder?

Dann gab es eine Meditation, die für mich deutlich über die Grenze dessen ging, was zu tolerieren ist. Das Licht wurde gedämpft im Saal, eine ruhige Musik im Hintergrund eingespielt. Und dann führte uns der Coach in die Entspannung, und gerade dort in einem Moment als die allgemeine Achtsamkeit zum Erliegen kam, sagte er: „Und Du buchst bei „Name des Coaches" das Coachingprogramm XY" Es war fast wie in einem Nebensatz. Und ich danke meinem System, das mich unmittelbar und sofort aus der Verbindung und aus dieser Meditation schmiss. Fast wie einen elektrischen Schlag hatte ich bekommen und war unverzüglich aus dem Feld abgekoppelt. Ich war empört. Ich blickte um mich, keiner schien das gemerkt zu haben. Mein Mann zwinkerte mir zu und sagte leise, er habe schon gar keine Lust gehabt mitzumachen. Alle anderen ließen sich in seligem Vertrauen die Kaufabsicht in ihr Unterbewusstsein pflanzen und kauften im Anschluss wie besessen.

Ich war energetisch draußen und die Worte und die Manipulationen erreichten mich nicht mehr. Als es zum Höhepunkt und zum Verkauf des teuren Programms, den gemeinsamen Aufstieg auf einen der höchsten Berge der Erde kommen sollte, zog mein Körper sogar alle Register, um mich aus dem aufgebauten Feld zu ziehen. Mir wurde so schlecht und ich wurde so zappelig, dass ich den Saal verlassen musste. Und ich bin bis heute fassungslos. Ein Coach, der sich Herzensbusiness auf seine Fahnen schreibt, manipuliert das Unterbewusstsein für den eigenen Geldbeutel. Und ich dankte meinem Leben und meiner Führung, dass ich dieses Geschenk bekommen hatte, so etwas live zu erleben und die geschickten Werkzeuge zu erkennen. Für mich nochmals ein deutlicher Hinweis aus der hohen geistigen Welt, wie bewusst ich mit meinen Worten und dem was ich tue umgehen muss.

 Ganz gleich wie gerne ich Erfolg hätte, der Zweck heiligt niemals die Mittel! Und auch wenn Du denkst, Du wüsstest, was für Dein Gegenüber das Beste wäre, steht der eigene freie Wille immer darüber! Zum höchsten Wohle von allem was ist. Früher oder später wirst Du Dich für alles verantworten müssen und den Preis zahlen für Deinen kurzfristigen Erfolg, wenn Du diesen auf Kosten von anderen erreichst. Angebote von Macht, Ruhm, für Egospiele und schnelles Geld wirst Du immer wieder auf Deinem Weg erhalten. Drum überprüfe ehrlich, warum Du etwas tust und was Dein tatsächliches Motiv dahinter ist.

Tue, weil Du es kannst

Manchmal muss man tun, was getan werden muss. Weil gerade Du an dieser Stelle bist, und niemand anderes es tut. So erinnere ich mich an eine Freundin der Familie, die zu einem früheren Zeitpunkt auch meine Buchhaltung gemacht hatte. Nun war sie im Hospiz. Krebs im Endstadium. Wir hatten immer ein gutes Verhältnis, auch über meine Zahlen hinaus, gehabt und uns regelmäßig zum Kaffee getroffen. Immer dabei, ihr großer Schäferhund Marco, ein lieber Kerl. Ein bisschen ungezogen, aber wir mochten uns. Er hatte sein Frauchen zwar ziemlich im Griff und mochte es auch nicht, mit anderen Hunden zusammenzukommen aber die beiden hatten sich gut miteinander arrangiert.

Nun war sie also bereits mehrmals im Krankenhaus gewesen und schließlich austherapiert im Hospiz gelandet und keiner ihrer Freunde, Bekannten oder die Familie wollte den Hund nehmen. Er war schon ein bisschen besitzergreifend, das gebe ich zu. Aber so landete er im Tierheim in Esslingen. Und dann, weil sie das gar nicht aushalten konnte, hatte ihr Exmann ihn von dort geholt und hielt ihn bei sich am Haus, vermutlich im Zwinger. Auch das war für sie schrecklich zu wissen, da sie aus der Vergangenheit wusste, dass der Ex außerdem nicht zimperlich mit dem Hund umgehen würde. Ich besuchte sie in dieser Zeit regelmäßig im Hospiz und so sprach sie bei einem meiner letzten Besuche ihre Bitte bei mir aus. Es war abzusehen, dass sie nicht mehr lange haben würde. Ich wollte ihr gerne ihren Herzenswunsch erfüllen: „Bitte, niemand anders kann es tun, finde für Marco ein neues zu Hause. Hole ihn bei meinem Ex ab und vermittle ihn!" Naja, einer Sterbenden wollte ich ihren letzten Wunsch nicht abschlagen, also willigte ich ein.

Ich kündigte mich beim Ex für diesen Tag telefonisch an und fuhr die paar Kilometer in den Nachbarort, um den Hund abzuholen. Der Ex holte ihn dann auch gleich. Was soll ich sagen, Marco sah mich und wusste sofort: „Das ist meine einzige Chance hier wegzukommen!" Auf Details dazu, wie schlecht das Verhältnis von Hund und Ex-Mann war, möchte ich gar nicht weiter eingehen. Marco, ein Schäferhund, war etwa sieben Jahre alt, und seine Hüftdysplasie schon ziemlich ausgeprägt. Er lief schlecht und seit ich ihn das letzte Mal gesehen hatte, hatte er auch sonst körperlich ziemlich abgebaut.

Der Ex wollte mir irgendwelches Zeug erzählen und mir weismachen, dass Marco nicht in meinen Kofferraum klettern könne und dann auch gleich wieder rausspringen würde. Die Kofferraumklappe war noch nicht richtig offen, da saß der Hund schon drin, ohne dass ich ihm geholfen hatte. Weil es warm war, ließ ich die Klappe noch geöffnet, und ich wusste, ich hätte so bis zu uns nach Hause fahren können, er wäre nicht rausgesprungen, er war ja nicht verrückt. Wir fuhren also mit geschlossener Kofferraumklappe los, und es zerreißt mir heute noch fast das Herz und treibt mir die Tränen in die Augen! Marco stieß einen so durchdringenden Schrei aus, so ein Geräusch hatte ich noch nie gehört! Es war wie eine Mischung aus Triumpf, von dort wegzukommen und dem Schmerz, über das was er erlebt hatte.

Dann begannen acht anstrengende Wochen, in denen der Hund eigentlich beschlossen hatte, dass er bei uns bleiben würde und wir versuchten ihn irgendwohin zu vermitteln. Dabei waren sein allgemein schlechter Zustand, der schlechte Gang, eingekapselte Krebsgeschwüre, die alternativ behandelt worden waren und gelegentliche epileptische Anfälle sowie sein Alter in Kombination mit seiner Rasse und als intakter Rüde sowie seiner etwas aufdringlichen Art... - alles zusätzliche Schwierigkeiten. Alles war aber gut medikamentös eingestellt. Außerdem hatte seine Noch-Besitzerin so einige Vorstellungen, die wir berücksichtigen sollten: Die neuen Besitzer sollten nach Möglichkeit alternative Heilmethoden anwenden und keine Operation der Geschwüre vornehmen lassen. Schon spannend, dass sie für ihren Hund umsetzen wollte, was sie sich selbst nicht gestattet hatte.

Sein Allgemeinzustand besserte sich ziemlich schnell bei uns. Über einen befreundeten Tierschutzverein setzten wir den Hund in die Vermittlung und hatten einige Anfragen. Aber es gestaltete sich schwierig. Wir hatten zwar Interessenten, doch Marco wollte lieber bei uns bleiben. Fast war er wie ein Bumerang, jedes Mal, wenn ich ihn irgendwo untergebracht hatte, kam er schon nach wenigen Stunden oder spätestens am nächsten Morgen zurück zu uns. Es wurde langsam aber sicher zum Alptraum! Nichts klappte. Er kam immer wieder. Ich fuhr einmal sogar in brütender Hitze mit Tempo 80 h/km fast 500 Kilometer nach Celle, weil da ein scheinbar nettes Ehepaar mit einer Hündin Interesse hatte. Aber die schaute ihn mit dem A.... nicht an und er benahm sich so was von aufdringlich, also auch hier Fehlanzeige.

Und dann begannen mich diese Pseudotierschützer anzuschuldigen: Wegen der Krankheiten und der Dysplasie und noch vielem mehr, was ich ihnen aber alles schon im Vorfeld mitgeteilt hatte. Das war ja auch gar nicht mein Hund! Also das war eine echt schräge Nummer, in die ich da hineingeraten war. Dann fanden wir schließlich sogar noch ein nettes Ehepaar ganz in der Nähe, und auch von dort kam Marco schon am nächsten Morgen wieder zurück zu uns, weil er sich unmöglich benommen hatte. Er fixierte sich komplett auf mich und brachte unsere ganze Familie damit durcheinander. Er war lieb, das war es nicht. Aber energetisch schubste er sowohl meine beiden Jungs und meinen Mann als auch unseren ersten Hund einfach so aus der Familie. Sein Plan war, so nahmen wir das wahr, mit mir eine Partnerschaft zu leben, den Rest brauchte er nicht. Unser erster Rüde, der sehr feinfühlend ist, saß quasi schon auf gepackten Koffern. Er lebte nur noch im oberen Stockwerk, weil Marco dort nicht hinkam. Der Zustand zu Hause wurde echt unerträglich mit dem riesigen Hund bei uns, der einfach bei uns bleiben wollte.

Coachingkarte 61:
Du kannst es.
Selbstlos ist oft mit
mehr Eigennutz
verbunden als ersichtlich.

Gemeinsam beschlossen wir dann in der Familie, dass das so nicht mehr weiterging! Ich hatte diverse Gnadenhöfe ausfindig gemacht und wir hatten uns ganz fest entschlossen, ihn für eine Übergangsphase jetzt dort hin zu geben. Unumstößlich! Und ich hatte ebenfalls einiges energetisch gearbeitet und abgetrennt. Jetzt endlich meldete sich eine Frau, die großes Interesse hatte. Allerdings war die so ganz anders als die Noch-Besitzerin es sich vorgestellt hatte, ziemlich herkömmlich schulmedizinisch. Ich hatte abermals dringend um Unterstützung aus der geistigen Welt gebeten und im Laufe der vergangenen acht Wochen alle erdachten Anforderungen der Noch-Besitzerin losgelassen. Es ging nur noch darum, ihn einfach gut zu vermitteln und uns und ihm die Runde über den Gnadenhof zu ersparen. Unser Jahresurlaub im Sommer stand kurz bevor und ich war wild entschlossen, Marco dieser Frau mitzugeben, wenn sie ihn denn hoffentlich nehmen würde. Und sie wollte! Wir machten einen Vertrag und schon am gleichen Tag fuhr er mit ihr ins Hessische. Das Noch-Frauchen war sehr froh über unsere Vermittlung, aber durch die starken Medikamente schon viel in den Anderswelten unterwegs. Es war ihr zwar noch ein wichtiges Anliegen gewesen, ihn vermittelt und nicht im Tierheim oder beim Ex zu wissen, Details waren für sie in ihrem Zustand aber nicht mehr wichtig und so verstarb sie kurze Zeit später.

Wir blieben noch locker in Kontakt und das neue Frauchen lud uns mehrmals ein, sie zu besuchen. Mein Mann und ich konnten uns aber nicht mehr überwinden, nochmals mit dem Hund in Kontakt zu gehen. Dann nach ungefähr eineinhalb Jahren kurz nach Weihnachten schrieb sie mir, dass sie Marco hätte erlösen lassen müssen. Ich weiß, dass er bei uns länger gelebt hätte, aber es war einfach in dieser Konstellation nicht möglich. Ich habe mich zwischendurch innerlich gescholten, dass ich nicht nein gesagt hatte zu dieser Aufgabe, die im Laufe der acht Wochen immer größer geworden war. Seither überlege ich immer wieder, dass man ja auch oft an Aufgaben gelangt, oder diese übernimmt, ohne im Vorfeld überhaupt eine wirklich reale Einschätzung davon zu haben. So war diese Aufgabe wirklich viel, viel größer als das, was ich ursprünglich gedacht hatte und wofür ich mich bewusst entschieden hätte, wenn ich es eben gewusst hätte. Viele Menschen bewunderten mich für das, was ich für meine Bekannte und den Hund tat. Ein scheinbar selbstloser Dienst. Aber so war das nicht, das stellte ich auf meiner langen Autofahrt nach Celle fest.

Es war die Zeit, als auf den Autobahnen wegen der Hitze und den Blowouts maximal achtzig Kilometer in der Stunde gefahren werden konnte. Die Fahrt dauerte ewig. Und ich hatte die Schnauze echt absolut voll. Ja, ich hatte diese Aufgabe übernommen, weil ich es konnte und weil ich gerade da war. Aber, auch weil mein Ego gerne Anerkennung gehabt hätte, dafür, dass ich geschafft hatte, was so schwierig gewesen war. Ich erhielt aus der geistigen Welt für diese Ehrlichkeit und innere Aufrichtigkeit ein wundervolles Werkzeug geschenkt und viele wertvolle Einsichten über die menschlichen Motive hinter den Motiven.

Die Motive hinter den Motiven

Oft sind die Dinge also nicht so wie sie scheinen. Ich erzählte mir also Geschichten, warum ich Dinge tat oder nicht tat und gab mich Illusionen hin, wie gut ich vermeintlich gewesen war. Und das geht jedem so, das ist menschlich, aber halt völlig unbewusst. Bevor sich der Schleier des Unbewussten bei mir zu lichten begann und ich mich auf den Weg zu mir selbst begab, hatte ich noch einige Lektionen dazu zu absolvieren.

Coachingkarte 62:
Sei echt. Die Dinge sind nicht
so wie sie scheinen.

Mit gerade mal 18 Jahren, frisch mit dem Abitur in der Tasche, hatte ich mir einen Job im Ausland organisiert. Ich sollte für ein halbes Jahr in Griechenland auf einer Kykladeninsel für einen Surfreiseveranstalter als Reiseleitung vor Ort arbeiten. Bereits in der Oberstufe war ich durch meinen damaligen Freund zum Surfen gekommen. Regelmäßig verbrachten wir mindestens die ganzen Oster- und Herbstferien beim Surfen auf Sardinien. Das war eine wundervolle Zeit, wenn wir mit unserem VW-Bus am Strand schliefen und die Freiheit beim Windsurfen genossen.

Als flippige Surferbraut hatte ich damals die Geschäftsführer eines Reiseveranstalters persönlich vor Ort beim Surfen kennengelernt. Und ich war glücklich, als sie mir das Angebot für diesen Job in Griechenland machten – das Abenteuer lockte mich! Zwar war es kurz zuvor mit meinem damaligen Freund auseinander gegangen, aber ich liebte es ja noch immer, dieses unglaubliche Gefühl, wenn ich als eins mit dem Wind singend über das

Wasser glitt. Mein Lieblingslied von den Beatles in solchen Situationen ist schon immer „There are places I remember", das dann in wundersamer Weise in mir aufsteigt und das lauthals gesungen werden möchte.

Und so begann das Abenteuer! Ich kam also um die Osterzeit – und im orthodoxen Griechenland wird Ostern früher gefeiert – auf der Kykladeninsel Paros an. Da landete ich nun, mit meinen sehr deutschen Vorstellungen wie die Dinge zu sein hätten, in Athen mit dem Flugzeug, um von dort dann noch mit der Fähre mehrere Stunden zu meinem Bestimmungsort in der südlichen Ägäis weiterzufahren.

Bereits mit einiger Verspätung fuhr die Fähre in Athen los. Da sie nacheinander mehrere Inseln anfuhr, summierte sich die Verspätung enorm bis zu meiner Ankunft in der Hafenstadt Parikia. Mit Verspätungen lernte ich mich in diesen sechs Monaten in Griechenland gänzlich zu arrangieren. Warten an der Fähre auf angekündigte Gäste, bis zu 7 Stunden, waren für mich an der Tagesordnung. Wo ich anfangs fast wie ein Tiger im Käfig auf- und ablief vor Ungeduld, hatte ich mich gegen Ende meines Aufenthalts zu innerer Gelassenheit trainiert. Ausgestattet mit Buch, Getränk und leckerem Essen, genoss ich die herrliche freie Zeit am blauen Meer sitzend, bis meine Gäste schließlich eintrafen.

 Aufregen, ungeduldig sein oder hohl drehen, waren zwar alles Möglichkeiten mit der Situation umzugehen, änderten aber kein bisschen an der Pünktlichkeit der Fähre, so meine erleichternde Erkenntnis. Am Hafen holte mich also der griechische Partner des Reiseveranstalters ab, ein typischer griechischer Macho. Zu dieser Zeit war er aber noch sehr nett und bemüht. Wir fuhren direkt zum Strand, wo er mir stolz die Surfstation zeigte. Oder das, was davon noch nicht vorhanden war.

Es gab einfach noch nichts am Strand und schon in knapp dreieinhalb Wochen sollten die ersten Gäste eintreffen. Ich war ein bisschen beunruhigt, aber der griechische Partner versicherte mir glaubhaft, dass wir morgen alles aufbauen würden, er habe alles bestellt. Er brachte mich zur Familie seines Bruders, wo ich in den ersten Tagen wohnen sollte. Ich hatte dort ein kleines Zimmerchen. Die Familie war sehr nett, aber alles war anders als zu Hause.

Ich verursachte erst mal eine riesige Verstopfung im Badezimmer. Niemand hatte mir gesagt, dass man kein Toilettenpapier in die Toilette werfen durfte. Zum Frühstück und auch sonst gab es ungewohnte Dinge, allen voran Dosenmilch mit Wasser verdünnt zum Trinken. Telefonisch konnte ich meine Eltern nicht erreichen, so wie sich telefonieren generell sehr schwierig gestaltete. Es gab ja damals noch keine Handys und das Telefonnetz nach Griechenland war sehr schlecht. Ein Telefonat nach Deutschland musste ich anmelden. Oft kamen wir gar nicht zur vereinbarten Stunde durch und konnten uns dann gar nicht erreichen.

Besonders in den ersten Wochen, bis die ersten Gäste kamen, litt ich unter starkem Heimweh. Noch heute ist dieses Gefühl sofort präsent, wenn ich an dem kleinen blauen Fläschchen mit dem Parfum rieche, das ich mir für diese Reise neu gekauft hatte: Der Geruch von Heimweh! Bis dahin kannte ich Heimweh überhaupt nicht oder nur aus Geschichten. Verreist war ich gerne und oft, aber immer gemeinsam mit Freunden oder meinem damaligen Freund. Jetzt lähmte mich die Sehnsucht nach meinen Eltern und zu Hause. Ich fühlte mich allein, war innerlich freudlos, weinte oft und war tieftraurig. Manchmal war diese Sehnsucht so groß, dass ich sogar fremde Urlauber ansprach, nur um Deutsch mit Ihnen sprechen zu können.

Am ersten Morgen holte mich der griechische Partner also in meiner Unterkunft bei seinem Bruder ab, um mir die Insel zu zeigen und mit dem Bau der Surfstation voranzukommen. Beim Handwerker, der die Vorarbeiten dazu machen sollte, war jedoch auch noch nichts zu sehen, er hatte ebenfalls noch nicht einmal mit der Station angefangen. Aber er sagte: „Morgen ist es fertig!" Wir fuhren weiter und trafen sehr viele Leute. Und so ging das mehrere Tage, immer gleich. „Morgen ist es fertig!" Langsam wurde ich dann doch ziemlich nervös, nichts war vorbereitet für unsere ersten Gäste und der griechische Macho begann, mir auf die Nerven zu gehen. Großspurig begann er jetzt irgendwie über mich und meine Zeit zu verfügen. Gut war, dass er mir einen kleinen Welpen „Pacco" brachte, der größtenteils bei mir wohnte. An der Surfstation aber, baute der Grieche nicht weiter.

Eines Tages stritten wir uns darüber sehr heftig, dass immer noch nichts fertig war. Ich fuhr mit meinem Motorroller, den ich mittlerweile gemietet hatte, von meinem kleinen Appartement, in dem ich mittlerweile wohnte, in eine nahegelegene Bar am Strand. Dort klagte ich den beiden Besitzern mein Leid mit dem griechischen Partner. Und was diese mir dann berichteten, öffnete mir grundlegend die Augen über Motive und die Motive dahinter. Denn, der griechische Macho hatte bei mir vordergründig vorgegeben, dass wir in Sachen Job unterwegs waren, mich aber überall als seine neue deutsche Freundin vorgestellt.

Und als ich begann, meinen eigenen Kopf zu haben und vor allem die Vereinbarungen mit dem Surfreiseveranstalter einzufordern, hatte ihm das gar so nicht geschmeckt. Nachdem ich den Griechen damit konfrontiert hatte, nahm er mir leider meinen kleinen Hund wieder weg. Und schon im Jahr darauf, so erfuhr ich später, war Pacco beim Wildern von einem Jäger erwischt und erschossen worden. Für meine Zeit auf Paros sollte das Verhältnis zu diesem griechischen Partner ziemlich gestört bleiben.

Coachingkarte 63:
Zeichen der Natur.
Die Antwort schlummert
bereits in Dir.

Ich hatte bereits gute Kontakte zum Personal des nahen Hotels und diversen Restaurants und Bars aufgebaut, so dass das kein Problem mehr für mich darstellte. Die ersten Gäste waren zum Glück so nett, dass diese über eine sehr provisorische Surfstation hinwegsahen. Der Wind tagsüber war super in diesen ersten zwei Wochen, und des nachts machten wir alle gemeinsam die tollen Strandbars unsicher. Ich machte meinen Job, für den ich bezahlt wurde und den griechischen Partner ließ ich links liegen. Ich brauchte ihn dazu ja auch nicht. In meiner freien Zeit konnte ich so viel surfen, wie ich Lust hatte. Das Wetter war klasse und der Wind ebenso. Die Gäste wechselten, alles lief prima.

Zwischendurch machte mir die Oberflächlichkeit meines Jobs ziemlich zu schaffen, bei jedem Gästewechsel die immer gleichen Fragen und Geschichten erzählen. Und eines Tages zahlte mir der Grieche heim, dass ich ihn verschmäht und abgelehnt hatte. Beim Surfen sprang ich mit Schwung kurz vor dem Strand im knietiefen Wasser ab und es durchfuhr mich ein stechender Schmerz im rechten Fuß. Wow, das tat weh! Ich konnte kaum stehen oder sprechen. Es durchlief mich kalt und heiß gleichzeitig. Ich ließ mein Brett und Segel am Strand liegen und rannte zur Station. Und Theo der Grieche, sagte (also in schlechtem Englisch, mit fürchterlich griechischem Akzent) „Oh, also entweder du stirbst jetzt oder du überlebst es!" Ich war in Panik, es tat so weh und ich hatte schon Schüttelfrost und es ging mir gar nicht gut. Er meinte, bis wir im Krankenhaus sind, und dazu hätten wir auf die andere Seite der Insel fahren müssen, oder bis der Krankenwagen hier wäre, wäre ich sonst eh tot.

Ich wusste schon nicht mehr wo oben und unten war, netterweise brachte er mich aber doch zum Hotel, aber die ganze Zeit lachte er sich fast kaputt. Wenn ich heute darüber nachdenke, glaube ich, dass ich nicht wirklich in Gefahr war und er freute sich nur einfach darüber, dass er es mir jetzt endlich heimzahlen konnte. Die nette Hotelbesitzerin brachte mich freundlicherweise heim und gab mir etwas gegen die Schmerzen. Ich lag zwei Tage im Bett mit Symptomen wie bei einer schweren Grippe, mit Fieber, Schwindel und einem dicken Fuß, aber dann hatte ich es überlebt.

Erst für dieses Buch habe ich mal recherchiert, was das wohl für ein Fisch gewesen sein konnte, auf den ich gesprungen war und herausgefunden, dass ich auf ein sogenanntes Petermännchen getreten war. Als Lauerjäger graben sich diese Fische in den Sand ein und warten auf Beute. Die Flossenstacheln der ersten Rückenflosse und ein Stachel auf dem Kiemendeckel sind giftig. Weiter fand ich heraus, dass eine Vergiftung zwar in der Regel nicht tödlich verläuft, aber oft starke, meist sehr schmerzhafte Schwellungen verursacht, die sehr lange anhalten können. Einige Menschen reagieren allergisch auf das Gift, was zu Schwindel, Kopfschmerzen, Bewusstlosigkeit oder gar einem Herzstillstand führen kann und es sollte umgehend ein Arzt aufgesucht werden.

Hmmm, also rückblickend ärgere ich mich jetzt doch noch über dieses verantwortungslose Verhalten des Griechen. Aber, immerhin, ich habe es wirklich überlebt. Damals hatte ich noch nichts mit Kraft- oder Helfertieren am Hut und auch nicht, als ich einige Jahre später nochmals in eben einen solchen Fisch trat. Allerdings am Mittelmeer und glücklicherweise mit nur wenig mehr Symptomen als bei einem Wespenstich.

Leider finde ich noch heute nichts über die Aufgabe dieses Fisches, außer, dass ich mit dem außergewöhnlichen Namen sehr in Resonanz gehe. Dieser wirkt so niedlich und harmlos. Dabei soll der Name „Petermännchen" von seinem niederländischen Namen „pieterman" abstammen und wird damit erklärt, dass niederländische Fischer diese gefangenen Fische wegen der Gefährlichkeit der Stacheln meist wieder ins Meer zurückgeworfen und sie dabei als Opfergabe dem Schutzheiligen der Fischer Petrus geweiht hätten. Die Natur hat schon immer irgendwie zu mir gesprochen, auch wenn ich ihre Botschaften früher noch nicht gehört oder für mich gedeutet habe.

Die Verbindung zur Natur

Heute habe ich gelernt, zumindest manche Zeichen der Natur für mich zu entschlüsseln. Eine tiefe Verbindung zur Natur begleitet mich, nicht erst seit ich Hunde habe. Schon als kleines Mädchen war mein erklärter Berufswunsch Bäuerin. Und wenn ich die Fotos aus meiner Kindheit betrachte, habe ich immer irgendwelche Tiere auf meinem Schoß oder stehe an Zäunen, um Kühe, Pferde, Schafe oder sonstige Vierbeiner zu streicheln. Immer schon sehe ich ein inneres Bild: Ich allein mitten im Wald in einer einsamen Hütte lebend und nur die Tiere sind meine Freunde. Sie erzählen mir Geschichten und sorgen für mich und ich für sie. Das ist auch so ziemlich das Schönste, was ich mir vorstellen kann!

Ich erinnere mich dabei dann ebenfalls an die wundervollen Sommer, die wir im Allgäu bei meinen Großeltern verbrachten. Traumhafte Seen inmitten der lieblichen grünen Hügel. Meine Oma war eine begnadete und leidenschaftliche Schwimmerin, und so gab es wohl rund um Kempten nicht einen einzigen See, den wir nicht schon komplett gemeinsam durchschwommen haben. Dieses weiche Wasser und die unberührten Ufer der Seen. Frösche, Fische und kleine Insekten schwirren in der sonnigen, warmen Sommerluft. Bunte Libellen, auf denen allerlei Geschöpfe aus anderen Welten reiten. Pilze und Beeren sammeln im duftig grünen Wald.

Noch heute spüre ich die Aufregung des Moments, wenn wir mit unseren Körbchen an unserer Sammelstelle im Wald angelangt waren: „Finden wir heute etwas?" Das Gefühl von Heimat und Geborgenheit und völlig unbeschwerter Kindheit finde ich in meiner Erinnerung im Kemptner Wald mit meiner Oma. Kein Geschmack liegt mir köstlicher auf der Zunge als ihr abendlicher Grießbrei mit Himbeer- und Blaubeersoße, deren Beeren wir erst am Nachmittag frisch gepflückt hatten. Und sie konnte einen Blaubeerkuchen backen, wie ich ihn leckerer seither niemals wieder aß. Frischer Blaubeerkuchen vom Blech mit Schlagsahne. Am flachen Seeufer des Niedersonthofener Sees zwischen Kieseln und Schilf, den Blick auf den nahen Grünten im Sonnenschein gerichtet, das ist die köstlichste Erinnerung, die ich an meine Kindheit habe.

Nur einmal, im Schliffkopf Hotel, einer guten Adresse an der Schwarzwald Hochstraße, aß ich einen Kuchen, der mich entfernt an Omas Blaubeerkuchen erinnerte. Umso wundervoller war es als mein Mann und ich auf unserer Hochzeitsreise auf die dänische Nordseeinsel Römö direkt neben der Terrasse unseres Ferienhäuschen Blaubeeren entdeckten. Für unser allabendliches Ritual pflückte ich die köstlichen Blaubeeren, um dann gemütlich lesend auf der Terrasse zu sitzen. Den Titel weiß ich gar nicht mehr genau, aber wir tauchten gemeinsam ein in eine fantastische Welt in Venedig, zwischen Fabelwesen, Meer und Spiegeln und der Welt dahinter. Ich las vor und mein Mann lauschte den spannenden, schönen Geschichten aus diesem wundervollen Buch.

Lass los was Du denkst

Noch nie hatte ich so etwas Schönes gesehen! Aber jetzt erst einmal der Reihe nach: Vergangenes Wochenende war ich auf einer ganz wundervollen Weiterbildung im tiefsten Österreich bei einer wunderbaren Schamanin. Sehr tiefe Heilung durfte auf allen Ebenen geschehen. Zur Reinigung bauten wir mit der ganzen Gruppe gemeinsam an einem der ersten Tage eine sehr kraftvolle Spirale mitten in den Wald.

Diese Spirale sollte nun jeder, wann immer er oder sie es spürte, besuchen und nach eigenem Gefühl betreten. Beim Hineingehen sollten wir all das über die Fußsohlen abgeben, was uns belastete, uns in der Mitte mit den Elementen und Himmel und Erde verbinden und beim Hinausgehen die eigenen Visionen und Wünsche visualisieren – als ganz tiefe Form der Reinigung, sehr intensiv, ganz persönlich und kraftvoll.

Coachingkarte 64:
Es ist anders. Die Wahrheit liegt jenseits Deines Verstandes.

Nach einem erneut sehr intensiven Tag mit ebenso intensiven Prozessen, beschlossen wir zu dritt, drei Kolleginnen aus dem Kurs inklusive mir, noch in der Nacht in den Wald zur Spirale zu gehen. Allein schon der erste Schritt aus dem Lichtkegel des Hauses in den Bereich der absoluten Dunkelheit im Wald, war für mich eine ziemliche Herausforderung. Aber in der Gruppe schafften wir es ganz gut. Jede brachte ein was sie konnte, Orientierung, Sicherheit, Mut, ... und so gewöhnten sich auch nach und nach unsere Augen an den dunklen Wald. Es war schön und ganz echt uns so durch den Wald zu tasten, barfuß und mit geschärften Sinnen. Wir fanden auch wirklich die Abzweigung zur kleinen Lichtung, auf der wir Tage zuvor die Spirale errichtet hatten. Jetzt wurde es noch einmal kniffelig. Eine Böschung hinab mussten wir zwischen Bäumen hindurch auf einem rutschigen Untergrund zur Spirale gehen. Wir schafften es und wurden belohnt: Silbrig magisch glänzend und leuchtend lag sie da. Zwischen den hohen, dunklen Bäumen und den leuchtenden Sternen – die Spirale. Wir waren verzaubert, kicherten erleichtert und sagten uns immer wieder gegenseitig wie schön es hier doch sei.

Bis plötzlich eine tiefe Stimme „Mmmmmmhhhhh" machte und „Ja, stimmt!" sagte. Ich machte vor lauter Schreck einen Satz rückwärts und alle meine Weltbilder verschoben sich. In Gedanken checkte ich blitzschnell Möglichkeiten ab: Gnome, Elfen, Zwerge, ... Konnte das sein? Was hatte ich übersehen? Welche Möglichkeiten gäbe es noch? Einen Moment lang stellten sich all meine Wahrheiten auf den Kopf und nichts war mehr, wie es war. Was ist das?!?!

Dann gab sich jedoch einer unserer Mitteilnehmer zu erkennen. Er war bereits vor uns an der Spirale angekommen, für uns bislang jedoch unbemerkt dort gewesen. Wir umarmten uns, beruhigten uns und gingen dann eine nach der anderen hinein auf unseren Gang ins Innere. Was für ein krasser Schreck! Durch diesen Schreckmoment heftig durchgeschüttelt sah ich die Lichtung jedoch plötzlich in einer neuen Dimension. Noch nie hatte ich so etwas Wunderschönes gesehen! Das silberne Leuchten von vorher war noch intensiver geworden und nun erstreckte sich oberhalb der Spirale ein riesiger Lichtdom mit unzähligen bunten Fenstern aus Glasmosaik. Neben uns standen die Bewohner des Waldes, allen voran ein Kentaur, halb Pferd, halb Mensch, und sie betrachteten wohlwollend mit uns jeden einzelnen Gang zum Mittelpunkt der Spirale. Und es war, als ob die Spirale, die wir erst vor kurzem errichtet hatten, schon immer hier gewesen war, so verschmolz sie mit dem Platz und der Umgebung. Ich fühlte mich reich beschenkt und tief berührt. Die anderen sahen mich im Mittelpunkt als Raben stehen, wie sie mir später berichteten. Und es war wie ein Wunder, das hier geschehen war. Der Heimweg war plötzlich kein Problem mehr, alles erschien um uns silbern glänzend und noch immer bewegt die Erinnerung an dieses Erlebnis mein Herz!

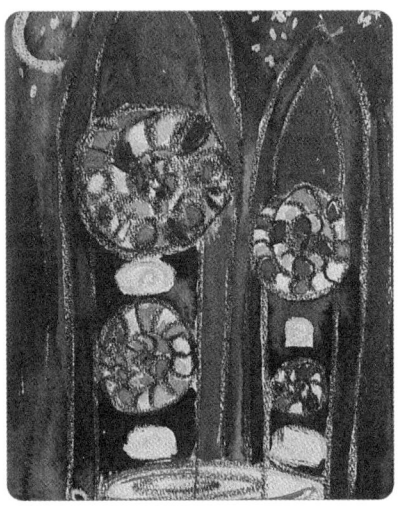

Coachingkarte 65:
Das Wunder. Sehe, höre und staune –
jeden Tag immer wieder neu!

Wo mein Man und ich in den letzten Jahren in der Routine des Alltags nur noch bestenfalls in irgendwelchen Abendaktivitäten jeder für sich, jedoch meist doch stumpf vor dem Fernseher gelandet waren, begannen wir wieder gemeinsam zu lesen. Wie in unseren ersten Jahren und während unserer Hochzeitsreise. Damals las ich vor, mein Mann hörte zu. Wir begannen mit „Christina, Zwillinge als Licht geboren." von Bernadette von Dreien. Und das allererste Mal tauschten wir uns auch über spirituelle Themen aus. Wo vorher mein Mann Themen oder Gespräche in diese Richtung immer abgeblockt oder ins Lustige gezogen hatte, führten wir jetzt spannende Dialoge. Mindestens einmal in der Woche verbrachten wir auf diese Weise den Abend so nährend gemeinsam. Und mein Mann überraschte mich immer wieder mit sehr fortschrittlichen Ideen und Wahrnehmungen.

Wir entwickelten auch gemeinsam Ansichten weiter oder tauschten uns über Erlebnisse oder Beobachtungen aus, auf einer völlig neuen Ebene.

Spielend wandte mein Mann die Dinge jetzt einfach an, die er vorher so strikt abgelehnt hatte und verblüffte mich damit ein ums andere Mal. Irgendwann fragte ich ihn, wie das nur möglich sei, und er antwortete, dass es vermutlich in der Komfortzone seiner Couch vor dem Fernseher zu bequem gewesen war, sich zu bewegen. Ich sah, hörte und staunte, bis heute immer wieder!

Meine tiefe Verbindung zur Natur verschaffte mir immer wieder intensive Begegnungen mit Tieren aller Art. Ein Reh gewährte mir intensive Einblicke in die Welt der Sinne, des Instinkts und die Verbindung von allem was ist. Die Vögel erzählen mir ihre Geschichten, bestätigen meine Gedanken durch Federn oder sie geben mir neue Impulse. Ich sehe die Spuren der Tiere, ich rieche ihre Lagerplätze. Auch bekomme ich oft wundervolle Geschenke, die ich auf meinen vielen Streifzügen mit den Hunden draußen finde. Von kostbaren, blau schillernden Libellenflügeln bis hin zu kompletten Hirschkäferpanzern, von wunderbaren Steinen, Muscheln, Wurzelstücken oder Schneckenhäusern bis hin zu seltenen Federn und Knochen.

Einmal, vor vielen Jahren, ich hatte den Weg des Bewusstseins gerade erst begonnen, hatte ich sogar einen komplett skelettierten Bussard gefunden. Aber ich traute mich damals noch nicht, etwas davon für mich zu nehmen. Ich freue mich jedes Mal wie ein kleines Kind über diese Geschenke aus der Natur. Als Botschaft aus der anderen Welt sind sie mir so viel wertvoller als jedes Konsumgut. Meine Wohnung ist voll von diesen wundervollen großen und kleinen Dingen, die ich, wenn es notwendig ist, gerne auch an jemanden weitergebe, der diese eine Sache dann jetzt gerade mit dieser dazugehörigen Kraft und Energie benötigt.

Mittlerweile habe ich gelernt auf meine innere Stimme zu hören und wenn Pflanzen oder Geschenke aus der Natur zu mir sagen, ich solle üppig oder alles nehmen, so wird das einen Grund haben und ich tue es. So teilte mir einmal die Mistel an meinem Geburtstag im Dezember mit, ich solle wirklich alles, was ich finde von ihr mitnehmen und verarbeiten in Öl, getrocknet, als Salbe, zermahlen, ... Sie machte mir einige konkrete

Vorschläge. Ich wunderte mich und dachte, ich müsse bescheiden sein und ließ manches liegen. Und im kommenden Frühjahr war der Baum abgestorben und mit ihm alle Misteln.

Ein anderes Mal sagte mir der Beifuß, für mich eine wunderschöne silberne Frau, ich solle alles abschneiden von ihr und zu Kräuterbuschen verarbeiten. Auch da dachte ich damals, es wäre mein Ego, das mir diese Worte einflüsterte. Am Tag vor meinem Urlaub erntete ich bei mir im Garten noch Räucherbuschen vom Beifuß, Artemisia Vulgaris oder Unna Ma, wie diese kraftvolle und magische Pflanze noch genannt wird. Nun forderte sie mich bei der Ernte ausdrücklich dazu auf, auch meinen Ausbildungskollegen Buschen zu binden. Dann, irgendwann hatte ich das Gefühl, wenn ich immer noch mehr ernten würde, wäre es ungebührlich und unverschämt. So stoppte ich irgendwann, auch wenn ich von der Pflanze, respektive dem Pflanzengeist noch kein Stopp erhalten hatte. Ich hängte danach alles ordentlich zum Trocknen auf und freute mich über mein Geschenk der tollen Ernte!

Als wir dann vom Urlaub zurückkamen, kam mein Vater ganz begeistert auf mich zu. Er hatte die Hecke geschnitten, das Türchen neu gemacht, Rasen gemäht, ... und weitere Arbeiten im Garten verrichtet. Unter anderem hatte er sich „auch um das viele, riesige Unkraut gekümmert", meinen kostbaren Beifuß und ihn komplett kurz über dem Boden abgeschnitten. Wahhh! Und nun war ich sicher, dass mich der Beifuß in weiser Voraussicht zur reichen Ernte ermutigt hatte.

Coachingkarte 66:
Du bist ich. Triffst Du keine
Entscheidung, triffst Du eine,
nur unbewusst.

Kürzlich hatte ich ein auch ziemlich intensives Erlebnis mit einem kleinen Waldkauz. Mein Mann sandte mir vom abendlichen Hundespaziergang ein Foto eines Raubvogels, der auf dem Boden in einem Garten saß. Hmmm, komisch, unsere besondere Hündin hatte den gefunden und er war nicht weggeflogen. Nach ein bisschen hin und her entschloss ich mich, die Tierrettung zu benachrichtigen, denn normal war das ja nicht, dass ein Greifvogel nicht wegflog zumal noch vor den Hunden. Ich ließ mir von meinem Mann genau erklären, wo der Vogel war und stiefelte los. Ich traf die Dame von der Tierrettung wie verabredet kurz bevor es in den Feldweg zwischen den Streuobstwiesen ging.

Mit Kescher und Box und ihrem Hund liefen wir ganz bis ans Ende des Weges, wie beschrieben. Ein Blick in den Garten genügte: Mist, kein Vogel zu sehen! Und es dämmerte bereits. Sämtliche meiner Muster liefen in mir ab, von „Du darfst Dich nicht auf andere verlassen, was die sagen." über „Nur vom Hörensagen jemanden mit in so eine Sache zu ziehen, ist so dumm!" bis zu „Wir suchen jetzt die ganze Nacht und finden eh nix!" hörte ich alle alten Zweifler, Unkenrufe und Konditionierungen in mir aufsteigen. Und dann konnte ich eine ganz bewusste Entscheidung treffen. Entweder, ich lasse mich in genau diesem Zustand hängen und wir werden wirklich nichts finden, oder ich mache es jetzt anders.

Die Dame von der Tierrettung hatte schon alles komplett mit ihrem Kescher in dem völlig zugewucherten Garten abgestochert, aber ohne Ergebnis. Also entschied ich mich, es anders zu machen. Meiner Intuition folgend, begann ich innerlich mit dem Vogel zu sprechen: „Wenn Du Hilfe benötigst, dann lass Dich finden. Dann sind wir vermutlich Deine einzige Chance zu überleben." Dann vertraute ich auf mein Gefühl und sagte laut: „Wenn er wo ist, dann in der Mitte des Gestrüpps auf der anderen Seite." Die Dame von der Tierrettung ging hin und war erstaunt: „Wirklich, da ist er!" WOW! Und ich war völlig geflasht. Die Dame von der Tierrettung übrigens auch, sie hatte nicht daran geglaubt, dass wir den Vogel finden würden, zu oft hatte sie schon ähnliche erfolglose Versuche erlebt. Ohne Probleme ließ er sich jetzt im dichten Brombeergestrüpp einfangen und wir entdeckten, dass es ein kleiner Waldkauz war. Er war voller

Kletten und konnte nicht mehr fliegen. Rettung in letzter Sekunde, wie es schien, denn er war schon ziemlich dünn und sehr durstig. Er kam dann mit in die Auffangstation, wo die Kletten aus seinem Gefieder entfernt wurden und er noch ein paar Tage aufgepäppelt wurde. Und die Dame von der Tierrettung erzählte mir hinterher, dass sie noch nie einen wilden Vogel in ihrer Obhut gehabt hätten, der sich so leicht mit den Umständen in der Pflege getan hätte.

Kein Wunder, ich hatte ihm ja auch noch in einer schamanischen Reise alles genau erklärt, wie er trinken und essen sollte und, dass er dann wieder freigelassen werden würde. Nach kurzer Zeit konnte der Kleine wirklich wieder in die Freiheit entlassen werden. Das Geschenk, ein solch wundervolles Tier retten zu dürfen und ihm so nahe zu kommen, wurde noch getoppt von einem ganz intensiven Austausch auf der geistigen Ebene. Ich bin noch begeistert von dieser heiligen Begegnung. Einige Worte darf ich hier mit Dir teilen.

Was der Waldkauz sagt:

Du wirst mich nicht finden, wenn es nicht vorgesehen.
Eins bin ich mit der Natur und allem was ist.
Perfekt eingeworben und getarnt.
Nur da Du den alten Weg der Kommunikation wähltest,
ließ ich mich entdecken von Dir.
Nur wer reinen Herzens ist, kann von der Eulenmedizin kosten
und im Dunkeln sehen.
Wähle weise wo Du sie gebrauchst.

Täuschungen und Manipulation helfe ich aufdecken.
Beweggründe und Motive, die im Dunkeln liegen,
bringe ich für Dich ans Licht.

Wähle weise, sei leise,
lass Dich nicht hineinziehen ins Spiel, das nicht Deines ist.
Beobachte von Ferne und lerne, lerne, lerne.

Warte auf den Moment, übe Dich in Geduld.
Dann, wenn er gekommen, lautlos und blitzschnell,
erledige, was zu erledigen ist.
Alles ist eins.
Du spürst über diese Verbindung alles was ist,
drum wähle weise, leise was für Dich vorgesehen ist.

Anleitung zum Glück: Wie geht eigentlich Wachstum?

Ich spürte, dass es nun Zeit war endlich loszugehen, kraftvoll und ohne noch länger etwas zu verstecken. Aber wie soll das gehen, wenn das Umfeld noch nicht bereit ist? Da teilte ich meine tollen Ideen mit den Menschen um mich herum, voller Energie und Begeisterung und schon kamen tausend Wenn und Aber zu mir zurück. Alles Fragen und Einschränkungen, die mich energetisch runterzogen und diese kleine zarte Pflanze des Möglichen bei mir direkt im Keim erstickten. Keine der Rückmeldungen aus meinem Umfeld war geeignet, Ideen sprudeln oder groß werden zu lassen. So konnte das nicht funktionieren, erkannte ich!

Es hatte sich jedoch eindeutig etwas verändert in mir. Darüber kam ich ins Grübeln, welche Energie und Einstellung ich selbst aber auch in Teams benötige, damit eine aufsteigende, positive Energie für Wachstum und tatsächliche Veränderung entsteht. Ich hatte das letzte Jahr, gefühlt, wirklich eine harte Zeit. Schon lange hatte ich keine Lust mehr auf meine Arbeit, war wie in einer Sackgasse festgefahren und ich wusste nicht mehr, welcher Weg für mich passte. In meinem bisherigen Job fühlte ich mich ausgebrannt und erschöpft, mein alternatives Coachingangebot erfuhr nicht genügend Nachfrage, um meinen Lebensunterhalt damit zu verdienen und meinen Beitrag zur Familie zu leisten. Gesundheitlich spiegelte mein Körper sehr deutlich, dass etwas nicht in Ordnung war. Ich fühlte mich jeden Tag immer schwächer und überhaupt nicht leistungsfähig. Ich fühlte mich wie in einer totalen Stagnation, stillgestanden, völlig leer. Ich kam nicht mehr vor und nicht zurück und biss mich wie die sprichwörtliche Katze immer wieder in den eigenen Schwanz.

Meine Gedanken drehten sich nur um das Eine: „Ich kann doch das Eine nicht beenden, ohne beim Anderen schon erfolgreich zu sein!" Es gab kein vor und kein zurück, das ewige Gedankenkarussell und keinen Ausweg in Sicht.

Dann hatte ich eine Heilsitzung für mich, die mit einem Mal meine Energie wieder freigab. Plötzlich sprudelten Ideen und Energien begannen zu fließen. Ich teilte voller Begeisterung meine Gedanken und war schockiert. Niemand schien zu wissen, wie man Energien positiv unterstützt und wachsen lässt. Ich erkannte, wenn ich beispielsweise in einem Brainstorming zu allen Ideen sofort realistische Einwände bringe, erstickt jede aufsteigende Energie und damit die Kreativität direkt und im Keim. Nichts entsteht. Nichts bewegt sich. Nichts kann wachsen. Nichts beginnt zu fließen. Einschränkende Gedanken, Worte oder auch eine schwere Atmosphäre verhindern jeglichen göttlich genialen Funken, ob im Großen oder im Kleinen.

Auch menschliche Konzepte, wie etwas zu sein hat, weil man es so gelernt hat oder „Bei mir ist das aber so." und auch mein und Dein mit Konkurrenz „Das ist mein Werkzeug.", verhindern Wachstum. Und das im Allgemeinen und besonders im Einzelnen und schon sowieso in der Gruppe und schließlich für die Gemeinschaft. In dieser Startphase, zu Beginn eines Projekts oder einer Idee, sollte man ganz offen agieren und von „Besitzständen" absehen, denn das schränkt Energien sofort ein. Ebenso sind Angst, Missgunst, Eigennutz, Neid oder Druck, als destruktive Untergrundmotive, Verhinderer von Leichtigkeit und damit jeglicher Kreativität. Wachstum ist damit nicht möglich, durfte ich lernen.

So hatte ich im vergangenen Jahr mehrere Anfragen für gemeinsame Projekte erhalten, die dann aber nicht zustande gekommen waren. Plötzlich hieß es: „Das sind meine kreativen Techniken, die ich nicht einfach loslasse." und „Ich mach das jetzt alleine!" Ich persönlich liebe es, gemeinsam Projekte umzusetzen und im Prozess zusammen dann so viel mehr als alleine zu erreichen. Wenn es gelingt, das Ego außen vor zu lassen und jenseits von Konkurrenz miteinander zu arbeiten, dann entwickeln wir

Konzepte, die es so noch nie vorher gegeben hat. Und wir gelangen für die eigene Persönlichkeit an Wachstumsfugen, die wir alleine nie erreichen könnten.

Was Du denken kannst,
kannst Du auch erreichen!
(überliefert)

Kreativität kann wachsen in einer Umgebung und einer Grundhaltung von „warum nicht". „Ja, aber" sollte lieber aus dem Wortschatz gestrichen werden und dringend mit „ja und" oder „warum nicht" ersetzt werden. Ich liebe es, mich mit anderen, wohlwollenden Menschen auszutauschen und im kreativen Austausch neue Projekte und Ideen zu entwickeln. Ich lasse mich unglaublich gerne auf die Impulse ein, die dabei entstehen. Mit dieser förderlichen Haltung von „warum nicht" entstehen dann ganz wundervolle und kraftvolle Möglichkeiten im Miteinander.

Coachingkarte 67:
Denke groß. Nur wo alles möglich ist und sein darf, entstehen neue Ideen.

Im kraftvollen Hin und Her des kreativen Pingpongs wächst das noch nie Dagewesene oder Gedachte und damit der Wandel und eine neue Gesellschaft: gewinnt Kraft und Energie, nimmt Fahrt auf und Kurs auf etwas Neues, das alleine niemals entstanden wäre. Ein großes Geschenk für mich ist es, Menschen zu treffen, die genau diese innere Haltung mitbringen und damit die neuen Möglichkeiten zu denken und Dinge tatsächlich zu bewegen. An dieser inneren günstigen Haltung kann man glücklicherweise arbeiten und sich damit neue Gebiete für Wachstum

eröffnen. Jenseits von Glaubenssätzen und antrainierten Mustern gibt es ein Land der schier unbegrenzten Möglichkeiten. Was Du denken kannst, kannst Du auch erreichen!

Wenn Du Dich oft ertappst, dass Du sagst oder denkst:

- ja, aber
- das geht doch nicht
- das kann ich doch nicht
- das darf ich doch nicht
- das hat doch noch nie jemand gemacht
- das ist doch nicht möglich
- wie soll das denn gehen

Wenn Du Dich in intellektuellen Fragen und oder Argumenten verstrickst oder Dir immer und immer wieder das Gleiche passiert, dann steckst Du womöglich in der Wiederholungsschleife Deiner inneren Haltung und es ist Zeit für Dich, Dich endlich davon zu befreien. Mach Dich auf den Weg und ändere jetzt Deine innere Haltung, betreibe gezielt Musterarbeit oder arbeite an Deinen einschränkenden Glaubenssätzen.

Wir sind diejenigen,
auf die wir gewartet haben.
(Hopi Indianer)

Du wirst sehen, nicht nur Deine innere Haltung ändert sich, sondern das ganze äußere Leben um Dich herum mit Dir. Es lohnt sich! Auf dem Nährboden des Möglichen und der Möglichkeiten entstehen dann vielleicht verrückte Ideen, noch nie Dagewesenes und Visionäres. Aber wer beurteilt denn, dass etwas verrückt oder nicht zu erreichen ist? Wenn es bis heute noch niemand getan hat, bedeutet es ja nicht, dass es nicht geht. Es bedeutet nur, dass es noch niemand getan oder versucht hat. Nur wer groß träumt, kann etwas erschaffen, das es so noch nie gegeben hat. Jede Erfindung schien zunächst einmal unmöglich. Erst in einem viel späteren Stadium eines Projekts werden diese Ideen und Visionen mit der Realität gegengecheckt und auf tatsächliche Erreichbarkeit und Umsetzbarkeit geprüft.

Eine offene Haltung, die nicht urteilt oder besser weiß, ist zweifelsohne förderlich für Innovation, Bewegung, Lernen und Wachstum. Träume sind bereit, sich in einem offenen Umfeld zu zeigen. In Leichtigkeit, gegenseitiger Unterstützung und ohne Einschränkung können die Gedanken fliegen und erhaschen dann auf magische Weise, intuitiv Inspiration von unserem Seelenplan oder unserer Seelenaufgabe. Irgendwie machte mich diese Erkenntnis auch traurig, denn wenn niemand bewusst weiß, wie man Gedanken und Möglichkeiten fliegen lässt, bedeutet das ja nur, dass die Menschen das normalerweise wirklich nicht tun!

Dabei ist es jetzt Zeit, endlich loszugehen allein und zusammen, die volle Kraft zu entfalten und nichts mehr zurückzuhalten. Es ist so wichtig, das zu tun was Du tust und wofür Du gekommen bist. Eine Kerze anzünden, räuchern, beten, meditieren, ... oder wie gestern Abend gemeinsam trommeln bei den drei Riesen. Der Platz und die Steine waren so dankbar für uns magische Sieben. Scheinbare Kleinigkeiten machen am Ende den Unterschied und sind das Zünglein an der Waage, wenn es drauf ankommt. Also ihr wunderbaren Menschen da draußen, Ihr Schwestern und Brüder! Trefft Euch, verbindet Euch in positiver Absicht für Mutter Erde, für die Natur, für die Bienen und Insekten, für all unsere Brüder und Schwestern, die Tiere und Pflanzen und für die gesamte Menschheit. Formt neue Ideen und Projekte, träumt mit Gleichgesinnten von Frieden und einer besseren Welt. Erschafft gemeinsam, was Ihr Euch erträumt. Seid für etwas und werdet damit zum Schöpfer.

Vom Geben und Nehmen

Gestern war ich im Nachbarort, um die tibetischen Mönche beim Sand-mandala legen zu beobachten. Wundervoll, da sind die Mönche hier, die auch vergangenes Jahr in Plochingen waren und die bei uns schon da-heim zu Abend aßen. Ich kam in den Raum am Marktplatz, sie freuten sich und kamen gleich, um mich zu begrüßen, … aber nach der ersten Freude wurde es damals und auch dieses Mal irgendwie peinlich. Nach den ersten paar Floskeln „Wie geht´s?" und „Wie lange seid ihr hier?" fällt mir einfach nichts mehr ein, das ich sagen könnte.

Die Mischung aus Ehrfurcht und Fremdheit vor dem Mönch, der aus ei-ner ganz anderen Kultur, einem ganz anderen Hintergrund kommt als wir hier, machen mich immer wieder sprachlos und ungelenk. Wohlwollend zwar, aber angesichts der zusätzlichen Sprachbarriere, stumm. Alles, was ich sagen könnte, wäre so nichtig und bedeutungslos. So geht mir das mit spirituellen Lehrern irgendwie ganz oft. Meine Mitfahrerin zum Mandala meinte auf meinen entsprechenden Hinweis nur: „Das geht mir auch so, deshalb spreche ich gar nicht mit ihnen." Hm ok, beruhigend auf der einen Seite, aber nicht zufriedenstellend für mich auf der anderen Seite! Danke für den Segen und die Gnade in meinem Leben! Dankbarkeit konnte ich früher nicht wirklich gut zeigen oder empfinden. Ich konnte Dank weder ausdrücken, noch konnte oder wollte ich ihn annehmen. Dank annehmen war mir sogar noch viel unangenehmer. Mittlerweile er-reicht Dank jedoch auch wirklich mein Herz. Und das sowohl beim Dank Geben als auch beim Nehmen. Mein ganzes Leben hat sich dadurch posi-tiv verändert. Gefühle kann ich damit deutlich leichter wahrnehmen und auch annehmen. Und ich habe mich viel näher an meinen Kern, der mich ausmacht, angenähert. Durch Dank wurde in meinem Leben alles inten-siver, lebendiger, farbiger, … und es fällt mir immer leichter, damit dieser Spur zur Erfüllung meiner Lebensaufgabe zu folgen!

Und doch fällt mir Dank anzunehmen immer noch manchmal schwer. So war ich einmal anwesend bei der Abschluss- und Zerstörungszeremonie des besagten Sandmandalas durch die Mönche. In drei intensiven Tagen hatten sie aus buntem Sand wahre Schönheit und Perfektion gestreut. Meditativ, genau und absolut einzigartig. Die Vergänglichkeit des Seins wird dann in einer bewegenden Abschlusszeremonie vollzogen und das Mandala wieder zerstört, um im Anschluss einem nahen, fließenden Gewässer übergeben zu werden.

Ich war also extra für dieses Ereignis in die nahe Halle im Nachbarort gefahren. Es wurde der Dank ausgesprochen an alle Beteiligten. Und da spürte ich, wie der Mönch in meine Richtung schaute und zur Übersetzerin etwas sagte. Schon hörte ich meinen Namen und ich wurde zum Dank nach vorne gerufen. „Oh nein, wie ist mir das peinlich!" Ich, die ich sonst keine Bühne ausließ, wäre am liebsten in den Erdboden versunken. Denn es war schon ein Jahr her, als die vier tibetischen Mönche und ihr Übersetzer bei uns zu Hause zum Abendessen waren. Durch eine glückliche Fügung waren wir als Familie in den Genuss gekommen, diesen exotischen Besuch zu Nudeln mit kräftiger Hackfleischsoße in unserem Heim zu empfangen.

Ich hatte geköchelt und alles vorbereitet, um die Besucher dann mit dem Auto vom Veranstaltungsort zu uns nach Hause zu holen. Als Dank hatten sie damals schon eine Zeremonie für unser benachbartes Gartengrundstück gemacht, das vom Verpächter im Jahr zuvor gar übel zugerichtet und komplett gerodet worden war. Schon nach diesem Besuch damals fühlte ich mich reich beschenkt, war jedoch im Anschluss ebenfalls zum Dank auf die Bühne gerufen worden. Bereits damals war mein erster Reflex gewesen, wenn ich das gewusst hätte, dann hätte ich das gar nicht gemacht! Weil ich gegeben hatte, aber ohne, dass ich etwas haben wollte! Nun stand ich also erneut vorne, denn mich zu zieren wäre ja noch blöder und unangenehmer gewesen, so dachte ich. Es war mir aber so was von unangenehm, für das Abendessen nochmals Dank zu erhalten, dass ich seither nicht wieder zu einer Veranstaltung dieser Mönche gegangen bin. Intensiv habe ich mich seither mit meinem Thema dahinter, dem Geben und Nehmen beschäftigt. Und ich bin zu dem Schluss gekommen, dass ich oft gebe, um nicht bei irgendjemandem in einer Schuld zu stehen. Im Gegenzug kann ich gar nicht gut annehmen.

Damit die Dinge aber ausgewogen sind und in Balance, ist es notwendig gleichermaßen zu geben und zu nehmen. Denn jemand, der nur gibt, wird sich irgendwann leer gegeben haben und damit ausbrennen. Gleichzeitig etabliert der Geber eine Art Aufopferung, die nicht gesund oder nach den göttlichen Gesetzen ist. Über das einseitige Geben fühlt er sich gut und über die scheinbare Selbstlosigkeit füttert er paradoxerweise sein Ego. Geben und Nehmen müssen sich im Gleichgewicht befinden. Allerdings gibt es viele Menschen, die nur entweder vermehrt geben oder nehmen, auch oder gerade energetisch gesehen. Nehmer bemerkt man meist relativ schnell: Man fühlt sich in ihrer Gesellschaft oft müde, unkonzentriert oder ausgelaugt. Geber sind ja eher angenehm für ihre Umgebung, da die Menschen ringsum von ihnen scheinbar positiv profitieren. Also reagiert die Umwelt nicht abweisend auf sie. Trotzdem merken Geber es meist früher, dass ihre Art, an die Dinge heran zu gehen, nicht gesund ist, weil sie schneller körperliche Beschwerden daraus entwickeln. Ein Nehmer bemerkt es eher im übertragenen Sinne, wenn Menschen nicht gerne mit ihm zusammen sind oder sich zurückziehen. Der gesunde Weg führt wie so oft über die Mitte, über ein ausgewogenes Verhältnis von Geben und Nehmen. So gehört es zur Natur der Dinge, dass ein Geber übt, auch zu nehmen und ein Nehmer lernt, vermehrt zu geben.

 Ich habe einmal ein wunderschönes inneres Bild dazu bei einem Schamanen gelernt, das ich mir seither immer wieder bildlich vorstelle und damit für mich nutze, mich in einen entspannten, ausgewogenen Zustand aus Geben und Nehmen zu versetzen: Mein Herz hat Hände. Damit gibt und empfängt es Liebe. Das absolute Lieblingszeichen meines jüngsten Sohnes ist Yin und Yang, das bekanntermaßen für das vereinte männliche und weibliche Prinzip steht. Auch kein Zufall, oder?

Für mich verkörpert dieses Zeichen darüber hinaus das Gleichgewicht zwischen Nehmen und Geben. Wie viele „Geber" sind mir auf meinem Weg bereits begegnet. Unzählige! Sie alle treibt das Gleichgewicht zwischen Nehmen und Geben um. Auch ich bin ein Geber. Spannend, dass ich viel seltener Menschen auf der Suche treffe, die „Nehmer" sind. Was aber bei näherer Betrachtung jedoch auch nicht weiter verwunderlich ist, denn: Ein Geber, der nicht im Gleichgewicht ist, der spürt den Mangel oder wenn jemand an ihm zieht, an sich und seinem Körper in der Regel sehr deutlich.

Glücklich ist er, wenn er das Ungleichgewicht bereits bemerkt, bevor ihn sein Körper freundlich, aber deutlich darauf hinweist. Nun beginnt ein mitunter sehr intensiver Prozess der Bewusstwerdung. Sich abgrenzen muss gelernt werden und das Neinsagen außerdem. Manchmal bedeutet das, Menschen vor den Kopf zu stoßen, die eigenen Signale wieder mehr zu achten und der eigenen Intuition zu vertrauen. Ein Prozess, der aus einer gewissen Not heraus in Gang gesetzt wird.

Nehmer hingegen verspüren seltener einen solchen Mangel. Im unbewussten Zustand bedienen sie sich überall ungefragt an fremder Energie, wo sie ungestörten Zutritt haben. Mit erlernten Spielchen, um beispielsweise Aufmerksamkeit zu erhaschen, um im Opfermodus zu versinken, ... im menschlichen Drama der Gefühlswelten. Beide, Nehmer und Geber, erlernten jedoch ihr Verhalten in der Kindheit, es war eine Strategie, mit der sie am besten in der übermächtigen Erwachsenenwelt überleben konnten. Dieses Verhalten ist in der Regel unbewusst.

Coachingkarte 68:
Geben und Nehmen. Für die
Balance ist es notwendig zu
geben und zu nehmen.

Für beide, Nehmer und Geber, gibt es nur einen Ausweg: Nur das Erlernen, des bewussten Umgangs mit Gefühlen, Mustern, Verhalten und innerer Haltung sowie das Gleichgewicht von Nehmen und Geben, kann auf Dauer Heilung und Erlösung bringen. Wenn beide Seiten im Gleichgewicht schweben und das Yin und Yang gleichermaßen genährt sind. Wenn das Win-win-Prinzip, das unangestrengte Geben und Nehmen, dem Füllen und Leeren entspricht ... Man einfach sein kann, ohne zu begrenzen, einfach nur zu verströmen und zu empfangen und jeder genug bekommt, dann ist eine gesunde Balance erreicht.

Und ich überlege, ob beim nächsten Mal, sollten die Mönche wieder in unserem Ort zu Gast sein, ich doch mal wieder bei ihnen vorbeischauen werde. Wäre doch wirklich schade, wenn ich mir diese wundervollen Begegnungen entgehen ließe. Und mal sehen, was ich bis dahin schon gelernt habe...

Dein Herz hat Hände:
Damit gibst Du und
empfängst Du Liebe.
(überliefert)

Der beste Gast

Von unserem hawaiianischen Lehrer lernte ich eine weitere wertvolle Technik, die ich seither in vielen Situationen als Gast oder Besucher ganz bewusst ausübe. Als Maka´ala das erste Mal bei uns im Ort war, besuchte er mich und meine Familie abends zu Hause. Es war ein toller Abend und sogar meine Männer, die sonst mit geistlichem oder spirituellem Besuch bei uns sehr skeptisch sind, waren begeistert. Maka´ala erzählte Anekdoten aus seinem bewegten Leben und die ganze Familie war mit Eifer dabei. Dabei mischte er weltliche und spirituelle Themen auf so gekonnte Weise, dass sowohl mein ältester Sohn als auch mein Mann sich im Anschluss von ihm untersuchen ließen, weil sie Vertrauen in seine Bodenständigkeit gefasst hatten. Bei einem unserer späteren Treffen unterhielten wir uns darüber und Maka´ala verriet mir das Geheimnis dieses wundervollen ersten Abends.

Er erzählte mir, dass er immer, wenn er irgendwo eingeladen war, sich intensiv auf diesen Besuch vorbereitete. Und vor der Haustür würde er dann zum perfekten Gast für diese Familie und für dieses Haus. Das fand ich einen sehr interessanten Gedanken. Seither praktiziere ich bei Einladungen oder Veranstaltungen auch, der perfekte Gast zu sein. Das beginnt mit einer wohlwollenden, offenen und respektvollen Grundhaltung. So finde ich beispielsweise so andersartig Einrichtung, Gewohnheiten oder ein Essen auch sein mögen, immer etwas schön und perfekt. Ich stelle nichts davon in Frage und denke es auch nicht.

Damit stelle ich meinen inneren Kritiker und Bewerter nicht nur ruhig, sondern bringe spürbar positive Energie mit in die Begegnung und den Raum, so dass alle davon profitieren. Damit hat nicht nur mein Gastgeber einen tollen Abend, auch ich selbst habe einen maximal guten Abend. Früher dachte ich immer, da schmückt sich jemand mit meinen Federn, also mit fremden Federn, wenn ich ein fremdes Treffen oder Fest positiv beeinflusse. Ich mache ein fremdes Treffen wertvoll mit meinen Beiträgen, und ein anderer bekommt die Lorbeeren.

Jedoch geht es nicht darum, wer was wie tut und ob es von allen gesehen wird! Es geht nur darum, jeden Ort, an dem ich gerade bin, zu einem besseren Ort zu machen. „Was soll ich nur tun? Ich bin ja nur einer, ich kann doch nichts bewegen!", sagen wir angesichts der Geschehnisse in der Welt – oft aus Reflex und ohne Bewusstsein, dass wir bereits im Kleinen so viel bewirken und verbessern können. Dabei braucht es gar keine großen Aktionen, große Menschenmassen oder auch, dass ich mich öffentlich gegen den Strom stelle. Ich kann ganz einfach bei mir und in meinem Umfeld beginnen.

Ich kann es mir beispielsweise zur Aufgabe machen, positiv auf meine Umgebung, auf die Menschen um mich herum und auf mein Umfeld zu wirken. Und das ohne Helfersyndrom, ohne Besserwisserei, Missionieren oder Weltverbesserer sein zu müssen. Wenn ich offen bin für die Gelegenheiten, die das Leben mir bietet, dann finde ich überall Möglichkeiten, mich ganz aktiv zu engagieren und dabei beizutragen die Welt zu einem besseren Ort zu machen. Es geht nicht darum verkrampft zu suchen, sondern schlicht und ergreifend darum, nicht wegzuschauen und Verantwortung zu übernehmen. Indem ich vorangehe bewirke ich viel!

Coachingkarte 69:
Der beste Gast. Alles verändert
sich, wenn Du Dich veränderst

Wenn jeder bei sich aufräumen würde und dabei den direkten Raum mit einbezieht, mit dem er in Kontakt kommt, dann würde sich der Wirkungsradius um ein Vielfaches erhöhen und viele Probleme verschwänden fast von selbst. Und wenn die Menschen nur damit beginnen würden, achtsam mit Dingen, die ihnen nicht gehören umzugehen und sie nicht zu zerstören, dann wäre das doch schon ein weitreichender Anfang.

So ist es für uns selbstverständlich, dass wir in unserer Urlaubsunterkunft die Naturholzmöbel jedes Jahr mit Olivenöl einlassen – einfach deshalb, weil es gemacht werden muss und wir gerne in der Ferienwohnung sind und es sonst niemand machen würde. Ob ich das beim täglichen Hundespaziergang praktiziere, indem ich herumliegenden Müll auflese und in den Mülleimer werfe oder indem ich mich in der Schule, im Verein, ... ehrenamtlich engagiere – das ist nebensächlich!

Ich mag verdammen, was Du sagst,
aber ich werde mein Leben dafür einsetzen, dass Du es sagen darfst.
(Voltaire)

Das können auch scheinbare Kleinigkeiten sein, wie eine kleine Heilzeremonie nach einem Brand auf einem Gartengrundstück oder auch ein

Lied für einen sterbenden Baum. Das kann ein aufmerksames, persönliches Wort zur Kassiererin im Supermarkt sein, so dass sie zum ersten Mal an diesem Tag eine echte Verbindung spürt und lächelt. Das kann eine Ausstellung mit meinen Gemälden in einem Seniorenwohnheim sein oder in einer sozialen Einrichtung. Oder wenn ich an einem wunderschönen Platz in der Natur wieder eine Ordnung herstelle, so dass dieser Platz zu einem kleinen Schmuckstück wird.

Wenn ein Ort, den ich verlasse, durch mich ein besserer geworden ist, dann habe ich einen wertvollen Beitrag für das große Ganze geleistet. Wenn ich als Gast meinen Besuch zu einem perfekten mache, dann ist das genau das. Mit gutem Beispiel vorangehen, egal was die anderen sagen, denken oder tun! DAS ist wirkliche Friedensarbeit! Und die Welt zu einer besseren Welt zu machen, jedes Mal, wenn ich tue, was in dieser Situation jetzt gerade angemessen und notwendig ist, für Frieden, Liebe und Licht: Dafür bin ich auf dieser Erde.

Dabei geht es nicht darum, von irgendjemandem Dank oder Applaus für Taten zu erhalten. Im Gegenteil, die Dinge, die wir im Verborgenen tun, sind oftmals die wirkungsvollsten. Niemand braucht also eine riesige Revolution anzuzetteln oder gegen irgendetwas zu kämpfen. Es reicht völlig, dort wo wir sind, die Dinge bewusst anders zu machen und damit für unser eigenes Feld die Dinge zu klären und aufzuräumen! In Menschlichkeit und Respekt, ganz gleich welche Meinung ein anderer vertritt. Denn wir sind alle gleich und auf Augenhöhe, unabhängig welche Rolle uns in einer Situation oder im großen Weltgeschehen gerade zugeteilt ist.

Würde jeder bei sich selbst aufräumen und weniger nach den anderen schauen und danach, was die in seinen Augen falsch machen, es herrschte überall Frieden. Doch diese Weisheit ist genau so bekannt, wie sie von den meisten Menschen eben nicht gelebt wird. Sollen doch erst einmal die anderen ihr Verhalten ändern, dann ginge es ihnen sogleich besser. Das Offensichtliche, das scheinbar so einfach ist, ist doch das Schwierigste im Alltag überhaupt umzusetzen.

> *Alles verändert sich,*
> *wenn Du Dich veränderst.*
> *(frei nach Mahatma Gandhi)*

Das Offensichtliche

Es gab eine Zeit, da lernte ich überall neue Kunden kennen. Besonders in der Anfangszeit meiner Selbstständigkeit fiel es mir sehr leicht, neue Interessenten kennen zu lernen und für das, was ich tat zu begeistern. So lernte ich einmal auf der Fahrt zu einem Kundentermin einen netten älteren Mann kennen. Ich war noch kurz bei einem Schnellimbiss eingekehrt und trank dort einen Cappuccino, während ich darauf wartete, meinen Kollegen zu treffen. Ich saß an einem langen Stehtisch, der direkt am Fenster angebracht war, auf einem hohen Hocker und überflog gerade meine Aufschriebe. Da kam ein älterer Herr in meine Richtung und ich spürte sofort, ich saß auf dem Platz, auf dem er sonst immer saß. Also rutschte ich ein bisschen und deutete an, dass er sich gerne am Tisch setzen könne. So kamen wir ins Gespräch.

Wir waren total auf einer Wellenlänge und ich spürte sofort, dass seine Frau im Sterben lag. Schnell kamen wir auf ziemlich tiefe Themen zu sprechen und mein Gefühl seine Frau betreffend bestätigte sich. Ziemlich schnell schüttete Micah mir sein Herz aus und seine Sorgen in Bezug auf diese Situation und es war mir schnell klar, dass wir uns nicht zufällig getroffen hatten. Wir blieben in Kontakt. Dann meldete er sich bei mir und erzählte, dass es seiner Frau noch schlechter gehe und es wohl noch vor Weihnachten zu Ende ginge. Ob ich für sie eine schamanische Reise machen und sie zu gegebenem Zeitpunkt auf die andere Seite begleiten würde. Ich willigte ein, bestand aber darauf, dass er mir die ausdrückliche Einwilligung seiner Frau überbrachte, die ich nur einige Tage später tatsächlich erhielt.

Ich reiste also in die Anderswelten und traf seine Frau Renée an dem dafür vorgesehenen Ort. Es gab in diesem Moment nichts zu tun, außer dass wir uns kennenlernten und sie wusste, wo sie mich würde finden können. Ich erhielt die Information, es gäbe noch ein Geheimnis, was ich rückmelden sollte. Dann hörte ich einige Monate nichts mehr von den beiden. Kurz vor Weihnachten hatte ich ein dringliches Gefühl, ihn anzurufen. Und wirklich es stand sehr, sehr schlecht. Die Ärzte meinten, sie müsste eigentlich schon längst diese menschliche Hülle verlassen haben, aber irgendwas schien sie zurück zu halten. Also reiste ich nach ihrer beider Freigabe nochmals in die Anderswelten, um mit der Seele der Frau zu sprechen. Und nun wurde mir das Geheimnis offenbart, das ich mir im Traum niemals hätte ausdenken können, da so etwas einfach nicht in meiner Vorstellung und Wirklichkeit existierte.

Es hieß ganz klar aus der geistigen Welt: Hätte sie dieses Geheimnis in ihrer Familie offen ausgesprochen, hätte sie sofort und spontan geheilt sein können. So konnte sie nun endlich, nachdem sie mir auf der energetischen Ebene davon erzählt hatte, nur einen Tag später sterben. Dieses Geheimnis hatte sie Zeit ihres Lebens niemandem anvertraut und es hatte sie, so unausgesprochen, mit dieser Krankheit innerlich zerfressen und schließlich war sie daran gestorben.

Ich lernte viel aus dieser Episode und darüber, dass man immer alles aussprechen muss! Früher hatte ich gedacht, dass ein vermiedener Streit viel wichtiger sei und ein Geheimnis oft unausgesprochen besser aufgehoben. Aber heute weiß ich, dass die Energie eines Geheimnisses die Kraft hat, eine Beziehung, eine Familie oder ein Menschenleben zu zerstören, nur einfach durch ihre unausgesprochene Anwesenheit.

Coachingkarte 70:
Zwischenwelt. Sprich aus,
was ausgesprochen werden muss.

Die Energie ist immer spürbar, auch wenn man sie vielleicht nicht konkret benennen kann.

Dieses Erlebnis brachte ganz klar und unerbittlich auf den Tisch, dass ich meine Wahrheiten würde aussprechen müssen. Missstände in meiner Familie oder meiner Partnerschaft, die innerlich in mir schrien musste ich also folglich zukünftig ansprechen und ich konnte sie nicht mehr länger im Verborgenen halten. Die Sterbebegleitung dieser Frau war für mich so schockierend wie zukunftsweisend in meinen Erkenntnissen. Heute weiß ich, alles muss ausgesprochen werden, sonst wird es immer dazwischenstehen. Nur weil ich etwas für mich behalte, ist es trotzdem anwesend. Die Energie der Wahrheit funkt so oder so ins Leben, nur einmal als unbenennbare Schattenenergie und einmal als konkretes Thema. Mit dem konkreten Thema, ganz gleich wie unangenehm es auch scheinen mag, können sich alle Beteiligten konkret auseinandersetzen, mit einem undefinierten Schatten nicht. Selbstverständlich wahre ich seither vertrauensvoll das Geheimnis von Renée.

Anleitung zum Glück: Stimmig formulieren

Die scheinbar unangenehmen Dinge auszusprechen gehört mit zu den anspruchsvollsten Aufgaben der Kommunikation. Denn je nachdem wie reflektiert mein Gesprächspartner ist, drücke ich mit meinem Gesagten bei ihm direkt die vorhandenen Musterknöpfe. Oder ich kommuniziere auf einer versucht neutralen, objektiven Ebene, mein Partner versteht das Gesagte jedoch direkt auf der Beziehungsebene. Funktionierende Kommunikation ist an sich schon herausfordernd, und die möglichen Abzweigungen, auf denen Missverständnisse entstehen können, mannigfaltig. Noch schwieriger wird es bei Themen, die einem nahe gehen, unangenehm sind oder Tabuthemen berühren.

Hier habe ich mal die Leitgedanken zusammengeschrieben, die mein Mann und ich in unserer Krise für uns aktiv nutzten. Mir ist bewusst, dass ich allein zu diesem Punkt mehrere Bücher schreiben könnte.

Für funktionierende, wertschätzende Kommunikation:

- Ich lasse meinen Gesprächspartner ausreden.
- Ich öffne mich.
- Ich lasse Vorwürfe außen vor.
- Ich höre zu und reagiere angemessen (vorsichtig).
- Ich bin in Verbindung und mit meiner Aufmerksamkeit bei meinem Gegenüber und dem Thema.
- Ich bleibe in der Situation und weiche nicht aus.
- Ich bin ehrlich in der Sache.
- Ich spiele mit offenen Karten.
- Wenn ich einen Fehler gemacht habe, gebe ich ihn zu.
- Ich entschuldige mich angemessen.
- Ich verhalte mich fair.
- Ich verhalte mich respektvoll.
- Ich bewahre Haltung.
- Ich bewahre Ruhe und spreche ruhig.
- Ich spreche sachlich.
- Ich formuliere aus meiner Sicht, ohne Anschuldigungen.
- Ich nutze positive Formulierungen.
- Ich beschreibe meine Gefühle und wie es mir in einer Situation ging.
- Ich erwarte das Beste.

Weiterhin bleibe in Blickkontakt und beobachte, ob Dein Gesprächspartner noch folgen kann. Ist er noch dabei? Hat er schon abgeschaltet? Außerdem gingen wir wirklich sehr behutsam miteinander um. Manchmal hatte ich ein inneres Bild von einem vorsichtigen „Eiertanz", bei dem jeder bemüht war, dem anderen nicht unbeabsichtigt oder absichtlich weh zu tun und möglicherweise noch mehr kaputt zu machen. Wir wählten unsere Worte sehr bedacht und weitsichtig und beobachteten beim Anderen, wie sie ankamen. Sahen wir, dass sie möglicherweise falsch angekommen waren entkräfteten wir sofort und erklärten, wie genau es gemeint gewesen war, um neue Missverständnisse schon beim Entstehen zu vermeiden. Bis wir auch das im Gesicht des anderen lesen konnten. Sorgsam achteten wir darauf, den anderen so zu lassen, wie er war. Und bedankten uns, für das Vertrauen und die tiefen Einblicke in Herz und Seele.

Und so war ganz klar, dass mein Mann und ich in unseren neuen, zweisamen Stunden intensiv auch über scheinbar unangenehme, geheime Themen unserer Partnerschaft sprachen. Alles was zuvor unangenehm oder peinlich gewesen war, sprachen wir aus. In unserem nächtlichen sicheren Raum, in dem nur wir beide ein und aus gingen, tauschten wir uns auch über unsere körperlichen Wünsche und Verlangen aus. Und eben auch, wo der ein oder andere bislang nicht auf seine Kosten gekommen war oder sich und seine Vorstellungen und Wünsche unausgesprochen hintenangestellt hatte. Wir vertrauten uns, damit war alles wieder möglich.

Was kann ich eigentlich überhaupt?

Möglich mache ich es ja gerne, dass ich in meiner Funktion als Vorbildunternehmerin ehrenamtliche Aufgaben übernehmen kann. Immer im Februar eines Jahres begleite ich gemeinsam mit anderen Führungskräften ein Berufswegeplanspiel in einer Hauptschule in Stuttgart. Über vierzig junge Menschen der neunten Klassen hatten sich eingefunden, um den Ernstfall im Bewerbungsgespräch mit echten Unternehmern und Führungskräften teils aus dem Personalwesen zu üben. Nach einem kurzen Briefing, in denen uns der Ablauf erklärt wurde und auch, dass wir streng sein sollten und „nicht zu nett" und wir besonders auch Druck mit den Noten machen sollten, ging es los. Und ich muss sagen, mich machten jedes Mal diese gut vier Stunden Planspiel wirklich nachdenklich.

Ich führte tolle Gespräche mit jungen Menschen, die motiviert und strahlend von ihren Ideen im Beruf sprachen. Ernsthaft und mit wirklicher Leidenschaft für Kinder und unglaublicher Geduld, wollte die eine Erzieherin werden. Aber ihre Noten waren schlecht. Eine andere fiel mir sofort durch eine unglaubliche Offenheit und verbindende Art in der Kommunikation auf. Ebenso strahlend und gewinnend im Wesen, aber mit noch schlechteren Noten. Ihr hatten Familie, Beratung und Lehrer eingeredet, dass sie halt einfach nicht mehr erreichen könne und deshalb, wenn sie überhaupt den Abschluss schaffen würde, nur in einer Zahnarztpraxis Helferin werden könne – was aber ganz offensichtlich nicht ihren eigentlichen Fähigkeiten entsprach.

Und es gab noch einige Beispiele mehr, wie die Bewertungen eines Jungen, der als Flüchtling mit einer Fünf in Deutsch schlecht eingestuft worden war. Dieser junge Mann hatte sich aber aus seinen Praktika, die er bereits absolviert hatte, sogar schon einen festen Aushilfsjob und daraus einen Ausbildungsvertrag erarbeitet. Ein gerader, fleißiger junger Mensch, der einzig dem Defizit, Deutsch nicht als Muttersprache zu beherrschen, ein zurückhaltendes Verhalten zu verdanken hatte. Und mit Willen, Freundlichkeit, Loyalität, Durchhaltevermögen und Zuverlässigkeit punktete – Eigenschaften, die jeder Arbeitgeber doch zu schätzen wissen würde!

Wenn ich die jungen Menschen dann im Gespräch fragte: „Was willst eigentlich Du? Was kannst Du gut?" Antworteten die Schüler und Schülerinnen dann in Einheitsfloskeln und Textbausteinen: Ich bin teamfähig und belastbar!!! Waaaahhhh! Ebenso uniform sind meist die Anschreiben und Lebensläufe gestaltet, keine Persönlichkeit oder die Menschen dahinter zu erkennen. Meine Aufgabe sehe ich an diesen Veranstaltungen stets, so vielen jungen Menschen wie möglich, Mut zu machen, auf die eigene Stimme zu hören und an sich zu glauben und einzigartig zu sein. Ihnen zu vermitteln, dass es eine Wahrheit gibt, jenseits von Noten und Einheitsbrei. Und dass es genau die Stelle und den Beruf gibt, der perfekt zu ihnen passt, wenn sie es wirklich wollen.

Genau diesen drei jungen Menschen beim letzten Planspiel hätte ich auch zunächst mit einem Praktikum und dann einem Ausbildungsplatz eine Chance gegeben, wenn ich in der entsprechenden Position gewesen wäre! Mein Fazit nicht nur zum allgemeinen Fachkräftemangel: Unternehmer und Arbeitgeber und vor allem Menschen sollten wirklich umdenken und genauer hinschauen. Nur wenn auf Augenhöhe wirklich der Mensch motiviert wird, anstatt Druck auszuüben, ist dieser in der Lage auf

Dauer sein Bestes zu entfalten und glücklich zu sein und damit auch verantwortlicher, tragender Mitarbeiter in einem Unternehmen zu werden. Nur, wenn wieder begeistert, anstatt eingeschüchtert wird, kann man einander mit Respekt und Wertschätzung begegnen. Und so müssten nicht junge Menschen noch vor dem Abschluss ihrer Schulzeit all ihre Träume und Hoffnungen begraben. Denn, wer aufhört zu träumen oder seinen Traum zu leben, der hat doch schon längst aufgehört zu leben, oder? So freue ich mich immer wieder, wenn ich mir auch selbst, in der Mitte meines Lebens, Kinderträume erfüllen kann. Mitunter anders als ursprünglich gedacht, aber doch! Mein jüngster Sohn war ja nun seit einigen Jahren während unseres Urlaubs auf dem benachbarten Reiterhof als Helfer aktiv. Eine wirklich tolle Sache, die ihm total guttat und einen praktischen Ausgleich zur Schulzeit schaffte. Ich selbst mag Pferde wirklich auch sehr gerne und bin schon früh geritten. Zunächst lernte ich auf einer nahen Jugendfarm auf Eseln, später dann auf Ponys reiten. Also eigentlich lernte ich da eher drauf sitzen bleiben und ich würde heute mich eher als Feld- und Buschreiter titulieren. Als mein Ältester grade mal laufen konnte, durfte ich bei meiner Sandkastenfreundin einmal in der Woche deren Pferd versorgen und reiten. Und so kamen wir in den Genuss von regelmäßigen gemeinsamen Reiteinlagen, während derer ich ihn vorne, vor meine Beine in den Sattel setze und wir sogar gemeinsam galoppierten.

Heute schlage ich meine Hände über dem Kopf zusammen: Was hätte da alles passieren können?! Damals war ich gesegnet mit der Unbeschwertheit der Jungend und es passierte nie etwas. Also sprach ich auf jenem Reiterhof im Urlaub auch vor, um einen der begehrten Plätze fürs Wattreiten zu ergattern. Und was soll ich sagen, ich weiß bis heute nicht nach welchem Kriterium die Chefin vorging, ich bekam einen. Und ich habe seither viele Leute erlebt, die erst vorreiten mussten oder direkt abgelehnt wurden. Der erste und die folgenden Ausritte auf dem Watt waren wirklich herrlich und so genoss ich die Zeit auf dem Hof, die ich ja irgendwie ganz automatisch mit unserem Jüngsten dort verbrachte, wenn ich ihn dorthin begleitete.

Im Sommer ist auf dem Hof sehr viel los. Jede helfende Hand wird gebraucht und oft fallen aber die Personen aus, die mittags kochen sollen, und es gibt schnelle Küche. Die Chefin hatte mir immer wieder begeistert von Freundinnen erzählt, die sogar extra nur zum Kochen in dieser Zeit anreisten. Auf irgendeine Weise sprach mich das an. Irgendwie hatte ich mit diesem Thema Kochen eine große Resonanz. Ich sagte, vermutlich zu leise, dass ich ja auch mal kochen könne – für alle! Es hörte mich aber irgendwie keiner. Im Jahr darauf ging ich ein bisschen massiver vor. Ich sagte laut und deutlich, dass ich kochen könne, wenn sie wollten. Und ich durfte.

Coachingkarte 71:
Erinnere Dich! Keine Zweifel
mehr. Du bist es, die Deinen
Traum wahr machst.

Und was soll ich sagen, ich bereitete mit dem herrlichen Gemüse aus dem eigenen Gemüsegarten am Hof ein wunderbares Mittagessen für die ganze Helferschar. Ich glaube, das waren vierzehn Helfer und mein Mann und ich, die wir auch noch mitessen durften. Der Chef hatte eingekauft, so dass ich nur noch improvisieren brauchte, mit dem, was da war. Und für mich ging dabei irgendwie ein Mädchentraum in Erfüllung. Plötzlich war ich nicht mehr die Mutter von einem Helfer, sondern ich war selbst Helferin auf einem Pferdehof. Etwas, das ich mir schon immer irgendwie gewünscht hatte. Zu Hause würde mich vermutlich so eine Aktion ziemlich stressen, aber so relaxed im Urlaub, macht es mir richtig Spaß, auch solche großen Mengen zuzubereiten und auch dann in der großen Gruppe gemeinsam zu essen. Und so koche ich seither immer wieder für alle und genieße es, auf diese Weise auch heute noch, meinem Traum von damals ganz nah zu sein.

Keine Zweifel mehr - Erinnere Dich:
Du bist alles!
Wenn der Zweifel Dich festhält,
Dich stehen bleiben lässt,
Dich am Tun hindert,
Dir die Kraft nimmt...
Und Du denkst, Du bist nichts!
- Dann erinnere Dich:
Du bist der Funke Gottes.
Du bist es, auf den es ankommt.
Du machst den Unterschied.
Du hast keine Ahnung von dem, wie groß Du bist.
Und wisse, Du bist alles!
Und Du bist nichts...

Die Bühne Deines Lebens

Einer meiner großen Träume ist es, auf einer riesigen Bühne vor vielen, vielen Menschen zu stehen. Dazu habe ich schon sehr viele unterschiedliche Erfahrungen sammeln dürfen. Von den eher nicht so angenehmen, begleitet von sehr starkem Lampenfieber und Aufregung, bis hin zu sehr spaßigen, wie wenn wir abends ins Kabarett gehen und ich aus Jux sage: „Wo setze ich mich hin, dass ich auf die Bühne komme?" Und dann auch wirklich auf der Bühne stehe und es einfach genieße.

Während meiner langen Ausbildung und anschließenden Tätigkeit als Trainerin stand ich oft und in vielen unterschiedlichen Konstellationen auf der Bühne. Wertvolle Lektionen in Rollenkompetenz, Improvisation, Führung von Teams oder auch Launenmanagement erhielt ich dort. Viele unterschiedliche Aspekte, die in mir nur vage schlummerten, habe ich so in meiner Persönlichkeit entdeckt und sie im Improvisationstheater vielfältig ausgedrückt. Ich spielte Heidis immer hungrigen Freund den Geißenpeter, die böse Schwester von Aschenputtel, war Mannequin und Synchronschwimmerin. Spielte Haupt- und Nebenrollen, war der ruhende Berg oder ein verspielter Hase, sang von Conny Kramer oder tanzte Rumba. Und noch viel, viel mehr.

Kennengelernt habe ich dabei mich, und immer wieder mich. Ich habe mich ausprobiert, was ich gut kann, wo meine Ängste liegen, oder auch meine Stärken. Der, der führen will muss erst der perfekte Diener sein, bevor er führen kann. Führen und Assistenz haben so viele Facetten, dass man niemals auslernt. Meine wichtigsten Erkenntnisse hatte ich aber beim Anleiten von Gruppen. Wenn ich mich ganz darauf einließ, der Gruppe zu dienen und das Beste zu geben für diese Menschen. Dann erhielt ich als meinen Lohn meine eigenen Worte und Erklärungen, die ich so vorher noch nicht einmal gedacht hatte, erstmals mit diesen Menschen als meine eigens gesprochenen Trainingsinhalte. Denn so wie jede Gruppe neu ist, entwickelt auch jedes Training eine neue, eigene Dynamik und für diese Menschen neue Inhalte.

Immer tiefer und tiefer kam ich dabei den Geheimnissen des menschlichen Miteinanders in diesen Trainingssituationen auf die Spur: wie die eigene Wahrnehmung von der Fremdwahrnehmung doch deutlich abweicht und die vielen unterschiedlichen Aspekte von Energien in Gruppen und mit Menschen. Die Bühne war eine meiner wichtigsten Lehrzeiten und sie ist es noch. Immer wieder führe ich Gespräche, in denen meine Gesprächspartner mir fast nicht glauben können, dass im Mittelpunkt und damit auch auf der Bühne stehen und Applaus zu erhalten eines der Grundbedürfnisse der Menschheit ist. Unabdingbar für funktionierende soziale Gefüge und entscheidend für die eigene Zufriedenheit. Dazu hatte ich an einem Wochenende im Mai ein wundervolles Erlebnis, das ich heute mit Dir teile:

Auf einer sehr großen Veranstaltung saßen wir alle bereits auf unseren Plätzen und warteten gespannt, dass es gleich mit einer Feuershow losgehen sollte. Die Bühne war schon in buntes Licht getaucht und fast schon sollte es beginnen. Da plötzlich kam ein kleines, vielleicht eineinhalb- bis zweijähriges Kind in die Mitte der Bühne gewackelt. Und sofort war das wartende Publikum in seinem Bann. Instinktiv „spielte" die Kleine mit dem Publikum, das sofort begeistert applaudierte. Bücken, Händchen heben, klatschen, … all das absolvierte das Kind. Das Publikum reagierte jeweils unmittelbar mit tosendem Applaus und Jubel. Ein gegenseitiges Spiel, noch ohne „Das darf man doch nicht.", „Ich darf doch nicht im Mittelpunkt stehen.", „Bin ich eitel?", seitens des Kindes. Zauberhaft anzusehen, mit der Reinheit des Kindseins und völlig sorglos.

Coachingkarte 72: *Sei Du der Funke. Mach Dich sichtbar mit Deinem Licht.*

Diese kleine Sequenz bestätigte mich wieder einmal, was ich erst kurz zuvor in einem Gespräch ausgeführt hatte: Anerkennung, im Mittelpunkt stehen und Teil der Gemeinschaft sein, sind uns in die Wiege gelegt. Applaus macht etwas mit uns und wirkt wechselseitig. Sieh einmal einem Menschen ins Gesicht, der Applaus erhält. Du kannst die positive Veränderung sehen. Mehr noch, diese durch Applaus ausgeführte Form von Respekt für eine Leistung, sicherte damals bei unseren Ahnen den Zusammenhalt und das soziale Funktionieren eines Stammes. Wechselseitig hatten alle etwas davon, wenn nach erfolgreicher Jagd der Held seine Geschichte erzählte. Die Stammesmitglieder lauschten gespannt und bejubelten den Erzähler, der erfolgreiche Jäger wurde für seine Taten anerkannt und gefeiert. Das sicherte das Zusammenleben und gleichzeitig das Überleben und begünstigte einen Jagderfolg auch für zukünftige Jagden. Es gibt Untersuchungen, dass bei einer ordentlichen Anerkennungskultur, Menschen ihre im sozialen Gefüge notwendigen Tätigkeiten gerne und mit Freude ausüben. Viel eher sind sie in solch einem Umfeld dazu bereit, auch unangenehme Arbeiten auszuführen, als unter Druck oder

in einer Atmosphäre der Angst. Darum empfehle ich jedem: Geh auf die Bühne, Deine Bühne des Lebens! Lass Dich feiern. Hab keine Angst, Dich zu zeigen. Genieße die Früchte Deiner Arbeit und erschaffe ein Feld der gegenseitigen Anerkennung und des Respekts, indem Du vorausgehst in Deinem Umfeld. Ob in der Familie, in den Betrieben, in der Wirtschaft, ... oder wo auch immer Du Dich gerade bewegst. Du machst einen Unterschied! Und das ist auch, wie Du Spuren hinterlassen wirst.

Von Spuren und Wegen

Da war ein großes Camp, das Pacha Mama Camp im Bayerischen und mein jüngster Sohn, meine damals noch zwei Hunde und ich waren mit dabei. In diesen knappen zwei Wochen wollten wir innovative Wege gehen und in spirituellem, bewusstem Rahmen die Kreiskultur ganz real leben. Zelten und ganz mit der Natur leben, das war meine romantische Vorstellung. Ich wollte mich als Jobmanager einbringen, denn jeder der über 300 Teilnehmer sollte freiwillige, soziale Stunden für die Gemeinschaft leisten, damit sich eine Veranstaltung dieser Art tragen kann.

Eine auf vielen Ebenen sehr spannende Erfahrung, aber auch sehr anstrengend. Denn meine ein bis zwei Stunden täglicher Arbeitseinsatz weiteten sich auf den ganzen Tag aus. Und meine erschütternde Erkenntnis, dass auch, oder besonders in diesen Kreisen es auch unehrliche Menschen gibt und doch jeder auf seinen eigenen Vorteil bedacht ist. Es ist also nicht selbstverständlich, dass jeder seinen Teil zum Großen beiträgt. Wie überall gibt es die, die viel tun und die, die sich um ihren Teil drücken oder es zumindest versuchen. Also scheint das wohl eine durch und durch menschliche Eigenschaft zu sein. Aber das ist eine andere Geschichte.

Heute möchte ich von den Wegen erzählen und der ungemähten Wiese und den vielen Menschen, die darüber liefen. Eigentlich denkt man gar nicht über Wege nach, sondern läuft einfach von A nach B. Und doch hatten sich nach nur zwei, drei Tagen erste Wege gebahnt und geformt. Ich ertappte mich dabei, dass ich nicht mehr einfach nur kreuz und quer lief, sondern mir gezielt den jetzt passendsten Weg auswählte. Spannend auch, dass die entstandenen Wege meist parallel oder im rechten Winkel liefen. Im Laufe von insgesamt 9 Tagen, hatten sich fast schon breite Hauptadern ausgeformt, die wir gezielt nutzten.

Auch bei völligem Neuland oder womöglich Chaos formen sich also neue Wege aus, die dann auch andere Menschen bereit sind zu gehen? Treffen wir uns deshalb immer wieder auf unserer Suche nach unserem individuellen Weg an Knotenpunkten, oder an Wegen, die andere bereits vor uns gegangen sind? Ist es Bequemlichkeit oder die Komfortzone, die uns dann doch immer wieder die entstandenen Wege gehen lässt? Denn schließlich bekomme ich ordentlich nasse Füße, wenn ich morgens querfeldein laufe anstelle des vorgebahnten Weges. Oder sind wir so vom Herdentrieb geprägt, dass wir uns deshalb an den Menschen, die vor uns waren, orientieren und uns leiten lassen? Aber wir sind schneller unterwegs und erreichen deshalb schneller unser Ziel, wenn wir Wege wählen, die andere vor uns gingen.

Ich erinnere mich an eine Übung aus dem Coaching, bei der auch immer aus völligem Chaos ein Muster entsteht – immer, aber jedes Mal anders! Und diese Erkenntnis ist doch zumindest beruhigend: Du bist nicht allein. Auch scheinbares Chaos hat ein System. Es gab und gibt vor Dir und nach Dir Menschen. Sie und Ihre Erfahrungen haben Dich heute hierhergebracht, und auch Du wirst Deinen Beitrag leisten, für die, die nach Dir kommen. Sei Dir darüber bewusst, dass Du manchmal auch mal einen neuen Weg abseits wählen darfst. Vielleicht einen, den noch niemand vor Dir ging, aber es können Dir viele nachfolgen. Denn auch Du hast die Möglichkeit eigene Spuren zu hinterlassen und die Grundlage für einen breiten Weg zu bereiten und damit dem Chaos ein neues Gesicht zu geben. Du machst Deinen Job, so wie es für Dich möglich ist - und doch haben das vor Dir schon viele getan. Besonders in diesen bewegten Zeiten des Wandels erscheint es mir wichtig, sich das immer wieder vor Augen zu führen: Du bereitest mit Deinen Entscheidungen heute die Wege für die, die nach uns kommen werden!

Aber wieviel und was Du von Dir gibst, wie stark Du Dich in Deine Aufgabe reingibst, das entscheidest Du ganz alleine. Nur Du allein entscheidest, welche Spuren Du hinterlässt! Und auch wie viele. „Darf´s ein bisschen mehr sein?" beim Bäcker, beim Metzger, beim Gemüsehändler oder an der Käsetheke. Gerne, sage ich dann normalerweise „Ja!" Aber, wenn man genau hinschaut, dieses „mehr" zieht sich doch komplett durch unser Leben, mehr Arbeit, mehr Verpflichtungen, mehr Konsum, mehr Leistung und mehr Kommunikation. Wir Frauen sollen immer noch mehr erledigen, quasi im Vorbeigehen, Multitasking und alles quasi wie von selbst. Wie oft ertappe ich mich, gleich ob im privaten oder beruflichen Umfeld, dass ich sage „Komm, ich mach das kurz.", schnell oder geschwind, wie das der Schwabe so schön sagt. Wir definieren uns über mehr Leistung und bemerken nicht, dass wir dabei schon längst in eine Falle getappt sind. Denn das „mehr" nehmen wir im Laden nicht nur so in Kauf, sondern sind auch bereit beständig „mehr" von uns selbst zu geben. Und wenn Dir dann vieles auch noch leicht von der Hand läuft, wie beispielsweise mir, dann ertappst Du Dich irgendwann dabei, immer noch schneller noch mehr zu geben, anstatt auf ein gutes Gleichgewicht der Dinge zu achten.

Da hetzte ich also mal wieder von Termin zu Termin und von Verpflichtung zu Verpflichtung, Familie, Haushalt, Hunde, Job und dann auch noch Partnerschaft, soziale Medien und und und. Aber wer bleibt denn dabei auf der Strecke? DU! Also ICH! Und dieser Satz „Darf´s ein bisschen mehr sein?" kommt in meinen Kopf. Fast schon ein bisschen hämisch, wiederholte er sich immer und immer wieder in mir und sickerte von dort langsam in mein System. „Was mach ich hier eigentlich?" beginne ich mich zu fragen.

Plötzlich fühlte sich mein Körper gar nicht mehr so athletisch und fit an, sondern müde und ausgelaugt. Spannend! „Was mach ich hier eigentlich, wem hetzte ich hier gerade hinterher?" Doch eigentlich nur dem, von der Gesellschaft und dem System propagierten Idealbild vieler erfolgreicher Frauen. Aber will ich das denn überhaupt? Geht es nicht eher darum, die richtigen Dinge auf die richtige Art und Weise zu tun und dabei genau hinzuschauen, was ich wirklich will und was ich einfach lassen kann? Quantität oder lieber Qualität, das ist ja keine Frage. Oder? Was bleibt eigentlich, wenn ich das „mehr" einfach sein lasse?

> *Du bist die Güte, die Liebe.*
> *Du bist die Weisheit. Du bist die Demut.*
> *Du bist die Geduld. Du bist die Sicherheit.*
> *Du bist die Ruhe.*
> *Du bist die Freude und die Fröhlichkeit.*
> *Du bist die Gerechtigkeit und die Mäßigkeit.*
> *Du bist aller Reichtum bis zur Genüge.*
> *Du bist die Schönheit. Du bist die Sanftmut.*
> *Du bist der Beschützer.*
> *Du bist der Wächter und Verteidiger.*
> *Du bist die Stärke.*
> **EIN FRANZISKANERGEBET**

Ufff, ja. Aber, was bleibt dann noch übrig von mir, wenn ich nicht mehr so beschäftigt bin? Wer bin ich hinter der Fassade von „mehr"? Was ist überhaupt wichtig und was ist mir eigentlich wichtig und wo halte ich mich nur beschäftigt. Wo habe ich dabei die wichtigen Dinge aus den Augen verloren? Und was hat das mit mir als Frau zu tun? Und plötzlich breitet sich ein Gefühl von „jetzt" in mir aus und einem tiefen Ankommen. Ja, darum geht es doch: Weniger ist mehr! Nix muss, alles darf. Das ist die weibliche Qualität: Sein! Ruhe, Austausch, verbinden und zuhören. Und eine Ahnung steigt in mir auf, von dem was wirklich wichtig ist.

Es sind die scheinbar unproduktiven Dinge, denen nur wenige Menschen Anerkennung zollen. Die Dinge, die ich im Alltag immer wieder vergesse und beiseitedränge: Energien bewusst lenken und meditieren, beten, visionieren, träumen, Persönlichkeit entwickeln und das goldene Netz mit Gleichgesinnten weben. So müsste der Satz des Anstoßes also besser heißen: „Darf´s ein bisschen weniger sein!?" „Oder genau einfach nur Du, nicht mehr und nicht weniger!"

Anleitung zum Glück: Sei freundlich zu Dir!

Ich bin froh, dass ich heute ehrlich sagen kann: Ich mag mich, so wie ich bin! Wirklich! Das war nicht immer so. Es war ein langer Weg bis heute. Lange Zeiten in meinem Leben haderte ich mit mir, mit meinem Körper, meinen Beziehungen, meiner beruflichen Situation und noch viel mehr. Es gab immer irgendetwas, das gerade nicht passte. Da waren meine perfekten Cousinen, die so hübsch und schlank waren und neben denen ich mir immer wie ein plumper Elefant vorkam. Dass ich nicht länger diesem Idealbild nacheifern muss, war ein langer und oftmals steiniger Weg für mich. Oft mochte ich mich einfach nicht. Meine innere Unzufriedenheit mit mir und meinem Äußeren brachte mich an einen Punkt, an dem mein Körper heftig streikte. Ich ahnte damals bereits, dass das bestimmt etwas mit mir und auch mit meiner negativen Einstellung zu mir selbst zu tun hatte. So befasste ich mich mit meiner Innenwelt und entdeckte immer tiefergehende Zusammenhänge, aber es sollte noch einige Zeit dauern, bis sich tatsächlich etwas veränderte. Vielleicht geht es Dir ja ähnlich? Gerne möchte ich Dich ermutigen, Dein Denken in Bezug auf Deinen Körper jetzt einmal zu überprüfen und darüber einen freundlicheren Umgang mit Dir selbst zu finden. Dieser neue Umgang wird Dein Leben so viel leichter und schöner und schließlich auch gesünder und glücklicher machen, da bin ich sicher!

Ein wichtiger Schlüssel war für mich der bewusste Umgang mit mir und meinem Körper. Denn Dein Körper spricht mit Dir und seine Schmerzen, Empfindungen, Symptome oder Krankheiten sind eine Botschaft Deiner Seele an Dich! Sei Dir bewusst, dass Dein Körper immer Dein Freund ist, IMMER!

Hier nun einige Anregungen, wie Du sofort und nachhaltig etwas im Umgang mit Dir selbst verändern kannst.

1. **Dein Körper ist Dein Freund!** Mal ehrlich, wie oft am Tag erzählst Du Dir Geschichten über Dich selbst wie „Ich bin zu dick, meine Schenkel sind zu fett, ich bin nicht sportlich genug, meine

Nase ist nicht schön, ich bin zu groß, ich bin hässlich, meine Haare zu dünn, zu kurz, zu glatt, ..." Jetzt überlege mal und höre zu, was Du über ihn denkst: Dein Körper ist IMMER dabei. Er trägt Dich, bewegt Dich. Er gehört einfach zu Dir. Normalerweise funktioniert er in perfekter Harmonie. Hundert Billionen Körperzellen in vollendeter Kooperation. Dein Leben kannst Du nur in Deinem Körper erleben. Was wärst du nur ohne Deinen Körper? Darum, betrachte doch ab heute Deinen Körper als Deinen guten Freund. Bist Du eine Frau, mache Deinen Körper zu Deiner Freundin – Dein Körper ist weiblich!

An alle Frauen: Die deutsche Sprache macht es uns nicht leicht. „Der Körper" ist maskulin. Als Frauen stecken wir aber in einem weiblichen Körper, sprechen aber immer von „ihm". Suche Dir doch gerne einen weiblichen Begriff für Deine weibliche Körperin. Ebenso wie die Mondin, die uns Frauen in ihrem Rhythmus so verbunden ist, passender eine weibliche Form erhält. Oder wie wäre es mit Deine „Körperseele". Du wirst sehen, es macht einen Unterschied, weil es Dir hilft, Deine Weiblichkeit bewusster zu machen.

2. **Sprich mit Deinem Körper** Wie mit einem guten Freund kannst Du mit Deinem Körper in einen Dialog gehen. Du wirst sehen, es macht einen Unterschied, wenn Du nicht mehr über ihn sprichst, sondern in einem ständigen Austausch bist. Du wirst staunen, welche Tipps und nützlichen Ratschläge er Dir geben kann.

3. **Streite nicht mehr mit Deinem Körper** In dem Moment, in dem Du Dich und Deinen Körper selbst gut sein lässt, Du ihn nicht mehr zum Fitness oder Sport zwingst und Du das „müssen" sein lässt, verändert sich etwas. Wenn Du also nicht mehr Sport machen musst, abnehmen musst, Dich gesünder ernähren musst, ... sondern Du einfach sein darfst, verändert sich alles, Du wirst weicher. Du bist in Ordnung, so wie Du bist, und Dein Körper ebenso. Er ist Dein Freund, höre auf ihn.

4. **Höre auf Hilferufe** Wenn Dein/e Freund/in in Not nach Dir ruft, würdest Du doch sofort zu ihr/ihm eilen und ihr/ihm helfen? Aber Du tust es für Deinen Körper nicht. Denn jeder Schmerz, jedes Symptom, jede Krankheit Deines Körpers sind ein solcher deutlicher Hilferuf an Dich. Gelingt die leise Kommunikation zwischen Dir und Deinem Körper nicht und willst Du nicht zuhören, so muss er eben eine deutlichere Sprache und Ausdrucksweise finden. Versuche also beizeiten zu verstehen, was Dein Körper Dir sagen möchte und entziffere die versteckte Botschaft in seinen Symptomen! Du hattest beispielsweise eine stressige Zeit und Dein Körper sendet Dir eine fiebrige Grippe, dann bedanke Dich für die Botschaft, bitte um Ruhe und lege Dich ins Bett.

5. **Es ist wie es ist** Klar, oft passen die Botschaften unseres Körpers so gar nicht in unseren durchgetakteten Alltag. Oder Du hast einfach keine Lust, Dich seinen Bedürfnissen oder Signalen unterzuordnen. Warum passiert das ausgerechnet mir? Ich will das nicht. Ich will diese Krankheit nicht! Ich will meine Gewohnheiten nicht ändern. Du haderst. Diese Gedanken werden aber nichts an der Sache an sich ändern, sie machen es nur schwerer, dass Du einen guten Weg damit finden kannst. Also übe Dich in Gleichmut und Annahme: „Es ist wie es ist!"

6. **Was ist der Vorteil** Ich höre schon einen regelrechten Aufschrei: Eine Krankheit oder ein Symptom bringen doch keinen Vorteil, nie! Aber es lohnt sich, einmal in Ruhe darüber nachzudenken. Es könnte doch sein, dass Du mehr Aufmerksamkeit bekommst, dass Deine Familie plötzlich mehr Rücksicht auf Dich nimmt, dass Du Dinge langsamer angehst, dass Du nicht mehr so viel arbeitest oder dass Du öfter bei Deiner Familie zu Hause bist, ... Ich möchte Dich einladen, einfach einmal diese Möglichkeit für Dich zu denken und nach Deinem Vorteil, also dem sogenannten sekundären Krankheitsgewinn zu suchen.

7. **Schmerzen haben eine Botschaft** Wenn Du behutsam mit Deinem Körper kommunizierst, so frage doch auch Deine Schmerzen, was sie Dir sagen wollen. Im Schmerz liegt oft verdecktes Wissen, vor dem wir noch unsere Sinne verschließen und das uns noch nicht bewusst ist. Lenke Deinen Atem in den Schmerz und stelle in Gedanken die Frage: Schmerz was hat Dich hervorgebracht, was ist Deine Botschaft für mich?

8. **In jeder Krise steckt die Chance zu Wachstum** Symptome bieten Dir die Möglichkeit persönlich zu wachsen. In dem Du sie ganz bewusst annimmst und Dich mit den Auslösern beschäftigst, kannst Du Dein Innenleben und Deine Weltanschauung überdenken und zu einem neuen Umgang mit äußerlichen Gegebenheiten gelangen. Dann hast Du Deine Krise bestmöglich für Dein persönliches Wachstum genutzt.

9. **Fühle, was Du fühlst** Zu einer Krankheit gehören alle Gefühle wie Angst, Wut oder Trauer. Und die, die Du nicht zulässt oder immer wegpackst, genau um diese Gefühle geht es hier gerade. Du kannst sie nun einfach fühlen, nichts beschönigen oder etwas anderes scheinen als Du bist. Nimm alle Deine Gefühle verantwortlich an. Es gibt keine guten oder schlechten Gefühle, nur die Gefühle, die Du nicht bewusst gefühlt hast, werden zu Emotionen und damit Ladung, die Deine Genesung verhindern. Lasse einfach zu, was sich zeigen möchte.

10. **Sorge für Dich** Sich gut um sich selbst zu kümmern, wird oft damit verwechselt egoistisch zu sein. Aber wenn Du wieder lernst, auf die Bedürfnisse Deines Körpers zu hören und diese auch zu achten, betreibst Du die beste Gesundheitsvorsorge, die es überhaupt gibt. Nicht erst, wenn es nicht mehr weiter geht, sondern schon beim ersten Signal kannst Du für Dich sorgen. Wir sind es in unserem Alltag so gewohnt, ständig über unsere eigenen Grenzen zu gehen, dass wir schon längst verlernt haben, diese Signale des Körpers ernst zu nehmen. Wenn ich also Kopfschmerzen habe,

dann sollte ich mich eigentlich ausruhen und nicht mit einer Schmerztablette trotzdem zur Arbeit gehen.

Wenn ich müde bin, sollte ich eine Pause machen und nicht so lange weiter machen, bis ich zusammenbreche.

11. **Alles ist so wie es sein soll** Wenn ich es so oder so anders gemacht hätte, dann wäre alles anders gekommen. Wenn ich dieses oder jenes getan hätte ... Aber ich habe es nicht. Viele Menschen pflegen ungesunde Gedanken in Bezug auf sich und ihren Körper, besonders aber in Bezug auf Situationen. Aber: Ich bin genau deshalb und heute hier, weil das mein Weg ist. Gedankenspiralen nutzen nichts und niemandem und rauben mir und meinem Körper nur wahnsinnig viel Kraft. Stoppe „Was wäre, wenn ...?" sofort, wenn Du es bemerkst. Denn es gibt nichts, was anders getan hätte werden können. Nutze stattdessen die Kraft des Augenblicks, denn alles ist so, wie es sein soll. Diesen Satz kannst Du auch gut wie eine Affirmation verwenden, wenn Dein Geist sich in Gedanken verlieren will. Oder Du formulierst einen eigenen kraftvollen Satz für Dich, den Du stattdessen für Dich und Dein Wohlbefinden sprichst.

Coachingkarte 73:
Tanz Deines Lebens. Sei frei, wild und unabhängig.

Heute ist ein besonderer Tag

Ja, ich bin keine zwanzig mehr und meine Körperseele auch nicht! Und das ist auch gut so. Ich kann heute das, was ist viel besser annehmen und mich sogar darüber freuen. So schätze ich heute die Feinfühligkeit meiner Körperseele, wo ich sie früher oft innerlich verflucht hatte. So kann ich beispielsweise immer absolut sicher gehen, dass ich hochwertige Lebensmittel zu mir nehme, da meine Körperseele mittlerweile wie ein hochsensibles Messgerät auf alle künstlichen Zusatzstoffe reagiert. Ich weiß nach einem Essen außer Haus zu hundert Prozent wie gekocht wurde, frisch oder mit Convenience, also Fertigprodukten, denn das zeigt mir meine Körperseele unmissverständlich.

Früher war das für mich anstrengend und von Entbehrungen geprägt. Heute bin ich diesem Wunder meiner Körperseele dafür dankbar, dass sie so fein geeicht ist. Und je weiter ich an meiner Persönlichkeit schliff, desto feiner wurde dieses Werkzeug. Und so esse ich mittlerweile eben nur, was echt ist. Und desto weniger kann ich mich gleichzeitig einem Leben unterordnen, das nicht mit meiner Lebensaufgabe oder den kosmischen Gesetzen zu vereinen ist. Echt im Inneren, ebenso wie im Außen.

Genüsslich räkle ich mich im Bett und ziehe die Bettdecke noch ein bisschen höher. Ach, ist das gemütlich und kuschelig. Das leise Klappern des Geschirrs hat schon vor einer Weile aufgehört. Es ist verdächtig still im Haus. Jetzt höre ich ein leises Rufen. Okay, das ist mein Zeichen. Geschwind werfe ich mir ein dickes buntes Stricktuch über meine Schultern und ziehe die dicken Filzpantoffeln an meine Füße. Dann laufe ich die paar Stufen nach unten in die Küche. Es ist noch dunkel. Nur der Schein unseres Ahnentellers erhellt den Küchentisch und die drei erwartungsvollen Gesichter meiner Männer. Da haben sie sich aber Mühe gegeben. Tiefe Dankbarkeit breitet sich in meinem Herzen aus und von dort über meinen ganzen Körper.

Mein Mann gibt mir einen Kuss und raunt mir seine Glückwünsche ins Ohr. Ich werde fünfzig Jahre alt! Wow! Das ist mal eine magische Zahl.

Meine Jungs überreichen mir stolz ihr Gemeinschaftsgeschenk, dann müssen alle los in den Tag. Genüsslich setze ich mich zum Frühstück an den liebevoll gedeckten Küchentisch und lasse es mir gut gehen. Ich schmökere in verschiedenen Büchern und trinke aus meiner Lieblingstasse meinen leckeren, heiß dampfenden Tee. So ein schöner Tag, ich fühle mich erfüllt und zufrieden. Heute Abend steigt unser Fest. Zweimal fünfzig Jahre, seinen und meinen Geburtstag werden wir bei unserem Lieblingsvietnamesen mit fünfzig Gästen feiern. Ach, was habe ich Glück! Aber das habe ich mir auch ganz bewusst ins Leben geträumt.

Coachingkarte 74:
Du bist. Was hast Du Glück. Erträume Dir bewusst, was Du Dir wünscht!

Anleitung zum Glück: Manifestiere, was Du Dir wünscht!

Du willst Dir auch erträumen, was Dein Glück ist, dann erstelle Dir Dein mit Deinen erarbeiteten Ergebnissen aus diesem Buch Dein eigenes, kraftvolles Visionsbord, Deine Collage und erschaffe Dir einfach mit dieser simplen Methode, was Du Dir wünscht. Mache Dir davor noch einmal klar, was Du Dir von Deinem Leben erträumst und visualisiere es dazu vor Deinem inneren Auge oder in einer kurzen Meditation.

 **Dann mache Dich also nun an das Erstellen Deiner Glückscollage. Du benötigst:**

- diverse Zeitschriften, Magazine, alte Kalender, großformatige Fotos oder Abbildungen, ... (Du nimmst einfach was Dich anspricht)
- Schere, Klebstift/Kleber
- Unterlage: Leinwand, Papp-Karton mindestens im Format DIN A 2
- Minimum 2,5 Stunden Zeit und Muße für Dich.

Du hast zwei Möglichkeiten an die Collage heranzugehen. Es gibt dafür kein richtig oder falsch. Geh in den Prozess und bewerte nicht!

1. **Intuitiv** – wichtig, Du denkst gar nicht nach, richtest Dich innerlich auf ein gutes Jahr aus und arbeitest rein aus dem Bauch und dem Gefühl heraus:
   - Du nimmst Dir nacheinander alle Zeitschriften vor und reißt großzügig die Bilder, Überschriften, ..., die Dich ansprechen heraus.
   - Wenn Du einen ordentlichen Stapel zusammen hast, beginnst Du auf Deiner Unterlage diese Schnipsel nach Gefühl und Gefallen anzuordnen.
   - **Weiter mit Punkt 3.**

2. **Überlegt** – Ausgangspunkt sind Deine erarbeiteten Ziele für dieses Jahr der Lebensabschnitt Du überlegst genau, wie Du diese bildlich darstellen willst und beginnst dann.
   - Du nimmst Dir nacheinander die Zeitschriften vor und durchsuchst sie nach passenden Motiven zu Deinen Träumen und Wünschen.
   - Wenn Du einen ordentlichen Stapel zusammen hast, beginnst Du auf Deiner Unterlage diese Schnipsel nach Themen (eventuell auch nach Feng-Shui) anzuordnen.
   - **Weiter mit Punkt 3.**

3. **Ab hier geht es für beide Methoden gleich weiter:**
   - Du schneidest aus, überlappst, kreierst, ...
   - Wenn alles an seinem Platz ist, dann fixierst Du die Collage mit Klebstift oder Flüssigkleber fest auf der Unterlage.
   - Wenn sich alles richtig anfühlt, dann ist Dein Bild fertig.

Das Ergebnis ist Deine kraftvolle Glückscollage für Dein glückliches Leben!

Wenn Du noch tiefer gehen willst: Stelle das Bild in einiger Entfernung von Dir auf und betrachte es intensiv, von nah und fern und aus unterschiedlichen Blickwinkeln. Entdecke und staune, wie schön Dein Bild geworden ist. Beobachte, welche Themen, Farben, Motive, ... vorherrschen. Öffne Dich für Botschaften, verborgene oder offensichtliche. Interpretiere und bleibe dabei doch ganz flexibel für eine mögliche tiefere Bedeutung. Freu Dich auf das, was zu Dir kommen wird! Diese Betrachtung kannst Du auch in einer wohlwollenden Gruppe oder mit guten Freunden für die gegenseitige Collage vertiefen.

Dann sollte das Bild an einem dauerhaften Platz aufgehängt oder aufgestellt werden, damit es seine Kraft und Wirkung entfalten kann:
1. so, dass Du es jeden Tag siehst
2. aber am besten so, dass nur wohlmeinende Personen es sehen können beispielsweise in Deinem Schlafzimmer, in Deinem Arbeitszimmer oder an Deinem Meditationsplatz.

Und dann staune und beobachte, was passiert - ohne zu sehr festzuhalten oder zu wollen. Meist betrachte ich beispielsweise kurz vor den Rauhnächten meine Collage für das zurückliegende Jahr. Stets bin ich entzückt, auf welch unterschiedliche Weisen die Dinge, die ich aufgeklebt hatte in mein Leben kamen. Manches kommt wirklich ganz gegenständlich, ein kleines Schmuckstück, eine Feder, ... Anderes kommt eher im übertragenen Sinn, mit einem Gefühl, einem Zustand, gemeinsamer Zeit mit Liebsten, Tätigkeiten, Kunstwerken, ...

> *„Wenn Du eine Möglichkeit hast, die Wahrheit zu verbreiten,*
> *durch die Zeitungen, das Radio, Bücher,*
> *Gedankenaustausch mit mächtigen Menschen*
> *– sage die Wahrheit!*
> *Erzähle ihnen, wovon Du weißt, dass es wahr ist.*
> *Auf diese Weise kann, wenn wir versagen sollten, gesagt werden,*
> *dass wir es versucht haben,*
> *bis zuletzt, festgehalten haben am Pfad des Friedens, wie wir ursprünglich*
> *durch den Großen Geist angewiesen wurden."*
> *(Dan Evehema)*

Doch aufgepasst: Mittlerweile klebe ich beispielsweise keine Hunde mehr auf meine Collagen. Ich hatte mir jahrelang sehnsüchtig einen Hund gewünscht, bis ich dann einen auf mein Bild 2013 einarbeitete. Schwupps, kam schon im Februar der erste Hund in unsere Familie. Zwei Jahre später dachte ich, es wäre richtig, wieder einen Hund in die aktuelle Collage einzubringen. Ich redete mir ein, das würde ja nur unseren bereits angekommenen Hund darstellen. Und schwupps, hatten wir unseren zweiten Hund, dieser kam aber erst im September!

Ich mache seit vielen, vielen Jahren eine Collage, und manchmal sogar mehrere Collagen für unterschiedliche Kontexte: Die Familie, meine Firma, meine persönliche Entwicklung, ... Zwischenrein dachte ich auch schon, dass ich jetzt keine Idee mehr habe, nochmal eine Jahrescollage zu fertigen. Und dann ist das Ergebnis doch wieder so überwältigend und ganz anders, als ich es mir vorstellen konnte, so dass ich sehr froh bin, mich zum Prozess überredet zu haben. Für mich ist dieses Werkzeug zur Visualisierung und Manifestation, extrem wirkungsvoll. Und sehr viele meiner Freunde praktizieren das ebenso für ein erfülltes, erfolgreiches Leben und Glück.

Abbildung 6:
Eine Collage als Beispiel

Mein großer Traum ist es ja, dass wir uns alle auf unsere eigene Stärke besinnen und darauf konzentrieren das eigene Glück zu finden und dann darauf aufsetzend eine Werte-Gesellschaft oder Werte-Wirtschaft von gemeinsamem Miteinander erbauen. Lichtvoll, bei dem jeder gewinnt, Mutter Erde, Geschäftspartner, nachfolgende Generationen, Familien, jeder Einzelne ... Niemand muss deshalb länger mit dem Finger auf andere zeigen, denn jeder hat seine Stärken und Schwächen. Jeder ist sich aber insbesondere auch seiner Stärken, Potentiale und Aufgaben im Großen und Ganzen bewusst. Denn es geht darum, jetzt einfach zu starten und das in diese Welt zu bringen, was so dringend benötigt wird! - Deshalb hast Du dieses Buch gelesen, um für Dich Deinen Traum und Dein Glück zu füttern und mit den ersten Schritten zu beginnen. Denn wir sind viele und wir werden täglich mehr. Für die einen mag es verrückt klingen, für die anderen nach Wandel und der neuen Welt. Für mich ist es, was ich gerne mit Dir teile, wie mein Leben mich zu einem besseren Menschen machte und damit meine Anleitung zum Glück!

LITERATURVERZEICHNIS

Akademie für Geschäftserfolg: Kommunikation & Coaching.
Erfolgreich im Geschäft, Kursmaterial. Tübingen, 2008 – 2013
Brown, Joseph E.; Schwarzer Hirsch; et. al.: Die heilige Pfeife.
Das indianische Weisheitsbuch der sieben geheimen Riten.
Göttingen, Lamuv, 7. Auflage 1992
Buamenn, Christina; Stark, Roswitha:
Praxisbuch Neue Homöopathie: 20 bewährte Testlisten für den Einsatz
in der Pendel-, Tensor- oder Kinesiologie-Praxis. Murnau, Mankau, 2019
Dreien, Bernadette von: Bewusstsein schafft Frieden. Christina.
Band 3. Jestetten, Govinda, 2019
Dreien, Bernadette von: Die Vision des Guten. Christina. Band 2.
Jestetten, Govinda, 2017
Dreien, Bernadette von: Zwillinge als Licht geboren. Christina.
Band 1. Jestetten, Govinda, 2017
Estés, Clarissa Pinkola: Die Wolfsfrau. Die Kraft der weiblichen
Urinstinkte. München, Heyne, 1997 (Zitat: 8. Auflage, S. 560)
Franke, Ursula: Wenn ich die Augen schließe, kann ich dich sehen. Fami-
lienstellen in der Einzeltherapie und -beratung.
Heidelberg, Carl-Auer-Systeme Verlag, 2002
Hack, Ingrid: Davon will ich mich befreien: Alte Muster endlich loswer-
den. Realighting r- Die neue Kurztherapie.
Hamburg, Rororo, 2011. (Zitat S. 224)
Herrigel, Eugen: Zen in der Kunst des Bogenschießens.
München, Otto Wilhelm Barth, 27. Auflage 1987
Hühn, Susanne; Loslassen und Reichtum schaffen.
Die ideale Fülle finden in 12 Schritten. Darmstadt, Schirner, 2012
Hühn, Susanne: Woher weiß ich, dass Du mich liebst?
Darmstadt, Schirner, 2. überarbeitete Auflage 2017 (Zitat S. 144)
Izzo, John Dr.: Die fünf großen Glücksdiebe... und wie man ihnen keine
Chancen lässt. München, Goldmann, 2019. (Zitat S. 190)
Mandel, Stefan W. A.: Deep Schamanic Wisdom.
Kursmaterial zur Ausbildung. 2014 – 2016

Mandel, Stefan W. A.: Gebete aus aller Welt. Und die Praxis des Betens.
Über 200 Gebete, Sprüche, Segen und Lichtblicke.
Hamburg, Tredition, 2016

Rainbow, Sonia Emilia: Frauenkraft. Das vergessene Wissen um die
Urkraft der Gebärmutter. München, Ansata, 2019.

Schimkowski, Claudia; Vollmer, Katja: Die Magie der Rauhnächte
entdecken. Arbeitshefte 2017 – 2019

Schimkowski, Claudia: Augen, Augenblick: Schokolade für die Seele.
Tübingen, ABC-Buchverlag, 2009

Stangl, Werner: Die drei Siebe des Sokrates – Wahrheit – Güte –
Notwendigkeit. Werner Stangls Arbeitsblätter-News.
WWW: https://arbeitsblaetter-news.stangl-taller.at/die-drei-siebe-des-sok-
rates-wahrheit-gute-notwendigkeit/ (abgerufen 28.01.2020)

Steinhauer, Christof: Entfache das Feuer in Deinem Herzen.
Die Energiemethode für ein faszinierendes Leben in ewiger Jugend.
Darmstadt, Schirner, 2018 (Zitat S. 135)

Verzeichnis der Coachingkarten

VERZEICHNIS DER COACHINGKARTEN

VERZEICHNIS DER COACHINGKARTEN

VERZEICHNIS DER ABBILDUNGEN

Verhalten reflektieren.
Horizonte erweitern.
Win-Win-Lösungen finden.
Lösungsorientiert handeln.

Tauche noch tiefer ein in die wichtigsten Methoden, Werkzeuge & Lehren aus dem Buch „Anleitung zum Glück". Dieses Buch kann mit folgenden Inhalten ergänzt und vertieft werden.

Folgende weiterführende Produkte

Coachingkarten Anleitung zum Glück Set 1 + 2:

ALLE 38 + 36 Coachingkarten geeignet zur Veränderung der eigenen Sichtweise und gezielten Lösungsfindung.

Die beschriebenen Methoden auf diesen Coachingkarten sind ein Auszug aus dem gleichnamigen Buch „Anleitung zum Glück".

Neue Lösungen finden:
• 74 hochschwingende Heilgemälde
• ergänzende Texte, Affirmationen und Reflektionen
• Printausgabe in Farbe, Vorder- & Rückseite in DINA 5.

Die Karten unterstützen Dich zu neuen Sichtweisen, förderlichen Gedanken, einer neuen Haltung. Sie ermutigen und inspirieren zu funktionierender Kommunikation, einem glücklichen & erfüllenden Miteinander mit anderen Menschen, sowohl beruflich als auch privat.

Nutze die Karten intuitiv mit einer Fragestellung oder bei einem Problem.

Ergänzend und zur vertiefenden Arbeit mit den Coachingkarten findest Du Anwendungsbeispiele im **Booklet zum Download** oder in diesem Buch.

www.claudia-schimkowski.de/anleitung-zum-glueck-shop.html

Online hast Du diese weiteren Möglichkeiten:

- Stöbere auch Online in beiden Kartensets: **sebu.tools.de - CODE 938239**
- Außerdem gibt es auf der Seite www.Anleitung-zum-Glueck.de viele Aktionen, Anwendungsbeispiele, Videos, und Infos rund ums Thema...

Oder komme gerne:

- in die gleichnamige Gruppe bei FB „Anleitung zum Glück"
  www.facebook.com/groups/340298103311056
- oder bei Telegramm **t.me/anleitungzumglueck**
- und registriere Dich zu meinem Newsletter, um immer aktuell über alle Neuigkeiten informiert zu sein
  www.claudia-schimkowski.de/newsletter-abonnieren.html

www.schamanisches-business-coaching.de
www.anleitung-zum-glueck.de
www.claudia-schimkowski.de
www.agentur-fuers-handwerk.de

Erste Rückmeldungen

„Ich hab sie heute im Labyrinth im Einsatz gehabt und sie waren kraftvoll und magisch!! Decken Schatten auf und helfen heilen..." **Katja Vollmer**

„Ich liebe die Farben!" **S.K.**

„Wie unglaublich gut die Texte und Impulse auf meine Situation passen. Und ehrlich gesagt, sie treffen meinen wunden Punkt, vor dem ich lieber die Augen verschließen wollte, dann genau. Also muss ich nun doch hinschauen!" **M. P.**

„Die unterschiedlichen Methoden sind unterschiedlich „arbeitsintensiv". Und obwohl ich schon sehr lange, sehr viele Kartendecks nutze, waren auch hier für mich neue Ideen dabei. 10 Minuten in den intuitiven Schreibprozess zu gehen, nachdem man die Karte und damit das Thema gezogen hat, das ist ein Prozess, der interessante Erkenntnisse bringen kann. ... Nach 14 Tagen Arbeit mit den Karten habe ich die Erfahrung gemacht, dass diese Karten gearbeitet werden wollen." **Julia Kolass**

„In die Bilder der Karten habe ich mich auf den zweiten Blick verliebt. Sie sind tiefgreifend, unterstützend und passend zu den Themen und Texte der Karten...

Mit den Karten habe ich mittlerweile über ein paar Wochen zu einem bestimmten Thema intensiv gearbeitet. Die Ergebnisse waren erstaunlich präzise. Ich konnte eine Entwicklung erkennen und habe sehr von der Arbeit mit diesem Set profitiert und Klarheit in meiner Angelegenheit gewinnen können. Darum spreche ich hiermit gerne eine Empfehlung für diese zwei Coachingkarten-Decks aus." **Petra Maria Sherina Baum**

„So schön, so kraftvoll, ausdrucksstark und klar. Vielen Dank für diese vielen kleinen Impulse von dir" **S. Sch.**

„In den letzten Wochen habe ich immer öfters mit den Karten im Einzel gearbeitet und sie schenken so wertvolle Impulse.
WAHRHAFTIG. MIT ALLEM WAS IST. EINZIGARTIG. TIEF.
Die Bilder und auch die Texte schenken dem Moment so viel Möglichkeiten... öffnen achtsam und wertschätzend mit viel Klarheit den Raum und sprechen eine Einladung aus. Sie ergänzen meine Arbeit total wertvoll.
DANKE. DANKE. DANKE. Was ein Geschenk, dass Du so mutig warst – ich verneige mich vor Deiner Kreativität. WOW." **Kerstin Baumann**

Bald erscheint das zweite Buch:
„Du bist die neue Welt.
Drum sei achtsam welchen Samen Du säest und pflegst."

In diesem Buch erzählt Claudia Ulrike Schimkowski, wie sie auf den Weg kam, von der heiligen Pfeife und wie sie in einer bewegenden Zeremonie eingeweiht wurde, von noch mehr Wundern ihres Lebens all seinen Lehren für sie. Insbesondere die Geschehnisse der Pandemie und die damit für die Autorin verbundenen Erkenntnisse und Lernschritte fanden in diesem Buch Einzug.

www.Du-bist-die-neue-Welt.de

Abermals erhältst Du

- viele praktische Coachingwerkzeuge,
- erprobte Möglichkeiten zur Selbstreflektion
- und praktische Anwendungsbeispiele,
- sowie über 70 Abbildungen von hochschwingenden Heilgemälden,
- wundersame Geschichten, Träume und deren Interpretationsmöglichkeiten
- viele Antworten, nach denen Du bereits vergeblich gesucht hast
- und einen tiefen Einblick in Spiritualität und Anderswelten

mit denen Du für Dich selbst reflektieren und arbeiten kannst – damit Du in dieser besonderen Zeit gestärkt und vollen Mutes Dein Leben meisterst. Denn die Zeit des Wandels ist jetzt! Und Du wirst gebraucht!

Auch der Schreibprozess dieses Buches wurde unterstützt aus der geistigen Welt.

„Glück findest du
nur in Dir!"